本书得到全国重点马克思主义学院建设经费资助

主　编　吴秋怡
副主编　刘阮卿

你应是你自己的
那座山

教学创新与青春奋进的双向赋能

南京大学出版社

图书在版编目(CIP)数据

你应是你自己的那座山:教学创新与青春奋进的双向赋能 / 吴秋怡主编;刘阮卿副主编. -- 南京 :南京大学出版社, 2025.5. -- ISBN 978-7-305-29228-6

Ⅰ. K828.4

中国国家版本馆 CIP 数据核字第 2025344B0F 号

出版发行　南京大学出版社
社　　址　南京市汉口路 22 号　邮　编　210093
书　　名　你应是你自己的那座山——教学创新与青春奋进的双向赋能
　　　　　NI YINGSHI NI ZIJI DE NAZUOSHAN——JIAOXUE CHUANGXIN YU QINGCHUN FENJIN DE SHUANGXIANG FUNENG
主　　编　吴秋怡
副 主 编　刘阮卿
责任编辑　黄隽翀　　　　　　编辑热线　025－83592123
照　　排　南京布克文化发展有限公司
印　　刷　苏州市古得堡数码印刷有限公司
开　　本　718 毫米×1000 毫米　1/16　印张 18.25　字数 259 千
版　　次　2025 年 5 月第 1 版　2025 年 5 月第 1 次印刷
ISBN 978-7-305-29228-6
定　　价　68.00 元

网　　址　http://www.njupco.com
官方微博　http://weibo.com/njupco
官方微信　njupress
销售咨询热线　025－83594756

＊ 版权所有,侵权必究
＊ 凡购买南大版图书,如有印装质量问题,请与所购图书销售部门联系调换

目 录
CONTENTS

刘敏：生命回响处，又是努力时 /001
访谈感想 /020
访谈逐字稿（部分） /033

王玉瑞：山径淬星火，光耀科研路 /043
访谈感想 /059
访谈逐字稿（部分） /068

李伯胜：携笔从戎铸信仰，追梦深空展青春 /077
访谈感想 /089
访谈逐字稿（部分） /100

申珊齐：心向对的远方，答案自有回响 /107
访谈感想 /120
访谈逐字稿（部分） /131

周熙宜：从"野孩子"到"全能选手"，解析成长密码 /143
访谈感想 /156
访谈逐字稿（部分） /170

周蕴晗：文明其脑破旧念，野蛮其体立新标 /177
 访谈感想 /188
 访谈逐字稿（部分） /203

浇花浇根，育人育心——跨学段大中小学思政育人的教学创新实践
/213
 活力与梦想的舞者：跟着健美操运动员蹦跶出奇迹——托育园教学创新课程课堂实录 /215
 逆风飞翔：给翅膀插上抗挫的勇气——三年级主题班会课堂实录 /224
 慧识自己——七年级主题班会课堂实录 /232
 榜样引领成长，追梦砥砺前行——八年级主题班会课堂实录 /238
 敬畏生命，绽放光彩——八年级主题班会课堂实录 /246
 以奋斗为笔，绘中考华章——九年级主题班会课实录 /254
 南雍启明·你应是你自己的那座山——南京外国语学校2025年团课实录
/261
 成为自己生命中的那座山——南京大学形势与政策课堂实录 /268

从心出发，抵达远方 /280

找到自己的山脊线 /286

刘 敏

生命回响处,又是努力时

在这个充满未知与挑战的新时代,涌现出了无数的年轻力量,他们能够在重重的迷雾中拨云见日,最终成就不平凡的自己。他们的故事是一曲曲关于坚韧、勇气与希望的动人旋律,教会我们如何在生命的低谷中找到光明。在这群新时代的青年中,有这样一位特殊的榜样,她用自己的坚强与勇气,完成了从绝望到希望的华丽转身,走上了人生的新征程。国务院原总理温家宝曾这样评价她:"你有不可征服的灵魂,任何困难艰苦都不会让你低头,你已经用自己的'双腿'站立起来了,面向光明的未来,永远不会倒下。"她的故事,为所有在生活中遭遇困境的人们带来了希望与力量。

刘敏,一位曾在汶川大地震中失去右腿的女孩,她凭借坚强的意志重返校园。在南京大学求学期间她获评中央宣传部、教育部颁发的"最美大学生"。如今的她正扎根基层,继续用奋斗之姿描绘着浓墨重彩的人生。让我们一起走进刘敏的世界,感受她如何从困境中汲取力量,如何在痛苦中找寻意义,又如何在绝望中重燃希望。她的经历,不仅能够激励每位奋进中的青年,更可以深刻启示所有在人生道路上迷茫和困惑的人们。她的每一段话语,都蕴含着无尽的力量,犹如点点星光,汇聚成璀璨银河,照亮我们的征途,在面对生活中各种挑战时给予我们勇气、智慧和力量。

一、地震经历:身心挣扎,自我接纳

2008年5月12日14时28分,汶川大地震发生,灾难毫无征兆地降临。这一时刻成了无数人心中永远无法抹去的伤痛记忆。

年仅16岁的刘敏在废墟中顽强坚持了30多个小时后获救。医生告诉她:"再晚两个小时,你就没命了。"她不得不在帐篷里在没有麻醉的情况下进行截肢手术。命运的考验并未从此刻停止,往后的一系列经历都是超出她认知范围的事情。在意外来临后,要如何一步一步地从被冲击的旋涡中走出来，甚至只是重新回归到一个平常的状态，本身就已经是一个很艰难的过程。

彼时的刘敏似乎没有更多情绪的表达。她在访谈中提到："没有情绪的表达，也不知道该如何表达。"一方面她要面对的是身体上的接纳。刘敏需要完全重新接受一个新的身体状态，从一个很健康，甚至让她成为排球队的运动健将的身体素质到现在可能坐在轮椅上，甚至连十秒都站立不了的身体状态，一点一点地去找回自己的肌肉力量，一点一点地重新回归到正常生活。另一方面她要面对的是心理上的接纳。刘敏回忆道："刚被救出来的前几夜，一闭眼，眼前浮现的都是地震经历的一幕幕场景。"刘敏需要靠自己强大的精神意志熬过地震过后心灵的创伤。当她第一次坐在轮椅上被推出病房时，她总是不自信，总感觉别人在盯着她看。

起初，刘敏还并没有完成自我全方位的接纳，她只是被裹挟着往前走，只是在随波逐流。在这个过程中，她说她整个人其实是浑浑噩噩的，没有主动的思考，她的生活一直在被推着前行。长时间挤压带来的严重内伤，使她在重症监护室抢救了两个多月才转危为安。就这样，她从ICU转到普通病房，很快转到康复中心，再到后来，刘敏重新回到北川中学。正如刘敏所言："了解是理解的开端，接纳是改变的开始。"此时的刘敏正经历重生的第一课——学会接纳。

二、返校之路：峰回路转，坚定理想

地震过后，在北川中学幸存下来的老师和学生都迁至临时搭建的板房校舍，那里条件十分艰苦。刘敏回忆道："第一，这批学生刚刚经历生和死幸存下来，明天和意外不知道哪个先来，普遍有一种消极观念；第二，由于是支教老师支援，每学期或者学年授课老师会变动；第三，当时的北川中学是媒体聚焦点，同学们很难回归到一个正常的学习环境。"在这样的环境中,刘敏内心并没有去想自己要干什么,此外,身体恢复过程中诸如幻肢痛等状况缠绕着她,让她难以集中精力,只是被时间裹挟着向前走!

高一快要结束时,学校考虑到残疾学生未来的发展,推荐了其中身体素质良好且有运动基础的学生去参加省残疾人运动队的选拔。刘敏就这样被选入四川省残疾人游泳队,这时她选择放弃了学业,转而作为残疾人运动员去往省队集训备战。但前路的迷茫并未从此消散。在省队,随着和身边的运动员相处日渐深入,她发现他们每个人都有一个或短期或长期的目标。这个时候,刘敏的内心开始有第一次震动。在讲述这段经历时,刘敏说道:"第一次从别人的眼神中看到希望,第一次从别人口中听到目标,身边的队友可能身体条件更加艰难,可能是在更小的年纪遭受意外,但是他们的眼神充满了希望。这与我以往所处的环境完全不同,这让我开始了对类似人生这样大主题的思考。"这给刘敏带来了第一次的改变,她以身边人为榜样,一点点去汲取他人的力量,并内化为自己的动力,并反思当下的行动和举措。如此,刘敏便开始思考:自己究竟想要干什么?

运动员的生涯需要不懈的努力,但天赋往往更是一道难以跨越的门槛。"我觉得,人最大的恐慌莫过于完全不知道接下来该何去何从。"是继续在运动场上拼搏,还是重返校园追寻知识的脚步?摆在刘敏面前的两条路,似乎都笼罩在一片迷雾之中,未来充满了未知与不确定性。在两种不确定性中,她思考再三后还是选择了读书,决定返回北川中学学习,准备冲刺高考。

高二开学阶段,刘敏重新回到北川中学。这次回到北川中学,她要面临的外部环境和以往并没有什么不同。由于内心对于自己的目标坚定程度还不够,最初她并没有100%朝着自己设定的目标前进,仍然被周围的环境"推着走"着。

此时,刘敏遇到了那位引发她第二次人生震动的恩师——陈裕老师。陈老师作为她的新班主任,在学习和生活中给予她诸多教导。刘敏回忆道:"当时的我挺散漫,很多人也安慰我能活着就很好了。"因此,当时的她"允许"自己用与其他同学不同的标准要求自己。当陈老师发觉了刘敏这样的心态时,他没有给她优待,而是跟其他同学一样严格要求她。当早自习她因穿假肢耗时而迟到,陈老师让她在教室门外罚站一节课,并教导她不要为错误找借口,这使她改变了以往对迟到的认知,并且明白了永远不要只为自己的错误寻找客观的理由。陈老师为刘敏带来的另一个重要影响,是在返校后第一次月考成绩不理想后的一次谈话中。陈老师语重心长地问道:"刘敏,你有没有想过,因为外界的关注总是有限的,当聚光灯散去的时候,你要拿什么来养活你自己?你未来的路要怎么走?"老师的这番话醍醐灌顶,这次谈话之后,刘敏一改混沌迷茫的状态,从起初只是要考取大学这一模糊的目标,到为自己设立了清晰的目标:考取省内最好的大学——四川大学。

"人一旦有了目标,做事情就会非常有干劲。"刘敏开始了真正高度的自律,从设立目标到实现目标,都在全身心地投入。她开始观察成绩优秀同学的学习方法,模仿并尝试适合自己的方式,并结合自己的实际情况进行调整,注重知识积累和总结,成绩逐渐提升。在不断成长的过程中,在不断受挫的过程中,刘敏也能够逐渐理性看待成绩的变动,合理调整心态的起伏。每一场考试、每一次测验都成了她前进的动力源泉。高二期末的时候,刘敏的成绩已从班级倒数第三提升至年级第四。

"要能够正确看待短期的成绩,并把它转化为一个机遇。错得越多,更多的时候机遇越多。"后来,刘敏在同桌身上学到了很多,在他潜移默化的影响下,刘敏开始重视错题,并建立了自己的错题本,定期复习,查漏补缺。刘敏慢慢能够正确理解"错"这个概念,并把它转化为不断调整和完善自我的机会,转化为查漏补缺和找到自身弱点的机遇。

刘敏说道:"我觉得这个错题集的概念对我整个成长过程都有很大影响。犯错和纠错是人生一辈子都需要的。这个错题集一直陪伴着我,在我不断经历和调整的过程中,我会赋予错误新的认知。我会把错误作为我人生蜕变的台阶。"

在蜕变的过程中,刘敏也听到了外界的质疑声。面对外界的声音,刘敏坦言:"稳定住自己的状态,你可以不必争辩,你会慢慢改变周围人对你的看法,但前提是你内心先要稳定。当你足够稳定,不再在意外界看法的时候,你自身的成长一点点会改变外界对你的认知。"

在刘敏不断前进的道路上,榜样的作用毋庸置疑。身边的榜样让刘敏意识到树立目标的重要性,也让刘敏学习到提升成绩的有效方法,同理,刘敏在书中也看到了很多极具力量的榜样,他们也会给刘敏带来很多思考,并影响和改变着她看待不同事物的角度。

关于读书和不同人生经历的重要意义,刘敏是这样说的:"不妨去经历各种各样的事情,也不妨去了解很多人走过的路,接纳他们的一些思想结晶来改变你的认识。我觉得这样可以让你从多个思维角度和层次去看待事物,可以让你的思维和格局不断提升。这个时候,你的心态会很平稳,而且你思维层次的日渐丰富也会让你避免很多困扰。"

从一开始的浑浑噩噩,到后来在省残疾人游泳队中通过自我思考初步确立目标,再到从恩师陈裕老师的谈话中清晰目标、坚定目标,在与榜样的学习和不断地自我反思与调整下,刘敏真正走上了学习的正轨。正如刘敏所说:"走上正轨以后,一切顺其自然。"

三、大学生活:乘势而上,开拓进取

2012年的高考如期而至,刘敏怀揣着对四川大学的坚定理想踏入高考考场。

时间很快来到了高考成绩开放查询的日子,山里的网络信号很差,刘敏只能通过电话方式查询,可查询人数太多,电话持续占线,刘敏既忐忑又期待,彻夜辗转反侧。第二天早上,刘敏率先接到了高一班主任老师的电话,电话那头传来欣喜的声音:"刘敏,你考起了!"(四川方言)刘敏心里的大石头终于落地,曾经遥不可及的四川大学,如今竟也梦想成真。

刘敏凭借自己日复一日的努力走出了大山,开启了人生新的篇章。但新的问题接踵而至。由于从小生活在偏远山区,刘敏对于大学的认知十分有限,只是觉得自己考上了大学就可以找一份相对体面的工作,未来能够过上更好的生活。于是初入四川大学法学院,刘敏继续保持着高中的学习状态,直到大一学年期中阶段,她的生活仍旧仅限于吃饭、睡觉、学习,没有任何其他体验。

大学生活的改变源于刘敏和她一位室友的友谊。鉴于自身的身体条件和校内的通勤距离较远,本科期间刘敏购置了一辆电瓶车作为代步工具,而这辆电瓶车却在不经意间成了刘敏和她室友建立友谊的桥梁。当刘敏骑着电瓶车、载着室友穿梭于校园之中,刘敏开始有机会与她的这位室友开启更加深入的交流。刘敏的这位本科室友家庭条件优渥,见多识广,非常善于和同学互动,经常会邀请志同道合的同学们一起聚餐,聚会时间大家不仅交流课内学习,也会讨论课题研究、科创竞赛以及实习实践等话题。就这样,刘敏慢慢了解到别人是怎么过大学生活的,逐渐开拓了信息获取渠道,学会了主动关注和接收大学里的各种信息,并开始不断尝试的体验。

大二刘敏选择了辅修经济学专业,她在辅修专业里担任班长,与老师和同学们保持高频次的交流,因而她也拥有了更多的信息来源和知识储备。得益于认知逐渐丰富,刘敏萌生了本科毕业后继续在国内深造的想法。保研和考研是摆在刘敏面前的两条路径,虽然不确定自己能否保研成功,但刘敏还是希望为自己积极争取保研的机会。于是以促进自身生涯发展为动力、以保研深造为目标,刘敏的大学生活开启了专业学习、科创竞赛、学生工作、志愿服务、社会实践全面开花的崭新局面。

刘敏大学前三年综合成绩位列年级前茅,参与了1个国家级课题、2

个省级课题、5个校级课题,多个课题被评为优秀课题项目。她热心服务集体和同学,担任学生干部,多次获评优秀学生干部。她还是首届"青年·责任·梦想"大学生抗灾减灾灾后重建国际论坛倡议者,第九届全国残运会暨第六届特殊奥林匹克运动会火炬手……刘敏始终认为经历比结果更加可贵,所以她不放过任何丰富自己经历的机会,在体验和尝试的过程中,刘敏一步一步地实现小目标,一点一点地拓宽和完善自我,一个阶段一个阶段地成长蜕变。

刘敏本科前三年全方面的优异表现也让她顺利获得了四川大学法学院的推免资格,在南京大学、武汉大学、吉林大学、四川大学等诸多推免去向选择中,刘敏坚定选择了南京大学。除了南京市的地形平坦、方便刘敏行动等客观因素外,刘敏的男朋友和本科导师都向她极力推荐南京大学,这也让刘敏对南京大学更加向往。

成功推免"上岸"南京大学后,大四学年的生活节奏相对放缓。此时的刘敏又有了新的想法,她想起了之前在假肢装配中心的假肢装配师曾多次对她提起的做假肢模特的机会,于是她开始查阅各种资料,逐渐了解假肢模特行业。很快刘敏就将自己的想法付诸实际行动,她给全球最大的假肢器具公司奥托博克公司发送了自荐信,真诚阐述了自己想要体验不同的假肢产品、并可以用心写穿戴测评报告的意愿。奥托博克公司被刘敏来信的文字打动,愿意给予她撰写产品体验报告的机会,也多次邀请她参与线下的宣传活动。得益于各类学生干部经历锻炼,刘敏的语言表达能力十分出众,这让她可以在奥托博克公司线下活动中,向与会人员准确地描述假肢产品的性能以及试穿的体验,充分展示个人优势,她也因此获取了企业的认可和信任,奥托博克公司还授予她中国地区"形象大使"的称号,刘敏以自信阳光的姿态成为残疾人的形象典范。而后刘敏借助企业的平台接触到更多的资源和机遇,跟随公司走访了国际国内十余座城市,结识了残疾人群体中颇具影响力的人物,感受到了很多诸如夏伯渝这样残疾人群体中的佼佼者所拥有的大爱。在与奥托博克公司结缘的过程中,刘敏不仅实现了经济上的独立,而且更多地认识到自身存在的价值以及自身能够给他人带来的价值,这很大程度上影响了刘敏后来的职业选择。

2016年9月,刘敏成为南京大学法学院法学理论专业硕士研究生。入学不久刘敏就感受到了南京大学浓厚的学术氛围,于是受环境影响想要在学术上有所尝试和提升。研一学年刘敏积极跟随同师门的博士师兄师姐一起从事学术工作,借机提前感受博士的日常学习和生活状态。经过一段时间的科研体验,刘敏评估自己并不适合长期做学术,于是打消了读博的念头,决定硕士毕业后就回川参加工作。确定不再读博后,刘敏积极着手探索毕业后的就业路径,她开始寻求各个行业的实习机会,不断为自己排除不合适的就业选项,最终她坚定了选调生的职业规划。刘敏认为学生时期的试错并非浪费时间,而是可以更加深刻地认识不同行业和岗位,找到自己真正感兴趣的工作。

在南京大学的校园时光中,刘敏与所有同学一样,上课、看书、社交、实践、担任学生干部、参加各种活动、进行体育锻炼,享受着南京大学所给予的优良学习环境,沐浴着"真诚、儒雅、平实、担当"的南京大学风骨。在南京大学建校116周年庆典上,她作为学生代表发言:

去年10月,我因截肢残端软组织水肿和骨刺无法穿戴假肢,在接近三个月的时间里我比往常更强烈地感受到南京大学给予我的爱。法学院王丽娟书记,没有陪伴在生病住院的父亲身旁,却在下班后载我去医院并陪伴我就诊;很多同学主动申请轮班陪我去医院做检查;一个从仙林到鼓楼值班的小学妹,从新开的仙林校区九食堂给我买了美味的蛋糕,多次转乘地铁,小心翼翼地送到我宿舍;宿管阿姨看我双手挂着拐杖,会主动询问我是否需要帮助;去食堂的时候,打饭大叔会冲我微笑,说多给你点羊肉补补身体。这些关爱,这些温暖,充满校园每一个角落,我无法释怀,默默记在心头,带着这些温暖的爱,激励自己努力前行。

张异宾书记说,"学生是学校的第一桶金";吕建校长说,"立德树人是学校发展的第一要务"。立德树人、以人为本,南京大学的情怀从未远离!在南京大学的呵护,师长同学的关怀下,我已经收获很多,知识、友谊、爱心、做人、荣誉!2017年,我入选"南京大学学生年度人物";不久前,入选"第十三届中国大学生年度人物",成为南京大学首位获得该荣誉的同学。对我来说,这既是荣誉和肯定,更是责任和动力。

本硕七年光景,刘敏先后获得了中国大学生自强之星、2013—2014学年感动川大年度人物、2017年南京大学年度人物、2018年中国大学生年度人物、美国百人会英才学者、2019年中国最美大学生等几十项荣誉和奖励,但当问及这些赞誉对刘敏意味着什么的时候,她的回答平静却又令人震撼:"坦率来说,如果没有截肢,我可能没有那么轻松拿到这么多荣誉。正是因为我过往的不容易,成长路径的艰辛,还有自身的身体状态,所以在学校里面会得到更多的关注,学校会给我更多成长的机会。这确实是一个事实,在任何情况下我都对自我认识很清晰。在面对这些荣誉的时候,我不会觉得自身有多了不起,它们于我而言是一种认可和激励,但我时刻提醒自己还有很多缺点和不足,要能看到他人的长处,不断学习和成长。"谦逊的态度从一而终,这是刘敏过往成功的初心,也是她后来继续砥砺前行的动力。

四、选调工作:彩彻区明,发光发热

2019年,刘敏作为急需紧缺专业选调生回到家乡工作。迈上新征程,刘敏先后在省残联机关两个处室工作,在基层参与驻村帮扶工作两年(在四川省眉山市彭山区茶场村挂职锻炼,担任茶场村党委副书记)。经过多岗位锻炼,刘敏在每个工作岗位都收获好评,连续三年年度考核优秀,荣获四川省直机关青年学习标兵、四川省残联优秀共产党员等称号。

在几年的党政工作经历中，刘敏不仅埋头苦干，更是及时跟进学习新精神、新指示、新要求，不断提升理论水平，树立全局观念，提升平台站位，拓宽解题视角，思想境界与工作能力同步提升。面对从未处理过的棘手工作，刘敏始终坚持知行合一，坚持"在干中学、在学中干"。继续用奋斗描绘人生的绚丽蓝图，为家乡的发展贡献着自己的力量。她勤思不息，积累经验，尝试用创新思维解决问题，高效完成组织安排的工作。兢兢业业扎根基层，继续用奋斗描绘人生的绚丽蓝图，为家乡的发展贡献着自己的力量。

刘敏先后轮换了多个岗位，不同岗位有许多相似性，但也有很多差异性。服务对象的差异性、工作方式方法的差异性，都对她的工作提出了不同的要求、带来新的挑战。刚到村子担任党委副书记时，她就遇到了两个困境协调和语言。以她参与的征地拆迁补偿款协调发放大会为例，不同村民群体在利益分配上出现了矛盾和冲突，协调有着矛盾关系的不同主体之间的利益，是个难题。村民大多说方言，这对于刚到茶场村的刘敏而言，也是亟待适应的挑战。通过阅读相关书籍、研读法律政策文件和典型案例以及向前辈请教等方式，她积累了相关政策知识与工作经验，逐步适应、主动融入团队，共同去解决这些问题。刘敏强调成长性思维的重要性，任何岗位都有从陌生到熟悉再到真正适应的一个过程，要允许自己犯错，善于观察，善于学习，主动接纳，敢于请教，有助于自己在每一次挑战中获得成长。正是与不同的人的相处、不同工作的尝试，让她获得长久的正向反馈，哪怕是犯错，也能从这类经历中汲取正向信息。她说："变化从不可怕，可怕的是没有一颗接受变化的强大内心，允许变化才能允许丰富多彩的生活涌向你。"

而刘敏也正是始终如此践行着她所说的这句话。工作五年来，轮换三个处，在不同的工作岗位不断适应、不断学习、不断思考，熬过最深的夜，走过最弯的路，看过 24 小时的大院，积累了较为丰富的工作经验。允许自己犯错，也主动去接纳和学习新事物，始终保持一种包容的心态去看待一切,不让自己的思维固化,工作也在塑造着她的第二人格。同时刘敏也提醒道,要以一种积极的心态去给工作和生活赋予意义,要拥有坚定的内心,掌握工作和生活的主动权。在谈及未来规划时,刘敏提到了"有为"和"有位"两个关键词,她希望能继续保持平稳和进取的心态,处理好两者的辩证关系,抓住机会,有所作为,找寻价值和意义。

  刘敏结合自身的职业发展经历给学弟学妹们分享了她对于职业选择的见解——综合考虑性格、专业、城市、个人家庭情况等因素。她提到,迷茫是一个常态化的过程,要允许自己迷茫,并为迷茫去探索,在迷雾中找到属于自身的独一无二的成长路径。刘敏强调职业选择应当从了解自身开始。以自己举例,她早早清楚自己不适合学术,于是积极考虑其他就业方向。而针对自身从事的选调工作,刘敏提醒,选调是一个职业方向,它对应的是各种各样不同的单位、不同的岗位,对人的性格和能力存在不同的要求。而同时,体制内的稳定和平淡枯燥是共同存在的,不能只看到好的一面,也应当看到不同职业背后的一些属性,衡量自身是否能够承受。在职业选择的过程中,性格、专业、城市、个人家庭情况等因素都是每个人应当仔细考虑的。刘敏鼓励学弟学妹们在积极思考过后,大胆尝试、勇于试错、敢于体验,在实践中理解感兴趣的目标岗位,尽快找到自身清晰的职业规划框架。

  如今,刘敏是四川省残联机关党委二级主任科员,她始终在自己的岗位上努力工作,为残疾人事业的发展和社会的进步默默奉献着。她用自己的经历证明,无论遭遇多大的挫折,只要心怀梦想,坚持不懈,就一定能够实现自己的人生价值,成为照亮他人前行道路的明灯。

五、生命之歌:心怀热爱,温暖如初

  在工作生涯的第四个年头,刘敏迎来了人生中一个崭新的角色——她成了母亲,开启了生命中充满温暖与责任的新篇章。2023年11月,孕

38周的她给即将诞生的小宝宝写了这样一封信：

小柚子，你好：

记得第一次见到你是在B超单上，图像上的你还是个小小的胎芽。超声提示："宫内早孕，相当于6w6d。"这是一种奇妙的感觉，杂糅着一种欣喜、害怕又期待的复杂心情！你应该算是一个天使宝宝，孕早期基本上没给我带来明显的不适感，产检也一路绿灯。上半年高强度的工作节奏，你也陪着妈妈一路扛了过来！妈妈真的好骄傲，崽崽真棒！得知妈妈怀孕后，曾有小姐妹问妈妈："不怕生育的痛、养育的烦琐吗？"妈妈很坦诚地回答："怕过！"但那只是一闪而过的念头，因为妈妈知道，生活更多的是见招拆招，要有勇气努力把当下的一切变得更好。最初妈妈担心孕期长胖穿不上假肢，一直控制着体重，到今天增重控制在了9 kg内。孕6月时，妈妈腰椎间盘突出复发，急性期痛的无法直立，翻身都特别困难。那时候妈妈做了最坏的打算，那就是一直躺着直到你的出生。但卧床休息的两个星期里，腰椎慢慢好转。也是那时候开始，妈妈有意识地针对腰椎进行康复训练，坚持每天锻炼1小时多、快慢走6 000步以上。自律给了我自由！低盐控糖饮食和运动，让妈妈孕期没有出现水肿，仅有轻微的耻骨痛和腰痛，从不敢奢求竟能如此矫健地度过孕晚期，连姥姥都吐槽"没见过比你精力更旺盛的孕妇了。

小柚子，和你合体已经267天了！期待你到来的这个双11，疯狂买买买是对妈妈数学的极限考验！昨天查漏补缺，穷尽攻略，妈妈已囤齐你出生后的所需。上次产检，妈妈也带着队友爸爸和姥姥去了医院提前踩好点位，做好应急预案。这几天，妈妈每天泡在书里，开始恶补理论知识，希望正式见面时，妈妈会更加有底气去应对未知的一切。全家人都做好了迎接你出生的准备，期待着你的平安出生。接下来，就交给你了，选一个喜欢的日子和这个世界首次见面，开始属于你自己的人生旅程吧！我们都相信，有你在，那将会是一个非常有趣，也非常有色彩的世界与未来。

当了妈妈后,刘敏也希望自己能更好地处理家庭和工作的关系,在家庭中汲取温情和爱的传递,在双向成长和受益的过程中不断完善自我。这意味着要在新身份中重新定义自我关系,逐渐找到新的平衡点,让"自我"与"母亲"的角色和谐共存。2024年年末,刘敏又迎来了一场新的重大挑战。16年前那场条件简陋的截肢手术,因情况紧急,非骨科医生未能周全考量残端的复杂性,就此埋下诸多隐患。当得知华西的医生有办法改善现状,将神经、血管以及残留的肌肉重新整合时,刘敏展现了非凡的果敢。要知道,再次躺上手术台接受残端修整手术,这等同于又一次进行截肢。下决心不容易,刘敏毅然决定,在上一项任务——省残疾人文化艺术节展板解说刚结束,就毫无惧色地迎接新挑战。手术期间,家人的关怀如暖流涌动。妈妈带着年幼的小柚子虽行动不便,却心系刘敏,果断"摇人"——哥哥和姑姑的到来,让刘敏在艰难时刻仍能感受被宠爱包围,也是亲情力量的体现,也是刘敏能够坚强支撑下去的后盾。

术后的换药之路同样布满荆棘。社区医院的医生认为刘敏的创面太大,复杂且棘手,建议她转往大医院治疗。刘敏的妈妈出于担忧,坚决带着孩子陪同,却不想让小柚子陷入甲流的侵袭,反复高热至40度。刘敏在妈妈陪同下,带着孩子前往华西二院发热门诊,看着凌晨时分妈妈怀抱孩子疲惫却仍坚持的模样,刘敏突然对"责任感"有了更深的理解,她决定主动担起自我护理的重任,第一时间下单医疗用品,从此咬着毛巾自己给自己换药。刘敏一路走来,每一步都饱含艰辛,但她从未被困境击退。她以坚韧回应家人的关爱,家人以陪伴给予她力量,正是这份双向奔赴的温暖,让他们在生活的跌宕起伏中稳稳相依,共渡难关。

2024年5月12日,母亲节、地震纪念日、国际护士节恰巧在同一天相遇。"诞生、重生、新生"是刘敏为这一天定下的主题,赋予今日生命起始、转折与焕发新生的特殊意义,契合着刘敏一路走来的人生经历,也蕴含着感恩、纪念与敬意。

六、宣讲报告：传递星火，找寻意义

硕士期间，刘敏成为南京大学"诚动天下"大学生成长报告团首批成员，她向学弟学妹分享成长与选择的感悟，被吕建院士称为"励志姐"。她的事迹激励了一批又一批南京大学学子，带给学弟学妹们感动和力量。在2024年全校"习近平新时代中国特色社会主义思想概论"的思政课堂上，谈哲敏校长以她为例，激励南京大学学生以她为榜样，立大志、明大德、成大才、担大任。

回到家乡工作同年，刘敏作为首批成员加入四川残疾人励志报告团。报告团由四川省残疾人联合会联合四川省教育厅、四川省人力资源和社会保障厅、共青团四川省委组建，成立的初衷是为传递"平等、融合、共享"的价值理念，展示残疾人自强不息、感恩奋进的精神风貌，让社会各界了解"残疾人不是不行，只是不便，只是缺少一个机会"，营造理解、尊重、关心、帮助残疾人的良好社会氛围，为他们平等就业、融入社会提供机会、创造条件。刘敏坦言，最初她对励志报告的认知是相对浅显的。然而，在每一次的准备宣讲和参与宣讲的经历中，在不断收获正向反馈的影响下，她意识到，宣讲不仅能够改变他人对残疾人群体的认知，同时也在帮助自己不断反思、成长。

成都七中分管德育的某位副校长提及，自从刘敏所在的报告团来了之后，学校学生的事故率显著下降。这一数据的反馈深深地震撼到了她，也让她意识到宣讲不仅仅是讲述个人经历，更是通过分享成长经历，帮助听众重新审视自己所面临的困境和挑战，激发他们对于困境和人生新的认知与思考，从而更好地面对生活。当刘敏走进企业，许多企业负责人同样被她们鲜活的生命力、足够的专业知识与技能、强大的心理抗压与受挫能力感染，当场拍板，表示愿意为残疾人提供就业岗位，这也让刘敏切切实实地看到了宣讲的经济与社会价值。在为他人讲述自己人生故事的同时，刘敏也在思考自己一路走来的成长经历，她意识到，每一个看似痛苦的阶段其实都是成长的必要组成部分，也正是这些经历，让她逐渐完成自我成长。

现在的刘敏不仅是党校的特聘讲师，也会作为先进典型，到中青年干部培训班上做分享，承担许多社会性职务。每次授课、每场讲座，刘敏都会结合不同的阐述主题重新拟稿，从党性教育到社会责任再到人生智慧，她力求在每场报告中从不同角度、不同群体的需求出发，给经历赋予不同的意义，焕发各异的光彩。再次提及宣讲的意义时，刘敏说，苦难本身是没有价值和意义的，但苦难在不同阶段带给她的成长和变化，能让她在不同平台上针对不同群体去赋予它价值和意义。在企业，她阐述残疾人一路以来的成长与变化，一路以来的意志力和不逊于健全人的工作能力；在学校，她让同学们看到她的人生经历与变化，她曾经的痛苦和迷茫，她对于苦难、坎坷、困境清醒的认知与良好的心态；在党校，她分享入党经历与党性认识，结合党和国家最新的政策精神与自身经历进行授课……刘敏坦言，她重视且感谢这些机会，正是它们，让她能够始终从不同角度回看过去、不断思考、不断学习，让她的思维得到扩展，让她的道路越走越宽，也让自己走出舒适圈，走向更开阔的世界。

当被问到印象深刻的一件或几件事时，刘敏说："很多，很多。"她从外界的影响、团友间的影响和残疾人家人三个角度出发提及了其中的几件。第一件是一名初中生听完她的授课后，和她聊天说觉得残疾人很酷，这让她意识到人们对于残疾人的认知很容易有一定的局限性，并且受到外界环境认识和定义的影响。第二件是发生在报告团内部，报告团里有着来自各行各业优秀闪光的残疾人，很多是企业家、律师高级合伙人。在培训和交流时，哪怕这些拥有很高社会成就的残疾人，也还是会和刘敏吐露，他们有时仍然不愿意触及内心的伤痛之处。这也让刘敏意识到，在有所成就的背后，他们的个人经历和内心世界都非常丰富，也会存在隐匿的痛楚，这种经历帮助她在工作与生活中长久保持一种平视平和的心态，平等地尊重每一个人，尤其是在面对不同的社会背景和经历时，能够理解并尊重他人的艰辛与成就。第三件是报告团线上线下多场宣讲，可以让许多残疾人的家长改变消极心态，让他们觉得自己的孩子并非特例，从而正确地看待子女当下所处的困境，积极采取合适的教育措施，更好地改善子女未来的成长路径，让残疾儿童的家庭重获生机与活力。刘敏认为，任何人都是需要精神力量的，从自身的思维角度去汲取这种精神，再应用于自身行动中去，影响未来的成长走向，这也是他们宣讲的意义所在。

诗人艾米丽说："我们都是微小的火焰跳动。"刘敏先后进行了60余场报告，跟随报告团走进清华大学、北京大学等高校，走进中国残联、省卫健委等机关，走进川航、川发展等企业，还有成都七中、西川中学等中小学校，线上线下影响人数数以千万计。微微萤火，灼灼之光，每个人都能让火焰跳动出自己的韵律，在宣讲中，刘敏不仅不断反思、成长，也传递着勇气、信念与责任的精神，影响着许许多多的听众。

2024年7月，刘敏作为"最美大学生"优秀党员代表，与"英雄航天员"王亚平、"中国民航英雄机长"刘传健、"全国优秀农民工"邹彬一道，在中央组织部、中央党校入党积极分子和发展对象视频培训班上作典型发言。她结合自身经历，抒发了对党和国家的无限深情。她表示，自己的成长，离不开党的关爱、培养、教育。在汶川大地震被埋废墟生命垂危之际，是党派来的救援力量将她从废墟里救出，给予她新的生命。冲锋在前、向险而行的共产党员把温情深深烙印在了她的心里。在康复后回到高中迷茫无措时，是身边的党员指引她找到人生的方向。成为一名共产党员后，她因被他人需要而看到了自身价值，也更加注意在别人需要的地方发挥党员作用、担负更大的责任。

在交流中，刘敏想要送给学弟学妹们一句话——"给自己找寻意义"，她在分享中提到："很多事情本身是无意义的，意义是我们赋予的。"这句话也揭示了她对人生和工作的深刻理解：意义不是天生就有的，而是通过我们的态度、选择和行动创造出来的。去找寻和看到我们自身的存在，对于家庭、对于工作、对于当前服务对象的价值和意义，从而提升人生的动力与责任感。

七、真诚寄语：修身齐心，一往无前

"做自信自强的自己是对美最炫酷的定义。——敏敏大帅"，这是刘敏微信朋友圈背景图上的文字。她用文字也用行动用心诠释："生命的意义本不在向外的寻取，而在于向内的建立。"面对如此全面又强大的刘敏，或许没有人能够想到她是用井底之蛙来比喻自己的："我觉得我们每个人都是井底之蛙。每一个阶段我们都被禁锢在深浅不同、口径大小不同的井里面，我们能抬头看到的天空都是有限的。当我们不断成长的时候，井的深度越来越浅，井口越来越大。当我们真正成长为一个更强大的人的时候，我们可能变成了一只站在平地上的青蛙，此时井消失了，但我们永远是一只青蛙，依旧生活在地表平面上，我们跳到哪里，哪里的边界就在不断地扩展。所以允许自己在井里，但要努力改变井的深浅、大小。当你真正站到平地上的时候，不妨前后左右都跳一跳，这样你的人生视野就会日渐开阔。但是你永远也要看到，不管在井里还是在平地上，你都是暴露在一个开放的环境中。暴露在开放环境中，永远都有很多未知和误差，永远会有很多超出你能力掌控范围的事情。因而你能够做的就是改变井口深浅大小和它的边界，但是你同样要学会接受你所不能掌控的天气的冷暖晴雨。人其实有的时候和动物一样，没有什么高级低级之分，允许自己的平庸，允许自己的渺小，不过也不要轻视自己，要相信自己有无限潜力。永远不要固定和限制自己的边界，面对一些未知和无常的时候，痛苦反而会让你看到自身的无限可能，成为新的机遇。因而任何阶段、任何事情都有两面性，当你修炼了足够强大的内心，当你自身的思维格局变得更加多元，那么你看任何事物的方向也在不断的调整,如此一来你的人生会过得坎坷却又顺利,过得艰辛却又满足。"刘敏的这番话,如同冬日暖阳一般抚慰着背着行囊前行的游子,或许你正在为自己的平庸和渺小而不安挣扎,或许你正在为未来的生活而焦虑迷茫,又或许你已没有足够的勇气和力量应对未知,刘敏的经历和寄语都能带给你心灵的温热和人生的思考。

刘敏将生命视作一场场体验,看似重复的节奏中却又无时无刻不在展开新的我,终其目的就是为了寻找"我是谁"。《牧羊少年奇幻之旅》的作者设定了令人费解的剧情:牧羊少年听从所谓的天命去寻找宝藏,期间经历无数的困难,然而宝藏却在他原来放羊的地方。相比物质意义上的宝藏,牧羊少年真正寻得的"宝藏"是这一路冒险走向更宽广的天地,是寻宝路上不断与自我抗衡,兜兜转转回到原点,但经由此重新认识的自己。刘敏想用亲身经历告诉大家:生活永远是,也仅仅是我们现在经历的这一切。在2025年到来之际,刘敏在朋友圈写下祝福:"祝愿朋友圈中的朋友们,新的一年,在平安的基础上锦上添花,在如常的日子里有趣且有盼,常乐长安康!"

刘敏,一位于生命回响处砥砺前行的奋进者,她经历了命运的地震,却通过自我接纳明白了生命的意义,从康复训练到重返校园,从学术求索到投身公益,刘敏以自己坚韧的毅力和无畏的行动,打破了命运的枷锁。刘敏的故事不仅是一段充满痛苦与磨难的成长史,更是一部无声的奋斗史。在她的经历中,我们感受到坚韧不拔、愈挫愈勇、蓬勃向上的生命力,体悟到自强不息、勇于担当、乐于奉献的精神魅力,这正是新时代青年需要的精神内核和奋进底色。她将痛苦转化为动力,把挑战当作成就自我的阶梯,她用行动彰显了什么是生命的"逆袭",她在挑战与突破中更加坚定地找寻并实现着自我价值,用一言一行感染社会,用不平凡的力量影响着这平凡的世界。她是新时代青年的杰出代表,是广大青年学子学习的榜样,她的故事将激励更多的人在人生的道路上勇敢前行,追逐梦想。

访谈感想

非常感谢吴秋怡老师在研究生公共课"新时代中国特色社会主义理论与实践"上为我们搭建了对话南大青年榜样的平台,同样非常感谢我们访谈组内的成员自始至终团结一致、一丝不苟的工作态度,最终成果的顺利完成离不开吴老师和每一位组员的辛勤付出。刘敏学姐的事迹不仅展现了个人坚韧不拔精神,更是对新时代中国特色社会主义理论与实践的生动诠释。通过访谈,我将课堂上学到的理论知识与刘敏学姐的实际经历相结合,更加深刻地理解了新时代中国特色社会主义理论的内涵和实践的多彩。这次访谈远非一次简单的结课作业,更是一次心灵的触动和思想的洗礼,它对我个人成长的影响将是深远而持久的。

我与刘敏学姐在本科和硕士阶段有着相似的求学经历,因此在某种程度上更容易产生共鸣。长达三个半小时的访谈,让我感受到震耳欲聋的生命回响,虽然我们隔着屏幕在对话,但那种冲击感依旧让我震撼。

苦难本身并不值得歌颂,但战胜苦难的勇气和毅力值得代代传承。地震是无常的,亲身经历地震的人并没有所谓激烈的情绪表达,但不意味着没有情绪,对待灾难的恐慌和短时间的环境剧变会让人失去对生命的希望,刘敏学姐从身心极度挣扎的处境中逐渐接纳自我,完成个人的蜕变,这种坚强和生命力深深打动着我。

给自己找寻意义。意义是主观赋予的,每一件事情的意义都取决于我们如何看待它。刘敏学姐将自己的故事以励志宣讲的形式分享到学校、企业。学生因为她的宣讲更加珍视生命,企业因为她的宣讲愿意为残疾人提供就业岗位,残疾儿童的家人因为她的宣讲变得积极向上,不再沉重……她以实际行动肩负以青春之我奉献国家和社会的使命,践行党全心全意为人民服务的宗旨。她的宣讲历程让我对新时代青年的责任和担当再度有了实感。

允许自己的平凡,允许自己的渺小,但是不要轻视自己,要相信自己有无限潜力。刘敏学姐将自己定义为"井底之蛙",她认为每一个阶段人都被禁锢在深浅不同、井口大小不同的井里面,我们能抬头看到的天空都是有限的。当我们不断成长、不断向上攀爬跳跃的时候,井越来越浅,井口越来越大。当我们真正成长为一个更强大的人的时候,我们跳出了水井,站在了平地上。在平地上,我们跳到哪里,人生的边界就在哪里不断地拓展。刘敏学姐对个人清醒的认知和对自我的完全接纳直击我内心深处,人生的格局或许就此打开了,她所葆有的生活的赤诚和人生的理解给予了我极大的触动和鼓舞。

做自信自强的自己,这是对美最炫酷的定义。这次访谈是一次宝贵的学习经历,它不仅让我对"新时代中国特色社会主义理论与实践"课程有了更深的理解,也让我对如何成为一个有理想、敢担当、能吃苦、肯奋斗的新时代青年有了更深的思考。刘敏学姐的事迹将激励我在未来的学习和生活中,不断追求卓越,为实现个人梦想和国家发展贡献自己的力量。

——牟芳娇　南京大学政府管理学院2024级硕士生

"近水知鱼性,近山识鸟音。"在"新时代中国特色社会主义理论与实践"课程中,访谈南京大学年度人物的活动不仅是一种实践教学的延展,更是一次深刻的心灵旅程。通过与中国最美大学生——刘敏学姐的深入交流,理论与实践的距离被缩短,三个半小时的对话,犹如心与心的桥梁,让我触及中国特色社会主义的核心要义与时代内涵。

是挫折,是挑战,也是审慎与机遇。在学姐的讲述中,史铁生的接纳、曾国藩的反思以及她自己面对挫折时的坚强交相辉映。"人生就是这样，你慢慢来，要允许自己犯错，也要允许自己跌入谷底。"这句话蕴藏着一种平和的智慧：谷底不仅是低谷，更是沉思与审慎之地。刘敏学姐以挫折为砺，在宣讲与反思中不断审视自我。她的自信自强不是天赋，而是用耐心和坚持慢慢积累出的力量。以体验和尝试的心态，慢慢来，一点一点去靠近目标，拓展和完善自我，这正是我从中收获的道理。

不断学习，不断试错，不断成长。刘敏学姐的经历从高中延伸至职场，她的分享让我看到：人生并非一蹴而就，而是一个不断学习、试错、再成长的过程。用包容心态去看待生活，接纳未尽完美的自己；同时永远具有成长性思维，多尝试，多经历，多体验。"允许自己犯错，也要接纳变化。"允许变化才允许丰富多彩的生活涌向你；而成长，正是生活最生动的注解。

学姐将自己定义为井底之蛙的比喻令人震撼却又感动，她坦然承认渺小，但同时也努力去拓宽视野与边界。她说："允许自己在井里，但要努力去改变井的深浅和大小。"这句话像一面镜子，让我看到自己熟悉却又陌生的一面——同样是井底之蛙，我是否也曾固步自封，是否也曾局限于自以为的安全边界？刘敏学姐的豁达让我明白，允许平庸与渺小，但不要去限制边界，要相信自己的潜能。当我在井里时，不妨前后左右都跳一跳。正是那一次次的跳跃，才让井底变得广阔。

非常感谢这次课程提供的对话南大青年榜样的机会。从小组分工、资料收集、提纲撰写，到三个半小时的访谈，再到后期文稿润色，我在这个过程中收获了成长的感悟。刘敏学姐的豁达、自信与坚持，深深感染了我。正如她所说："做自信自强的自己，这是对美最炫酷的定义。"访谈的结束并非终点，它是一个起点，让我带着勇气与信念，继续探索属于自己的未来。

——王丁丁　南京大学政府管理学院 2024 级硕士生

我选择将访谈作为"新时代中国特色社会主义理论与实践"结课作

业是因为这是一次很好的实践体验机会,能够有机会与刘敏学姐面对面沟通交流、汲取其精神魅力,从榜样的经历、事迹、思想、性格与风采中扩展思维,感受理论的实践化。

参与并完成本次访谈,我的收获主要有两大层面:一是合作意识和能力的提升,从访谈提纲的拟定,到正式访谈部分,再到最后成果撰写,组长带领我们每位组员进行清晰的分工协作,有效地锻炼了自己的沟通能力和实践能力;二是刘敏学姐带来的人生哲理与谆谆教诲。我印象最深也是对我启发最大的是学姐提到"要给自己找寻意义"。意义不是天生赋予的,而是通过我们的态度、选择和行动而创造出来的。去发现和看到我们自身的存在,对于家庭、对于工作、对于生活的价值和意义,从而提升人生的动力与责任感。刘敏学姐还提到要允许自己犯错、允许自己渺小,而我很长一段时间每当自己犯错时都会一直自责和纠结内耗。学姐在访谈中还提到,要拥有包容的心态去看待和接受新事物,始终保持成长型思维。这些观点和话语给了我很大的慰藉和启发。我想这些对我今后的学习、生活和工作都将有着长久而宝贵的意义与价值。

有幸参与此次访谈后,我想到鲁迅先生说的:"有一份热,发一份光。"在我眼里,刘敏学姐也是这样勇敢坚定、积极向上的中国青年。在面临困境与变化时,始终持有成长性的思维和接受变化的强大坚定的内心,不断学习、不断思考,允许自己犯错,也主动去接纳和学习新事物,把握生活与工作的主动权,这些也都将是我需要不断学习和实践的宝贵经验。

——陆逸　南京大学信息管理学院 2024 级硕士生

"新时代中国特色社会主义理论与实践"课程旨在帮助我们更好地理解理论知识与实践案例,不仅以帮助我们深化理论认知、树立正确价值观为重要环节,同时也把指导我们将理论付诸实践作为重要目标。

而之所以选择将访谈活动作为结课作业,是因为这是一个能够让我们与现实榜样面对面交流的机会，能够让我们主动思考理论与现实之间的联系，从榜样的故事中挖掘实践价值，从而更好地通过亲身实践激发对理论的共鸣。

这次访谈活动不仅是对课程理论的补充，更是对实践能力的锻炼。从前期准备到访谈总结，我们协作进行调研、提问、反思和材料整理。从前期的准备到现场沟通，再到后续整理与分享，每一个环节都锻炼了我们的调研能力、表达能力和逻辑思维能力。这种实践型作业要求我们主动参与、融入团队合作，对我们的分析能力、沟通能力和责任感有全方位提升。通过与刘敏学姐的交流，我在真实的互动中感受到了榜样的温度和思想的深度。

刘敏学姐在 2008 年大地震中经历了巨大的困境后，仍然能够蜕变成接纳自己身体和心理变化的人，并且能够在困境中找到明确的目标，将人生掌握在自己的手中。在刘敏学姐的讲述中，我深刻意识到，人生的高度并不是由境遇决定的，而是由内心的坚韧和努力决定的。

在访谈过程中，刘敏学姐提到了宣讲的意义。一次次宣讲所带来的正向反馈，让我看到了青年力量如何影响甚至改变社会。作为新时代青年，我们不仅要关注自己的成长，还要积极承担社会责任，用实际行动为他人带来更多温暖，为社会带来哪怕一点点的正向改变。此外，刘敏学姐还分享了自身工作与学习的经历，让我深受启发。具备成长性思维、勇于尝试、并允许自己犯错，都是能够不断提升自己的方法。

——张金莹　南京大学大气科学学院 2024 级硕士生

和刘敏学姐的访谈进行了三个半小时。听学姐讲着自己的故事，我的情绪从一开始想要落泪，到后来深受鼓舞，我由衷地钦佩她。她身上有一股韧劲儿，不管命运怎样施压，她不折断自己的意志，总能再挺起身来。她熠熠生辉的履历向我们证明：人生有无限可能。

访谈过程中，学姐金句频出，让我很受触动的一句是："我们每时每刻都是幸运的,因为任何可怕的灾难前面都可能加上一个'更'字。""幸运"从一个经历灾难的人口中说出,展现了它另一面的光辉。我们总习惯地认为,"锦上添花"才是幸运,不知不觉间对"幸运"的要求苛刻了许多,对"幸福"的感受少了许多。学姐的这句话让我猛然省悟:人生许多不完美的时刻已经足够幸运,珍惜当下,把握时光才是生活的真谛。

学姐告诉我们要为自己找寻意义,她用行动作出了自己的回答:"有一份力,发一分光,心怀大爱,为社会作出自己的贡献。"自己的意义在哪里呢?我也时常思考这个问题。有的时候,我只觉得小小的我、普通的我,做不了什么。我愿意做一颗螺丝钉,愿意做共和国的浪花一朵,但是我不知道自己能做什么、要怎么去做。和刘敏学姐的访谈让我认识到,大家都会迷茫,重要的是不要迷失方向,更不要放弃前行。学姐自比"井底之蛙",她说我们一直在向上爬,不断拓宽自己世界的边界,能看到越来越广的天。这让我对未来充满期待。在前进、爬升的路上,相信我能拥有越来越大的世界,遇见越来越多的人和事,拥有越来越强的本领,去做无论大也好、无论小也好的,有意义的事。

——马乔雨　南京大学哲学学院 2024 级硕士生

"我希望,我把这个梦写出来,我的黑夜从此也有了皈依了。"史铁生如是说。我有幸参与了对刘敏学姐的访谈,并对刘敏学姐进行了相关问题的提问。在访谈开始之前,我的心里充满了忐忑,我不知该如何切入对刘敏学姐的提问,不知道该用怎样的表达才能使得我的话语不至于充满"恶意"。我带着自我的"偏见"去考量语句的表达,可后来才知道困境并不会扭曲具有不屈精神之灵魂,它们面对挫折、面对磨难,总是以一种乐观之态度——或许苦难之伤害已经造成,但困难所造成的伤害并不会成为一生的阴霾。在访谈的过程中,我发现刘敏学姐恰恰是具有如此精神与灵魂之人。

在回答"灾后是如何重返校园""如何重新树立对生活之信心和生命

之信念"的问题时，刘敏学姐反复地谈及人要学会接纳自己——无论是在身体上，还是在心理上，或是认知上的，人都要学会去接纳不甚完美的自己。刘敏学姐对地震的认知影响到她对人生的认知，她将自己比作一只井底之蛙。学姐谈到，一路走来，她在不断突破禁锢自己的井，不断去拓宽自己的井口，以便让自己可以看到更大的世界，也允许和接纳自己去看到更大的世界。

认识到自己的局限性，不断地去拓宽自己的认知，不断地去接纳更多的自己和世界的种种，或许是我们每一个人的必修课。在这个过程里面，我们去不断地成长和修正自己，使我们在面对时代旋涡和自我人生旋涡时，得以保持一种平和的心态。人生有无限种可能，这是刘敏学姐带给我最大的感触，同时祝愿我们每一个人都可以用不甚完美的笔触书写出更加出彩的人生篇章，去体验和尝试更多的人生可能性。

——赵泽毓　南京大学哲学学院2024级硕士生

访谈中，学姐多次提到"有为"和"无为"的关系，这是她在工作岗位上不断总结的宝贵经验。"有为"意味着主动作为，努力争取更多的机会与资源；而"无为"则是在面对许多不可控因素时，学会接纳与顺其自然。这种辩证的思维方式让我深受启发。

研究生阶段是人生中一个重要的过渡期，我们需要在学术、生活与未来规划之间找到平衡点。学姐提到，她在研究生阶段通过尝试不同的实习与社会实践，不断摸索自己真正热爱的领域。这种"短期目标"与"长期规划"相结合的方式，值得我们每个人学习。

在我的生活中，我常常会因为无法确定最终的职业方向而感到焦虑，但学姐的经历告诉我，短期的尝试与探索本身就是一种成长。我们无法预见每一步的结果，但只要保持前行的勇气，未来的道路自然会逐渐清晰。同时，我也认识到，学术与生活需要平衡，工作与家庭需要兼顾，只有清晰地设定目标，并在行动中不断调整，我们才能实现真正的个人价值的追求。

　　刘敏学姐的经历是一部关于坚韧、成长与责任的生动教材。她用自己的行动告诉我们：人生的意义需要我们主动去赋予，而成长的过程永远离不开探索与坚持。作为一名研一学生，我从她的经历中学到了如何面对挫折，如何主动选择，如何平衡短期与长期目标，也深刻认识到个人成长与社会责任之间的关系。参与刘敏学姐的访谈小组，将成为我研究生生活一次非常宝贵的体验。

　　成长的道路从来都不平坦，但正如学姐所说，只要内心足够坚定，我们就一定能走向更加广阔的天地。

　　　　——宓简　南京大学国际关系学院2024级硕士生

　　在参与此次访谈并整理文字稿的过程中，我深刻认识到人生中的困难与挑战如何塑造一个人的心灵和成长。刘敏学姐的经历无疑是充满痛苦的，但她所展现的勇气、坚韧、对自我的接纳以及对自我边界的不断拓展，深深触动了我。通过整理这份访谈稿，我也更加认识到，面对人生的困境时，积极的心态和行动同样至关重要。学姐在无数次跌倒后，依然选择站起来，并通过实际行动去改变自己的命运。她没有让社会的偏见或身体的缺陷定义自己，而是通过不断的努力和自我认知的提升，逐步找到了自己的方向。这种转变不仅需要坚定的信念，更需要在挫折中不断调整自己的思维方式和行动策略。从大学生到选调生再到各种各样不同的社会工作岗位，刘敏学姐始终都在改变着人们对残疾人群体的认知。

　　从刘敏学姐的经历中我们可以学到很多：在未来的职业生涯中，保持成长性思维，积极面对每一次挑战，不断拓展自我边界，将为自己带来更多的机会和成就。同时学姐也建议大家在选择职业时，不仅要考虑工作的稳定性和前景，更要考量自己是否能接受该环境的生活和工作方式。对于正在迷茫的学弟学妹们，学姐的寄语是："允许自己迷茫，但同时要探索迷茫中的成长路径。"迷茫并不可怕，真正重要的是在黑暗中寻找光明。在整理文字稿的过程中，我好像又与刘敏学姐进行了一次深入的对话。学姐给我的一个重要的启示是，任何经历的意义都是可以赋予的，关键在于如何看待和应对生活中的每一份挑战。我们面对生活中的挫折和苦难，就应该秉持这样的态度。

——丁之健 南京大学马克思主义学院 2024 级硕士生

在吴老师的"形势与政策"课堂上听到刘敏学姐的故事时，我完全被她展现出来的坚韧和自强的精神所感动，她用亲身经历诠释了什么是真正的生命赞歌。她遇到困难从未放弃，而是选择与命运抗争，用顽强的意志书写了一段段令人动容的篇章。

从废墟中获救到重新站上讲台，从迷茫的运动员到坚定的求学者，从大学校园的优秀学子到选调生岗位上的实干者，她的每一步都走得艰难，却又无比坚定。她没有被身体的残疾所束缚，反而将其转化为前进的动力，不断挑战自我，突破极限。她的经历让我深刻体会到，生命的意义不在于遭遇的苦难，而在于如何在苦难中寻找希望，如何在困境中实现自我价值。同时，学姐的故事也让我看到了榜样的力量。她从身边的人和书中汲取知识和经验，并获得源源不断的力量：她的恩师用严厉的教导和深刻的提问，为她指明了方向；她的室友用丰富的方式使她在大学中不断勇于尝试、开拓进取。这些榜样如同一盏盏明灯，照亮了她前行的道路。而如今，学姐也成了他人的榜样，她的宣讲激励了无数人，让他们重新审视自己的生活，勇敢面对困难。

除此之外，最让我感动的是刘敏学姐的谦逊与感恩。她从不因自己的成就而自满，始终保持着对生活的敬畏和对未来的期待。她深知自己的成长离不开他人的帮助，也明白自己的价值在于为他人带来希望和力量。她的经历使我意识到，无论身处何种境地，只要心怀感恩，就能在困境中找到温暖；只要心怀希望，就能在黑暗中看到光明。

刘敏学姐的故事对于作为大四学生的我来说极其具有启发价值，让我能够更加坚定地在自己喜爱的领域和道路上阔步向前。在今后的日子里，我也会更勇敢地面对生活中的困难，不断挑战自我，努力实现自己的人生价值，同时更加珍惜身边的人和事，让生命绽放更夺目的光彩。

——温知源　南京大学政府管理学院2021级本科生

当命运的惊雷劈开人生坦途，有人选择沉沦于苦难，有人却能以超常的精神高度重塑"完整"的定义。刘敏学姐正是后者。学姐的微信签名"做自信自强的自己，这是对美最炫酷的定义"，这句话让我深受感动。一路走来，刘敏学姐的每一步都饱含艰辛，但她从未被困难击退，永远保持着精气神、生命力，从康复训练到重返校园，从学术求索到投身基层，学姐以自己坚韧的意志和无畏的行动告诉所有人：生命的壮美，恰恰绽放在与苦难相搏的裂痕处。

更令人动容的是，刘敏学姐的脚步没有止于校园内部。她还主动联系全球知名假肢公司奥托博克，通过撰写产品测评报告获得合作机会，凭借出色的沟通能力成为企业形象大使。从参与线下产品宣讲到走访国内外城市，她以亲身经历帮助更多人了解假肢技术，为残疾人事业发展和社会进步贡献自己的力量。

作为后辈，我们都应像学姐那样，为自己开拓前行的道路，向他人传递切实的温暖，在生活的余震中依然挺立，在命运的废墟上重建精神家园。因为真正的强者，不是没有裂痕的人，而是让光透进来的人。

——姚事汐　南京大学法学院2022级硕士生

刘敏学姐的生命叙事，对于此刻站在人生十字路口的我而言，不啻为一盏穿透迷雾的灯塔。作为一名电子专业的大三学子，当我在读研方向选择的迷茫中徘徊、在有限资源的现实前踌躇时，这位用钢铁意志击碎命运枷锁的学姐，用她灼热的生命轨迹为我标注出精神的坐标。

年仅16岁的刘敏学姐从汶川地震的废墟中被救出，截肢后她的选择不是向苦难低头，而是以知识重构人生。三年复健中坚持自学、最终叩开四川大学校门的壮举，让我看到真正的强者如何将绝望淬炼成希望，用残缺的身体传递完整的人性光辉。这彻底颠覆了我对"困境"的认知：原来物质匮乏或身体桎梏从来不是决定人生高度的标尺，真正禁锢我们的，是对自我可能性的预设与妥协。

作为一位面临一定经济压力的电子专业学子，我曾陷入工具理性的窠臼：执着于计算不同赛道的投入产出比，焦虑于试错成本的承担能力。而学姐那句"意义不是天生赋予的，而是通过我们的态度、选择和行动创造出来的"，如晨钟般惊醒我——在实验室调试电路到深夜的枯燥，在科创竞赛中屡败屡战的煎熬，这些曾被视作"无意义"的磨砺，在成长性思维的折射下，突然显现出锻造核心竞争力的本质价值。

真正的探索者要为脚印赋予意义，学姐的故事激励我在脑海中勾勒出我们这代人的成长图谱：既要突破"小镇做题家"的认知边界去触碰科技前沿，更要让专业能力与社会需求同频共振。刘敏学姐也用奋斗故事教会我们：真正的光明不是没有黑暗，而是永不屈服于黑暗。带着这份教导，我将在集成电路的微观世界里追寻科技报国的星辰，更要在服务社会的实践中拓展人生的经纬——作为被光照亮的我们，也要努力成为光本身，去照亮更多的人。

——**冯亚冰　南京大学电子学院2023级本科生**

在时代的长河中，总有璀璨星辰为世人指引方向。我近日非常有幸，随吴秋怡老师组织的"新时代中国特色社会主义理论与实践"研究生公共课访谈小组，对话南大青年榜样刘敏学姐。这位曾在汶川地震中失去右腿的女孩有着"不可征服的灵魂"，她凭借坚强的意志重返校园，在学术和社会服务中屡获殊荣。如今的她正扎根基层,继续用奋斗书写新的华章。刘敏学姐的事迹不仅彰显着生命个体的顽强意志,更是对"幸福都是奋斗出来的"生动诠释。当我们将"不经一番寒彻骨,怎得梅花扑鼻香"的哲思与她的生命轨迹重叠时,便愈发感受到那自强不息的精神密码。

以勇气为剑,以毅力为盾,直面生命的考验。勇气不仅是无畏风暴,更是在暴雨中仍能看清星辰的方向;毅力也不是永不疲惫,而是在跌倒后仍愿以血泪重铸脊梁。16岁那年,刘敏失去了一条腿,但她那颗永不言败的心却从未被打败。从运动员到求学者,从大学校园的优秀学子到选调生岗位上的奋斗者,她的每一步都无比坚定。无论是在求学期间,还是在工作岗位上,学姐一直在不断适应、不断学习、不断思考,主动去接纳和学习新事物,始终保持一种包容的心态去看待一切。

在不确定的洪流中,锚定心灵坐标,寻找自己的确定性。改变能改变的,接受不能改变的,这是一种莫大的智慧。刘敏学姐在采访中曾说:"允许自己的平庸,允许自己的渺小,不过也不要轻视自己,要相信自己有无限潜力。"面对生活的考验,学姐从不自轻自弃。她在分享中提到"很多事情本身是无意义的,意义是我们赋予的",鼓励我们要"给自己找寻意义"。诚然,愿我们都能在这个无常的世界中锚定自己的有常。能做事的做事,能发声的发声。不必等候炬火,我们每个人都是自己的光。

携感恩之心远征,让进取成为生命的原色。感恩不是对命运的妥协,而是看清生活真相后,依然愿为世界添一缕微光。面对所斩获的殊荣和收获的帮助,刘敏学姐总是满怀谦逊与感恩,并将收获的温暖转化为回馈社会的动力与责任。进取从不是孤勇者的独舞,而是与时代共鸣的交响。面对生活的答卷,刘敏学姐用自己的实际行动作出了回答:"有一份力,发一份光,心怀大爱,为社会作出自己的贡献。"

此心光明，亦复何言。愿我们都能在命运褶皱处，以勇气为针、信念为线、感恩为帛，绣出永不褪色的人生篇章。

——黄芳芳　东南大学马克思主义学院2023级博士生

我从来没有想过，如果失去一条腿，生活会变成什么样子。直到那天，我听到了刘敏姐姐的故事。

当她平静地讲述自己被埋在废墟下的30个小时，讲述她如何在没有麻醉的情况下截肢，我的心里像被什么东西狠狠揪住了。她说："我不能选择灾难，但我可以选择面对灾难的态度。"这句话像一颗种子，悄悄种在了我的心里。

刘敏姐姐失去了右腿，却依然坚持学习，从班级倒数第三考到年级第四，非常了不起，最终考上了南京大学在学习上，我有时懈怠她的坚强让我感自惭形秽，也让我明白，真正的困难不是外界的阻碍，而是自己内心的退缩。

但更让我震撼的是，她不仅自己站起来了，还选择把自己的经历分享给更多人。她说，每次讲述那段经历，都像是重新揭开伤疤，但她依然这样做，因为她希望自己的故事能带给别人力量。听到这里，我的眼眶湿润了。原来，她的坚强不仅仅是为了自己，更是为了照亮别人的路。她的笑容那么温暖，仿佛所有的苦难都被她化成了力量。

感谢刘敏姐姐去年夏天为我们"南小宝"分享，用她的故事点亮了我们的心。她的坚强和勇敢，让我重新思考什么是真正的勇气。或许，我无法改变生活中的所有困难，但我可以选择像她一样，用微笑和坚持去面对一切。

刘敏姐姐，谢谢你！你的故事让我明白，生命的意义不在于我们失去了什么，而在于我们如何面对失去，并从中找到属于自己的光。而你，不仅找到了光，还把这份光带给了更多的人。

——李为先

访谈逐字稿（部分）*

时间：2024 年 11 月 22 日

访谈形式：线上访谈

访谈对象简介：

刘敏，南京大学法学院 2016 级硕士研究生，第十三届中国大学生年度人物，2019 年"最美大学生"。作为汶川地震幸存者，她以截肢之躯创造生命奇迹，国务院原总理温家宝称赞其"用不可征服的灵魂重新站立"。在大学期间，刘敏始终保持着优异的学习成绩，获得了全国残疾大学生励志奖学金、黄乾亨奖学金、南京大学一等学业奖学金等众多荣誉。在不断提高自己、锻炼自己的同时，刘敏积极投身于社会公益，用自己的辛勤努力争取更多社会资源，为青少年和残障人士提供力所能及的帮助，发起了"全国大学生抗灾减灾灾后重建国际论坛"，并组建了"中华康复工程基金会（香港注册）"，向社会传递爱心。

采访人：

吴秋怡：南京大学马克思主义学院助理研究员

牟芳娇：南京大学政府管理学院 2024 级硕士生

王丁丁：南京大学政府管理学院 2024 级硕士生

---

* 为还原访谈现场，本书保留访谈中的口语化表达。

陆逸：南京大学信息管理学院 2024 级硕士生

张金莹：南京大学大气科学学院 2024 级硕士生

马乔雨：南京大学哲学学院 2024 级硕士生

赵泽毓：南京大学哲学学院 2024 级硕士生

宓简：南京大学国际关系学院 2024 级硕士生

丁之健：南京大学马克思主义学院 2024 级硕士生

提问： 您提到您所在的康复中心，就在望江校区旁边，我刚好也在望江校区待了两年。您当时认定了不止要考上大学，还要考上四川大学。您结束高考后，得知分数达到了四川大学录取分数线，您可以上四川大学，我觉得这个场景对于任何一个人来讲印象都非常深刻。所以我想问一下，您是否还记得当时被录取后的场景和心态变化？以及您当时对您本科有怎样的规划？或者说对接下来的大学生活有什么样的憧憬？以及您接下来对大一、大二、大三、大四是怎么规划的？实际上是怎么去做的？我特别想听到您的分享。

回答： 我当时是很紧张的，因为我还在北川的大山里面，当时我们查成绩用手机，信号不是很好。我们更多是通过电话去查询，因为当时 2G 网络根本登不上，而且那个时候手机还没有这么先进，是按键手机，网络不是很好。在信息接收方面，我的家庭环境是不能让我有很多获取信息和事物的渠道或者途径的。所以我当时查成绩的方式也比较原始，就是通过电话查询。最开始电话占线不通，我们好像是第二天早上查的，反正现在已经记不清楚。我整夜想要睡觉，但是又很紧张，睡不着，内心当时还有一点紧张，既期待但是又很忐忑、很害怕。因为大家都知道，因为我前面路走得很不顺，所以当时设定一个目标对我来说意味着很多。不仅仅意味着能不能考上，更多来说意味着我选择的这个路径能不能走下去，甚至是我未来要怎么生活这样一个大话题。如果没有考上，我应该怎么做，我当时没有心理准备所以对我来说，它意味着很多很多，所以我是既期待但是又很忐忑、很紧张,所以不敢查。我当时还没有查到成绩,高一班主任先给我打了电话。那个时候学校已经知道学生的成绩,所以我还没有查到成绩,但是她先给我打了电话,她的意思就是说,恭喜我。虽未查询成绩,但她先电话告知,我内心顿时如释重负,至少不会很差。她恭喜我,并提及"刘敏考得不错",尽管未说具体分数,但恭喜后,我心中一块大石落地。她打电话时我特别开心,但查询成绩后反而更轻松,因为已有好结果。考试结束后到录取结果出炉,我的心态逐渐平稳。最激动的是接到老师的电话前忐忑不安,那时整晚睡不着,又害怕又期待。进入川大后,我对大学的认知有限。当时我不知道读大学的目的,只是想着将来能找到好工作。到了川大后,我继续保持着高中的学习状态,生活局限于吃饭、睡觉、学习,直至大一期中。我有一个关系较好的室友,家庭条件特别好,她有自己的想法和意识。我当时因为脚不方便,江安校区很大,而我需要高频走动,所以买了个"小电驴儿"。她经常会蹭我的"电驴",一来二去我们关系就特别好。她的思维很开阔,是一个很有想法的人。她的社交圈子很广,经常需要借助我的交通工具,让我带她实现校园游。包括她有时和别的朋友聚会,我就相当于她的专职司机。我从她身上了解到大学的生活应该是什么样的。她的家庭条件很好,经常会请客吃饭。除了学习,他们会讨论大创、竞赛以及实习等话题。慢慢听了他们说的大学生活后,我才知道大学不只是学习。前半学期我生活仅限于吃饭、睡觉、学习,没有任何其他体验。我的好朋友请她的学长学姐吃饭,我们一起聚一聚。就这样,我慢慢听到别人是怎么过大学生活的,以及他们也会说其他人怎么带他们做这做那。我就这样开始有了各种各样的体验。

提问: 敏敏学姐,我知道感动川大年度人物是一个非常顶尖的荣誉,您到南大之后还拿到了年度人物,后来还成为全国的最美大学生,您获得了特别多的荣誉,那您觉得这些荣誉对您来讲意味着什么,包括这些荣誉又是如何影响您的自我发展和对未来的规划的。

回答：其实坦率来说，我觉得如果我没有截肢，我可能我没有那么轻松拿到这些荣誉。在任何情况下我都对自我认识很清晰。

我觉得自己为什么能够这么容易被别人发现，或者是能够从这个人群中凸显出来，其实更多的是因为我的这个经历，还有就是我的身体状态。所以在这方面我一直特别清醒。正是因为我过往的不容易，成长路径的艰辛，还有自身的身体状态，所以在学校里面会得到更多的关注，以及学校会给我更多成长的机会。我更多是把这些荣誉看作一种认可和激励。我不会觉得我多了不起，没有。我反而是把它们当成一种认可和激励，我要更踏实地成长和不断地去进取和提升。包括现在我在这个工作岗位上，领导也会给我很多成长机会，在面对自己荣誉的时候，我任何时候都是很清醒的，我不会觉得我自身有多了不起，因为我在这个过程中，我永远都会觉得自己还有很多缺点和不足，也能看到他人的长处。我觉得这是我的自我认知，我觉得这是很好的一个点，就是我不会觉得自己有多了不起。反而我是能够清醒的看到周围人的榜样作用，不断的从周围人的方向中去学习和成长。

提问：刘敏学姐好，我们对学姐您的资料收集和了解里面，我们会发现学姐在宣讲方面，其实做出了很大的努力跟贡献。就像学姐刚刚说的："就是得自己想清楚，自己想要干什么，而且刚好有这个机会，所以去干了这件事情。"那么我就想问问刘敏学姐，您做了这么多次演讲和访谈这种契机，或者这种想法，最早是从什么时候开始的？然后您又是因为什么样的契机想要通过这样的演讲向青少年、向学生去分享自己的人生经历和感悟？

回答：我觉得这个问题挺好，这也是我曾经思考的一个问题。我觉得这也是我今天想送给学弟学妹们的另外一句话——给自己找寻意义。其实很多事情它本身是无意义的。意义其实本身是一个很带有主观色彩的一个东西，它是我们赋予的。我觉得找寻和看到自身的存在之于家庭，之于工作，之于我现在工作的服务对象的价值和意义，会让我们活得更有责任感也更有动力一点。包括现在可能有的人觉得学哲学是一个很有意思的事情。首先来说，我觉得哲学它是一个让我们的思维去跳脱于当下这个世界，去游走于另外一个世界，去不断的拓展和丰富自身思维并且让我们对一个事物赋予新的见解和意义的一个事情，但是有的人可能觉得哲学就是务虚主义、无用论了。分界点在哪里？就是你怎么看待这个东西，它就是一个很主观的东西。那么同时，包括宣讲来说，为什么有人觉得宣讲就是几个人在那说说经历，从主观来说，他觉得很排斥这个东西，所以会觉得没有意义。但是我们，包括我今天为什么在这里跟大家聊，因为我觉得这个分享是很有意义的。我觉得大家愿意选择我，愿意选择跟我交流，大家一定是在当下有自己的困惑，或者是觉得可能会能够从我过往的经历中获取一些你想要的东西。所以你主观上是愿意来听我这次分享。这是带了很多主观性的，但是同时很多学生他会觉得这个学姐的经历对我来说没什么意义，他觉得我的经历可能对当下的这个阶段不能答疑解惑。这就是一个很主观的东西，而我选择给大家分享，是因为我觉得这个分享很有意义。哪怕你们只是听一听，那么我觉得你们最起码在听完以后，你们对意外，对选择，对人生，可能在不同层次上都有不同的思考和理解。这种见解一定是基于你们当下所处的环境，所处的阶段和你们目前的认知阶段去赋予自己的见解去汲取你自己想要的东西，我觉得这就是我分享的意义。同样，我觉得宣讲也好，还有我现在的工作也好，我觉得我对它们的意义和我对它们的理解也在随着我的认识不断改变。就是说，既然意义是被"赋予"的，那么我们能做的就是积极面对。

我是2019年参加工作的。当时四川成立了四川残联励志报告团。我对宣讲最开始没有太大的理解和认知。因为我是四川省首位考取急需紧缺专业定向选调生的第一个残疾人。在我之前是没有残疾人考上这个急缺选调。当时领导对我的经历和身上标签很重视，他觉得可以影响和改变很多人对残疾人的认识。当时报告团就是为了影响、改变别人对残疾人的印象，去给残疾人提供更多的就业机会，它的初衷就是以大家喜闻乐见的报告的形式，通过让残疾人主动走进大家，让大家更好地了解残疾人群体。但是最开始我对励志报道的认知其实也很浅显，我觉得这有什么好说的，我觉得过去就过去了。当时是我工作以后单位的领导让我去做这样一件事情，所以最开始我是被动的，我最开始并没有意识到这个事情到底有什么意义。我是被动地去做这样一个事情。但是我刚刚也回答了，我觉得反而是这样的一个经历一点一点去改变了我对宣讲本身的定义。这种定义的改变，更多的时候是来着一些数据和一些正向的反馈。它这个平台搭建得很好，它可以走到高校企业，平台还挺高的。

  当时我记得成都七中分管德育的一个副校长，当时他在跟我们吃饭的时候闲聊，他就说了，他很感谢我们，他说："自从你们报告团来了以后，我们学校这个学生事故率下降了。"他用了一个数据来说话。当时我挺震惊的。现在小朋友的挫折教育很少，他的人生成长太顺了。他在没有听过我们这个成长经历的讲述之前，他觉得他当下碰到的挫折就是天大的一个事情，会影响到判断，甚至让他对生命都可能产生放弃。但是当我们过去了以后，他的认知思维打开了，他觉得原来人生还有这么多苦难，原来我当下经历的不算什么。这是我们通过实打实的，在数据比对中发现了我们宣讲的意义。也正是因为这一次一次的正向反馈，让我真正地理解了宣讲的意义。而且我们走进企业，企业人士听了我们成长的经历。他们以前觉得残疾人就是大街上乞讨的，或者坐轮椅要饭的。看到我们这样一个个鲜活的生命，因为热爱，有专业的知识和技能，有这么清晰的表达能力，有这么强的心理抗压和受挫的能力，改变了他的浅显认知，当场很多企业老板当场拍板说"我要招聘多少残疾人"，马上就提供市场的岗位。所以我们切切实实地看到了正向反馈：这种企业也好、学校也好，他们开始为残疾人提供实打实的就业岗位，开始给他们尝试和体验的机会。这种价值和意义是我以往从未体验过的。也正是因为这些价值让我意识到这个宣讲是多么的重要。也让我除了认真工作，也开始用心地去准备这样一次又一次的宣讲报告。也正是准备这一次宣讲报告让我真正地开始认真的回顾自己的成长，开始思考不同成长阶段曾经给我带来的影响和改变。

问题：刚刚听学姐讲的，我觉得受益匪浅。感觉学姐其实在工作当中自己总结了一套，借鉴学习，包括让自己从这个岗位跳脱出来，然后保持成长性思维的优势。确实我也觉得收获了很多。因为我们现在研一，可能还目前还处于一个对工作不太了解的一个阶级。包括我本人，我现在还不太确定自己想不想考公，比较迷茫。就是想问学姐，您在工作这么久之后，您自己是怎么看待选调生工作的？你觉得什么样的学生适合做选调生工作、比较适合考公进入体制？哪些学生可能不太适合？我也想知道一下，看一下自己究竟适不适合以后四川选调生或者回到四川，然后去进行自己的职业道路。

回答：首先我来说职业。我觉得你未来的发展首先看你自身性格，如果你对学术有兴趣，并且想要在学术上有所成就，现在对研究生来说，当下应该首先思考的是要不要进一步地在学术上发展。觉得这是第一点是，先看自己适不适合学术。就我自身来说，我早早就认识清楚自己不适合学术，所以就考虑就业方向。就业方向其实回到你刚刚提到的，适不适合这个选调生或者体制内的工作，我觉得选调和体制是很宽泛的概念。选调它是一个职业方向，但是选调对应的是各种各样不同的单位。每一个单位，我觉得更多的就是一个职业的方向。选调它也有很需要你很外向的一些岗位，可能更多地看具体的一个就业的岗位，或者说一个具体的单位。不同的单位，不同的岗位，又有不同的要求。首先，你要根据你自身的专业判定你未来想考哪一个方向的选调生和岗位。单位可能没那么确定，但是大概是什么的岗位我觉得应该是较为确定的。你当下的迷茫很正常。任何阶段，你的认知受限的时候，迷茫才可以让你拨开乌云去找到一个正确的方向。所以迷茫是一个常态化的，也是很正常的阶段。所以允许自己迷茫。但是同时要为迷茫去探索，让你在迷雾中去找到属于你自身的成长路径，这个成长路径一定是独一无二的，不具有模仿属性，因为每个人性格是千差万别的，每个人所处的环境和自身成长的轨迹也是千差万别的。很多人，他可能最开始考试的时候他没有想清楚，因为他自身的成长，家庭或者恋爱，或者是性格，他可能没有考虑得那么全面。但是人的选择一定是多方面综合而成的一个结果，它已经不具有单一属性，而是一个多元属性的结果。但这大概就是我想说的点。

提问：谢谢学姐。想问一下你们在整个的宣讲过程中有没有遇见过一件或者几件让你觉得特别感动，或者让你印象特别深刻的事情。可以给我们分享一下这样一件或者两件事情吗？

回答：很多。其实我们每一次报告针对的都是很具体的人物。我说三个吧。第一个是当时我们去当时是一个学校里面报告的时候。我们报告结束，我们就走了嘛，有一个同学很热情地跑上来，他就跟我聊聊。他说出了一个让我定义残疾这个事情的一句话，他说我觉得截肢好酷，我也好想要截肢，当然这是从一个就是认知还不是很全面的初中生嘴里说出来的话，但是同时让我觉得人的思维其实就是受环境的影响。他最开始对残疾人的理解，他对残疾人的认识和定义就是我们赋予他的，所以他会说出这样的话，这是让我印象很深刻的第一件事。我们报告团本身来说，是团员和团员之间的影响，就是让我印象很深的第二件事。报告团它里面都是各行各业特别优秀的残疾人。但我意识到，其实这些闪闪发光的人，对于过往的痛苦的经历，还是心存余悸。第三个是，我们的报告让一些残疾人的家人看到，让他们觉得原来我的小孩儿不是一个特例，原来我小孩儿所经历的阶段，别人也经历过。让他对他的子女教育也好，还有正确的看待他子女当下所处的困境来说，也有一个极强的心态变化。这种变化，可以让他自身更好的投入到生活中，也能让他更好地想要去通过努力去改变他小孩未来的成长路径。所以我觉得这个报告团单单是三个举例,就意味着,任何人都是需要精神力量的,任何人的精神力量都是从他的思维角度去汲取他自身所需要的。而汲取自身所需要的又能辅助于他这项行为,他的行为可能都会改变他的思维,他的思维就会影响他未来的成长走向。我不知道有没有很好的回答你这个问题。

提问: 敏敏学姐,我看到您朋友圈做自信自强的自己是对美最炫酷的定义。我们最后其实是要把这整个对您的访谈形成一个生命史的故事,去影响更多南大青年或者更多的同龄人,或者更多社会上迷茫的人。其实我本来是想着用一个词或者一个句子去总结一下您的人生信条,但听您说了这么多,我觉得可以用现在的一个网络热词来形容,就是您真的"还是太全面了"。我们可能没有办法用一个词或者一个句子,去凝练您的人生信条。但我希望最后的问题可能是,回顾自己这么多年以来的求学经历和生活的经历,您最大的成长和收获是什么?以及对于我们现在正在就读的迷茫的学弟学妹们,您有怎样的寄语或者建议,我觉得这个可能是比总结您的人生信条或者是总结您个人来讲更为重要的。我们大多数同学都正处于人生选择的新阶段,总有迷茫。

回答: 你还记得我在这个报告最开始之前我提到的吗?之前省委组织部有一个采访策划人让我用一个词或者什么事物来定义自己,我当时说我是一只井底之蛙。包括我成长到现在,我觉得我们每个人都是井底之蛙。就我们每一个阶段来说,我们都被禁锢在不同深浅、井口不同大小的井里面,我们能抬头看到的天空都是有限的。当我们不断的成长的时候,井的深度越来越浅,井口越来越大。当到我们真正的成长为一个更强大的人的时候,可能我们真正的站在一个平地上的青蛙,井消失了。但是我们永远是一只蛙,我们还是在这个地表平面上。我们跳到哪里?哪里的边界就在不断地拓展。所以允许自己在井里,但是要去努力去改变井的深浅大小。当你真正地站到平地上的时候,不妨前后左右都跳一点。这样你的地表的边界就会在不断拓展。但是你永远也要看的,不管井口大小深浅,还是在平地上的时候,你都是暴露在一个开放的环境中。那么暴露在开放环境中,永远都有很多未知和误差。永远很多超出你能力掌控范围的事情。所以你能够做的就是去改变井口的大小深浅和它的边界。但是你同样要学会去接受你不能掌控的天气的冷暖晴雨,不能掌控天上会不会掉下什么。所以人其实有的时候和动物一样,没有什么高级低级。允许自己的平庸,允许自己的渺小。但是你同样不要轻视自己,要相信自己有无限可能。永远不要去固定和限制自己的边界。因为有的时候,里面的一些人事物,面对一些未知和无常的时候,这些痛苦的机遇,反而会让你看到自身的无限可能。所以任何阶段任何事情他都有两面性。当你修炼了足够强的内心,让你的思维格局变得更加多元的时候。那么你看大家。任何事物的方向也在不断的调整。有一个阳光积极正向的心态。但是同时也看到这个位置很渺小,我相信你的人生。会过的坎坷但是又顺利,过得艰辛但是又很满足。

总结:您最后的这段升华真的让我们这个访谈的现实价值和精神价值有了进一步的提升,我们希望我们八位同学能够做好您的故事的一个传递者和载体。然后把您的故事传递给更多的迷茫的同学和青年,让他们找到人生的意义和继续奋斗下去的价值。

然后我想我们今天访谈的意义可能就在于此。接下来我们的访谈形成稿件的过程当中,如果还有一些细节需要补充我们就再单独联系您,特别感谢您今晚三个半小时耐心的倾囊相授,然后也希望您未来的工作和家庭生活都能幸福顺利。谢谢刘敏学姐,同学们,还有没有什么其他的疑问?如果没有的话,我们今天就顺利结束,特别感谢刘敏学姐的分享和讲授,谢谢。

王玉瑞

山径淬星火,光耀科研路

他获得江苏省最美大学生、南京大学大学生年度人物、南京大学青年五四奖章、博士研究生国家奖学金等荣誉。在南京大学求学期间，他勇攀科研高峰，以第一作者、共同第一作者身份发表高水平论文9篇，其中在Nature发表正刊3篇、子刊2篇。作为一名资深的户外徒步爱好者，他常把科研比作攀登一座未经开发的野山：没有现成的路径，每一步都充满未知，但正是这种挑战与探索，让登顶时的风景格外壮丽。正是这种未知与挑战，让登顶的那一刻无比珍贵。他与团队深耕光伏领域，披荆斩棘、勇攀高峰，多次打破钙钛矿太阳电池效率的世界纪录。他就是来自现代工程与应用科学学院的2019级直博生王玉瑞。

我们访谈小组第一次见到王玉瑞学长是在2024年11月的傍晚。天气越来越冷，他穿了一件灰绿色的冲锋衣，戴着口罩早早在路边等我们。想象中，这位发表了多篇顶级期刊、荣获多项大奖的科研大神应该自带光环，以与众不同的方式"闪亮登场"，但眼前的他却显得那么的平和。在短暂的交流过后，学长的智慧风趣深深地吸引了我们，访谈进行得非常顺利。那天我们聊了很久，从学长最初结缘南大到如今挥手告别、再次启程，从科研的"摸鱼"小技巧到南京徒步的100种线路，从独自面对难题到如今有爱人和同门相伴，这一路走来太多的精彩故事。学长知无不言、言无不尽，带我们走进了他多彩而丰盈的世界。

播撒种子，耕耘静待花开

三四月埋下的种子，只要默默耕耘浇灌，自会在七八月给出答案。王玉瑞出生于江苏省，成长于山东省，早在高中时期，他就怀揣着一个南大梦。彼时的王玉瑞紧锣密鼓地冲刺着，以当时自己的水平，通过高考来到南京大学难度系数太大，他苦苦尝试了竞赛、自主招生等各种途径，也终是无果。王玉瑞丝毫没有气馁，他想着本科来不了就研究生再来，好饭不怕晚，四年磨一剑只会更加从容。也正是因为怀揣着坚定的信念,在中南大学化学化工学院的四年,王玉瑞目标明确、规划清晰,鼓足了劲头为保研至南京大学化学化工学院努力。他严格对照着学院的要求,一步步提升自己、塑造自己,甚至通过邮件提前联系导师。原以为一切自会水到渠成,可是现实却与他开了个"玩笑"。当王玉瑞还沉浸在南京大学化学化工学院无须准备英语的喜悦时,夏令营需要英语成绩通过六级的消息给了他当头一棒。就此,他与南京大学化学化工学院失之交臂。

失之东隅,收之桑榆。在当时被失落感笼罩的王玉瑞看来,与谭海仁教授的相遇是一种幸运。那时恰逢谭教授深造回国,回到母校中南大学进行宣讲,两人在宣讲会上不期而遇。会上,他初次了解到有关钙钛矿的研究。眼下,光伏行业正面临重大的变革,是一片值得开发的广袤天地。并且随着国家双碳政策的进一步落实,他意识到,未来一定是属于清洁能源的时代。谭教授的宣讲让他激情澎湃,也促使他立刻申请加入谭教授的团队,最终顺利成为其中的一员。值得一提的是,此前王玉瑞从事的一直是化学领域的研究,在跟随谭教授之后,便要投身于物理方向的钻研。从化学到物理,从化院到现工院,从化学电池到物理电池,面对不可避免的困难和挑战,他并没有慌张,而是静下心、沉住气,以积极而踏实的心态继续前进。这时,王玉瑞的心情变得明朗,对未来充满了希望。不知不觉中,他对科研的热情在他心中生根发芽。

起初在接触新领域时,王玉瑞面临着巨大的压力,但是经过一段时间的学习,他发现新的研究领域不仅帮助他扩充了知识储备,也让他发现了更多值得探索的空间。他认为,读书就好比画圆,读的书越多,自身的圆就画得越大,也就会接触到更多的空白领域,从而认识到自身之渺小,并继续充实自己,最终在如此反复的过程中得以实现长久的进步。因此,与其踌躇迷茫,不如更多探索,更多悦纳。突变的方向对于每个新生来说都是挑战,但只要默默耕耘,总会有一定的收获。

然而科研之路并非一片坦途,冲破了专业壁垒后,王玉瑞又遭遇了新的难题——不知从何下手。这时,树立起一定的学术自信便显得尤为重要。在导师和师兄们的帮助下,王玉瑞先从简单的工作入手,慢慢取得了一些进展。随着一个一个的小问题被自己解决,正向反馈越来越多,他开始逐渐发现了科研的乐趣所在,不断积累的知识和技能也让他更有底气和信心向着更复杂的问题发起挑战。虽然第一篇论文只发表于普通期刊,但这很好地帮助他稳住了科研的心态,建立起最初的科研自信,从而在正反馈中不断进步并超越自我,挑战更为复杂和艰巨的科研难题。

播种在学术之路上的种子,也在日复一日的努力和前行中生根发芽。漫漫科研之路上,王玉瑞也曾迷茫于研究的意义和价值,内耗于自身的准备是否尚且不充足。但是对于科研来说,准备好了再出发往往为时已晚,许多研究只有开始做了才能明白其中的不足之处,在不断受挫的过程之中积累数据,掌握必要的知识才能一步步解决问题。正如想使种子出芽开花,不能等到收集完它成长所需的所有甘露才开始浇灌,而是要时刻关注它的最新状态活时调整灌溉的方式,这样才能开出绚丽的花朵。

科研的种子生根发芽后,想要开花结果必然是要历经一番不为人知的默默扎根的岁月。最初,王玉瑞并不是导师心中负责这个重要课题的第一人选,那时的他只是组里一个普通同学。但是在导师提出这个研究课题后,他清晰地意识到这是一个不可多得的机会,自己应当努力争取。于是,他的身影更加活跃,思维也愈发开阔。为了及时到鼓楼校区工作,他每天早晨6点半起床,步行至地铁站,坐地铁前往实验室,并且主动承担起许多更为琐碎的工作,机会最终也如愿降临,他的努力不仅被导师看到了,更收获了导师的认可,最终导师选择他成为课题的主要负责人之一,这帮助他在科研之路上又向前迈进了一大步。最初播种下的科研种子,也终于在此时默默地开出一朵花来。

在王玉瑞看来,科研的最终目的是解决问题,推动国家和社会的进步和发展。近年来,我国对于生态文明的建设愈加重视。2018年5月,党中央召开全国生态环境保护大会,明确提出加强生态文明建设必须坚持的原则,对加强生态环境保护、打好污染防治攻坚战作出了全面部署。2020年9月,中国明确提出2030年实现"碳达峰"和2060年实现"碳中和"的目标。此外,王玉瑞入学的2019年,正是中国太阳能光伏行业产能过剩,贸易战蔓延之时。清洁能源行业该往何处去,是当时所有人都忧心忡忡的问题。虽然当时组内有多个研究方向可供选择,但是王玉瑞很快就意识到,用金属卤化物钙钛材料来制备太阳电池是最受认可,且在清洁能源方面最有前景的方向。于是他选择紧跟导师的步伐,致力于研究钙钛矿电池,并在之后的几年中与团队成员多次打破世界纪录,不仅为我国清洁能源的发展做出了积极贡献,更让世界看到了中国科研人员在引领环境问题解决上展现的"中国方案""中国技术"。钙钛矿材料易于加工,可以进行柔性与半透明器件的开发,未来的建筑外表、汽车玻璃都可以用来发电,大大扩展了应用场景。此时回望,当初埋下的科研种子渐渐结出了丰硕的果实。

披荆斩棘,勇攀科研高峰

如果用一句话来形容科研之路,莫过于"关关难过关关过,前路漫漫亦灿灿"。对于王玉瑞来说,在攀登科研高峰的这条道路上,他也遇到了各种各样的、需要耗费极大的能量才能够克服的困难。不过幸运的是,他并没有被这些暂时的困难所打倒,而是在一次次克服困难的历程之中不断磨砺自己,将自己变得越来越强大。"宝剑锋从磨砺出,梅花香自苦寒来",科研探索的道路虽然艰苦且充满挑战,但他没有停止前行的脚步,而是一步步将自己磨砺成一把锋利的宝剑,最终得以披荆斩棘,在自己钻研的方向上取得不菲的成就。

科研路漫漫,王玉瑞遇到的第一个拦路虎就是"内耗"。在刚刚从化学专业转行到物理专业时,王玉瑞面对崭新的研究领域,一时间并不明白到底什么是适合自己的研究方向。他常常担忧于过去的一些并不恰当的举措,也会忧虑于未来尚未发生的结果。他有时也会想着如果把一切都准备好再开始会不会更好,可是知识本就浩如烟海,研究生阶段更加强调的也是"深入型"学习和探讨而非对知识浅尝辄止的了解,因此准备好再开始研习的思路在研究生阶段是不现实的。无尽的内耗与犹疑让他一度在科研之路上无法取得新的突破,这时他的女朋友告诉了他一句让他受益匪浅的话:"行胜于言,你只有首先行动起来,才能够在不断行动中明晰接下来研究的思路。"自此起,王玉瑞开始从一些小的课题入手,一步步踏踏实实地展开研究,在做出一些成果后渐渐拥有了一定的科研自信和底气,而后在此基础上展开更进一步的研究。不知不觉间,"内耗"这个拦路虎也在他攀登科研之路的过程中消失了。

虽然人们常说行胜于言,但是在埋头赶路时也不能忘了抬头看路。作为研究生,广泛的文献阅读是十分必要的。刚开始研究时,王玉瑞往往需要花费一周的时间才能精读完一篇文章。一方面他需要花费大量时间和精力去研究文章中那些晦涩难懂的内容,另一方面在一篇子刊级别的论文中,可能会引用五六十项表征方法。如果想要读懂这样一篇文章,就必须要先研究透彻其中引用的数据和方法。因为只有在理顺了文章的逻辑架构和理论数据之后,才能够真正明白文章想要解决的问题。而在阅读完文献后,王玉瑞也没有陷入到"唯文献论"的怪圈之中。相比于可能受限于各种条件的文献结果和结论,他更相信自己通过学习和实践所得出的实际结果。即使自己做出的成果和文献中所得出的成果会有所差异,但将文献中的理论和亲身实践结合起来思考,就能够迭代出属于自己的想法,从而突破自我,不断进步。

此外,科研路上的另一个阻碍便是"未知",不知道何时才能做出想要的实验成果。以硅作为材料的光伏发电的世界纪录是 26.7%,钙钛矿材料如果能超过这个数值,就意味着替代硅成为可能。对王玉瑞来说,

2020年是奋斗之年，他在实验室开始挑大梁，也是在这年，团队决定开始向单结25.7%的认证效率发起挑战。但同时，这也是实验进程极为坎坷波折的一年。同年9月，实验室从鼓楼校区搬迁到仙林校区，原本在鼓楼校区调试好的器具参数到了仙林校区却并不适用，这使得实验进程变得极为缓慢，一周只能做出来一个数据，各种问题也随之频频出现，持续到12月底情况才得以改善，实验室才开始步入正轨。在紧锣密鼓地努力下，课题组成员特意留出一个月的时间将所有设备用来制作样品，直到次年1月才向海外检测机构送出第一批样品。

可第一批送出的样品并没有得到预想中的反馈，反而被告知样品受到损坏无法进行检测，实验室团队的情绪也一度低迷。损坏的样品，滞后的产出，2020年对于王玉瑞和其他团队成员来说是十分坎坷的一年，以至于在年底团队的群名都改成了"颗粒无收群"。但导师谭海仁教授却并不认为这意味着失败，一次做不好那就再来一次，他鼓励团队成员们继续尝试。于是团队重振旗鼓，全组上下拧成一股绳，在短期内集中精力重新制作了一份样品，赶在过年前寄出。等待的时光是低落且忐忑不安的，团队成员在对检测结果的翘首以盼中过了一个相对不平凡的年。但好在功不唐捐，年后团队收到了认证报告为26.4%的好消息，意味着他们超越了单结钙钛矿电池的世界纪录，做到了全球第一，也奠定了中国在行业内的领先地位。随后，王玉瑞与团队连续四次打破世界记录，以28%的认证效率实现了对晶硅太阳电池性能的超越。最近，王玉瑞所在实验室又把钙钛矿叠层器件的转化效率提高到30.1%，为人类实现材料替代前进了一大步。如今回望来时路，他终于可以说克服重重阻碍，攀登上了科研的一座高峰。

桃李春风，一代赓续一代

在学术的高峰上，每一位登山者的攀登之旅都离不开向导的引领。

王玉瑞的"攀峰向导"便是国家重点研发计划项目首席科学家——南京大学现代工程与应用科学学院谭海仁教授。他于2023年入选国家杰出青年基金，曾获得中国青年五四奖章、江苏省青年五四奖章、中国青年科技奖等多项荣誉。多年来，他深耕光伏领域，奋斗不止，笔耕不辍，创下全钙钛矿叠层电池的世界最高效率纪录，发表论文百余篇，在业界影响深远。他在清洁能源领域作出了卓越的贡献，其各项成果入选"中国科学十大进展""中国光学十大进展""中国半导体十大进展"。

　　提起导师，王玉瑞总是心怀钦佩与感激。这一路走来，两人相识相知，导师的热情感染着他，在他心里种下一团火，这团火伴随着他，鼓舞着他，也温暖着他，见证了他一路的成长蜕变。最初接触核心项目时，王玉瑞尚显稚嫩，许多地方都摸不着头脑，他就守着心里的火苗，收敛锋芒，虚心求教。"如果你的能力还不足以带队，就跟着厉害的人走。"王玉瑞不止一次强调师兄和导师对自己的帮助，更是直言：若说自己取得了一点小小成就，那也绝不仅是自己的功劳，而更多的是前人的积淀，自己只是站在巨人的肩膀上看世界。当然，这是王玉瑞的谦辞，但由此可以想见，在王玉瑞成长的过程中，导师给予了他莫大的帮助。

　　那时，整个实验组还没有搬到仙林，设备都在鼓楼，他的工位与导师的办公室紧挨着，师生每天都在并肩作战。谭教授十分关心学生们的近况，他会时不时地出现在王玉瑞的视线中，询问今日的实验结果如何，有没有收获什么新的进展或者遇到什么新的问题。相比于单纯看文献，谭教授更鼓励学生们动手去做。只有动起来，才能慢慢地有进展，一旦停滞下来，进展自然迟缓。当然，谭教授张弛有度，若是学生状态不好，他也总能第一个发现。组里有良好的午睡传统，一到午睡时间，走廊里万籁俱寂，仿佛连时间都停下脚步，倾听大地的呼吸。有一次，王玉瑞过了午休时间，还趴在座位上休息，谭教授看见后，生怕打扰到他，动作也变得轻手轻脚。待到他醒来后，关切地询问他是不是身体不舒服，若是状态不佳，不若先调整好自己再出发，毕竟磨刀不误砍柴工。这一切都在潜移默化地影响着王玉瑞。有时实验进度慢，或者实验数据不理想，王玉瑞深感无颜面对导师。谭教授给予他鼓励和指导，总是督促他、鼓励他，也陪着他往前走。

这条路，一走，就是几年。在研究钙钛矿的征途上，前途虽然光明，但道路实在曲折。尽管全组同学使尽浑身解数，但天总不随人愿，一次次失败过后，大家陷入了困境。事实上，不单单是学生，就连导师当初踏上这条道路也不被看好，不被支持。但神奇的是，冥冥之中，好似有一种牵引，使王玉瑞与谭教授的心联系在一起。他对导师有种莫名的信任，这种信任支撑着王玉瑞埋头苦干，一次次背水一战，不论前路，也不问归期。如此朝朝暮暮，岁岁年年，从鼓楼北大楼墙上爬山虎的苍翠到仙林香雪海园屋顶的白雪，少年的肩膀渐渐壮硕。一次次与师兄的切磋学习，一次次与导师的交谈碰撞，让王玉瑞心头的火焰越烧越旺，时有火星迸裂，他预感，并且期待着这火能烧得更旺一些。

很快，他就迎来了这场东风。此时的王玉瑞经过岁月的捶打和磨炼，早已不复当年的青涩模样，不仅在科研上能独当一面，还自觉担负起带领硕士的重任。从"小师弟"到"大师兄"，他汲取了当年的众多经验，并时不时地向导师取取经，逐渐得心应手。他设立严格的打卡制度，把平时最活泼调皮的组员任命为组长，促使他们以身作则以强化组间纪律，效果显著。用他略带玩笑的话来说，就是治得"服服帖帖"。

当然，在师弟师妹们遭遇苦难和瓶颈时，王玉瑞就化身为小老师，耐心地帮助他们迈过一座座山，走过一道道坎。在他成长的过程中，虽有导师的帮助，但由于大家都是新手，师兄们又比较忙碌，许多时候都要靠王玉瑞自己摸索。自己淋过雨，更想为别人撑把伞。在师弟师妹们身上，王玉瑞仿佛看到了自己一路走来的影子，面对后辈们的提问，他从不藏着掖着，往往是知无不言、言无不尽。早在高中时期，王玉瑞就萌生出想当教师的念头，那个时候他的想法朴实无华，他不知道自己要当什么老师，要教什么学科，只是单纯而浪漫地幻想着自己当上老师的样子。

穿着西装，系着领带，在黑板上落笔成书，这一切都那么美好而真实，他想，这样就能帮助更多的人了。时光流转，在王玉瑞无数次解答师弟师妹们心中疑惑之时，在无数次向别人施以援手之时，那年幻想里回旋的子弹正中眉心。王玉瑞窃想，若是就此当上老师，倒是挺有宿命感的。

篇篇 Nature 见刊，恰逢毕业将至，王玉瑞收到了不少企业和大厂递来的橄榄枝。面对年薪百万的诱惑，王玉瑞有了片刻动摇，但也只是片刻，他很快意识到相较于成果落地，他更想做的是不断地探索，在实验室里、在学术海洋里不断潜行。他感到内心有一阵最原始，最纯粹的渴望在呐喊，一遍遍告诉自己最初的信念，莫乱了自己学术的道心。可是，拒绝了企业的高枝，又有了新的难题摆在王玉瑞面前，那就是毕业后要做什么？在王玉瑞冥思苦想之时，他的师兄们已然评上了职称，准备投入到教书育人的实践中去，一位留南大仙林校区现工院任教，一位赴苏州校区任职。这突如其来的讯息给王玉瑞的教师梦再添一把火，将他心里多年来所有萌动的渴望和孕育的期待都点燃了。他的眼前一下子清晰了，他知道自己未来的路要怎么走了：那不仅是将来路，更是来时路，是他一度坚守的来时路——那就是留在高校做一名大学老师，传递自己的知识，也传递自己的能量。

回望来时路，从闷头学到挑大梁，从小师弟到大师兄，从学生到老师，王玉瑞褪去层层稚嫩，终是从实验室的设备走向了那三尺讲堂。桃李春风，师以传道，他的肩上从此担负起更多的期许，这份期许里有道路前方师兄们朝他招手的身影，有记忆里导师的谆谆教诲和殷切叮咛。谭教授曾说，没有带不好的学生，尺有所短，寸有所长。每个学生都有适合的方向，既然选择了，就要对他们负责，正是谭教授这样因材施教和认真负责的态度在师门里传承，才感染了一批批学子前赴后继地投身教育事业。从前，作为一名奋斗的青年学子，王玉瑞怀抱梦想、敢想敢为，什么都冲在最前面，是有理想、敢担当、能吃苦、肯奋斗的青年模范；今后，作为一名光荣的青年教师,王玉瑞还将立志做好学生工作,将青春奉献给教育事业。

心怀热忱,脚步丈量山海

作为科研领域的攀峰者,王玉瑞将这份勇敢无畏、锐意进取融入了每一次创新,每一场实验。学习之余,他更是个不折不扣的攀峰者,他以攀登的勇气击溃拦路的荆棘,以攀登的冲劲拓宽生命的经纬。

小时候,王玉瑞的身体素质并不好,总是生病,长大后虽有好转,但每逢换季和阴雨天,也免不了要病上一场。但这一切丝毫没有磨灭王玉瑞心里挥洒汗水的热忱。筋骨需要疏通,压力需要释放,而运动正是不二之选。在众多的运动项目中,王玉瑞挑中了徒步和攀登。这一方面是由于徒步最好上手,最契合他高压的工作状态,另一方面是由于攀登的姿态正是人生积极向上的常态。

王玉瑞记忆里的第一次徒步,是场心血来潮的邀约,一个平平无奇的清晨,一条发小突如其来的讯息,说要带他去徒步,王玉瑞想也没想地就答应了,那种未知的新奇和憧憬,引领着他走向自然,走向这片山海。第一次徒步是去十里长山凹,它坐落于南京市江宁区佘村,有着"小三峡"的美誉。踏着春日的莺飞草长,两位老友一路上相谈甚欢,8.54公里的长路,不知不觉间竟已被他们甩在身后。春日的暖阳倾洒在肩头,偶尔脚步倦怠之时,就停下来晒晒太阳,蓝天白云,青青草地,天地恍然如一。山野的辽阔在这一刻具象化,实验室里困于一方天地、与实验数据较劲的压抑,在自然的怀抱里荡然无存。抵达终点,王玉瑞着实被眼前的景象震撼到了:水面峡谷曲折,两岸峭壁如削,矿坑中的水面色彩瑰丽,苍翠如碧。尽管两个人踩了一脚的泥,溅了一腿的浆,但王玉瑞浑然不觉,强烈的愉悦感包裹着他,也鼓舞着他再度出发。此后,王玉瑞徒步走过南京许许多多的矿坑,看过无数自然与人工共同雕琢的美丽。他想，原来祖国的山海里，也凝聚着无数人民群众开疆拓土的勇气，那最终遗留下来的美丽，分明预示着人与自然和谐共生的愿景。

怀揣着这份愿景，王玉瑞有了更多次大胆的尝试，也渐渐由被邀人转变为了主动发起人。起初，他在小红书等社交媒体上发布邀请，寻找登山徒步搭子，但最终成效不佳，只好诉诸线下渠道。因此，绝大部分时候都是实验室里的小伙伴约着同行，久而久之，王玉瑞的师弟成了自己忠实的徒步搭子。这一次，他们相约去宁马交界的后山。

顶着三十多度的烈日，两个朝气蓬勃的年轻人不问前路是否坎坷，胸腔里总有热血翻涌。两人坐车到达起始地时，已经是中午11点了。毒辣的日头明目张胆地叫嚣着，一点点抽离全身的力气。全程25公里，前半段还算顺利，可是越往后就越力不从心，王玉瑞的步伐渐渐慢了下来。此时，大约是中午12点。地表的灼热烧得人脸通红，汗如雨下。接下来，二人即将迎来更大的挑战。

王玉瑞抬眼一看，矗立在他们面前的是后山上一段连续的2 000多级的台阶，既考验体力，更考验耐力。但经过一个多小时的攀爬，力气已所剩无几，加上王玉瑞的心肺功能并不好，所以攀爬起来格外费劲。相比之下，学弟的情况要好上许多，因为常年健身的缘故，他一鼓作气，迈开腿，将王玉瑞甩在后面一大截。没有了好友的陪伴，向上攀登的路走得更加艰难，他不仅要与自然陡峭的山石斗争，更要与内心隐匿不住的倦怠斗争，可是他的理智告诉他，绝不能停！即使是身体精疲力尽，也别忘了自己为何出发，要往何处去，力气可以消耗殆尽，但这一口气绝不能散。提着这口气，王玉瑞只专注于脚下的路，将内心的杂念驱散。此刻，过往的高度和登顶的距离已然不重要，重要的是走好脚下的每一步，因为走一步算一步，每一步都将汇聚成更高的高度，也将接近顶峰相见的荣耀。正如生命里遭遇过的大大小小的挫折和实验时一次次数据不理想的瞬间，无论当时是多么沮丧，只要专注于自己的目标永不停歇，总会迎来柳暗花明。思及此,王玉瑞的心里豁然开朗,小小后山,定能拿下!记不清流了多少汗,也记不清到底走了多少步,只记得到达山顶时疲乏的身躯和徐徐吹过的带着温热的风。

未多作停留,很快王玉瑞再度出发,同伴因为怕热,在山顶多休整了一会儿。他便先独自前行,从一座山头,到另一座山头,有攀登时手脚并用的狼狈,也有登顶时的阵阵欢愉。燥热空气里的风总是让人格外享受,两人吹着风,哼着曲,一时间竟忘了来时的艰辛。时光便这样悄然流逝,等到反应过来时,已经晚了,两人只好匆匆下山。但屋漏偏逢连夜雨,匆忙的下山路因为突然刮起的风变得危险重重,同伴的平衡能力稍弱,两人渐渐拉开了距离。风簌簌地吹着,雨也密密麻麻地落了下来,王玉瑞的心渐渐慌了。身后隐约传来人声,但都被呼啸的风雨隔断,变得模糊了,以至于听不见同伴的呼喊。就这样,两个少年人只好敛起心里的胆寒和恐惧,凭着一腔孤勇,稀里糊涂、不管不顾地冲下山来。

走出山谷的那一刻,眼前的视线突然变得清晰,望着前方干燥的地面,恍然惊觉,那一把风雨原来只落在了山里,远处黑暗里烟云袅袅的山,此刻也不过是脚下的一段回忆。

也正是这一次的徒步经历,让王玉瑞对这项运动萌发了更多的感情。脚下的路从此越走越远,祖国的山川也见得越来越多。最远的一次,他从南大仙林徒步到了镇江南站。其间 40 多公里,从白昼到黑夜,走了足足 14 个多小时。王玉瑞的心里始终充盈着热忱,这份热忱不因年岁渐增而消减,更不因诸事缠身而磨灭,他就是这样,敢想敢做,有不停出发的勇气。这份勇气也感染了同组的其他成员,他们相约未来同走城墙,用少年人的脚步丈量城墙上的一寸寸砖石。

走过了镇江,下一站会是哪里呢?恰逢建党节,他们选择了上海。建党节这天在上海街头,他与同伴走过宽宽窄窄的大小街道,历经 6 个多小时,全程 34.3 公里,王玉瑞用脚步画出了一个镰刀锤头,绘制出党徽的形状。途径中国共产党第一次全国代表大会会址,身侧党旗飘扬,王玉瑞感到心头汹涌澎湃，脚下的路仿佛延展出纵深的经络，从昨日到今日，从今日向未来。

正如习近平总书记所说，我们要认真回顾走过的路，不能忘记来时的路，继续走好前行的路。王玉瑞用脚步走过的每一条路，既是他的来时路，也是未来的长路，既是他的人生路，也通向祖国广阔无垠的土地；他所丈量过的每一座山既是人生坎坷里此起彼伏的山峦，更是华夏神州上亘古绵长的山川，越过群山，未必是旷野，但若不越群山，又怎会看见头顶的光，怎会知道前方的路。

慎独自省，自鉴往悟开来

许多人步履不停，却不知为何出发，持续攀登，却不知前路在哪，幸运的是，越过群山后的王玉瑞，找到了他的前路。那就是去往更广阔的天地，见更多风景。心之所向，素履以往。

若说还有什么遗憾，那大概是时光无情，总是偷偷溜走，让人来不及好好告别，只在心里落下大片留白，供往后的岁月慢慢填绘。

追忆起来，第一个要绘的是"所得"。相比于入学那年在校门口合影的自己，如今的王玉瑞可谓是脱胎换骨了，从科研小白，到未来的人民教师，他完成了自己的迭代。无论是论文写作能力、实验动手能力、压力应对能力、运动攀岩能力以及生活自主能力，都在反复的锻炼中得到提升，可以说，王玉瑞逐渐将自己培养成了一个六边形战士。许多个夜晚，当王玉瑞结束了一天的工作准备回宿舍时，总会途径杜厦图书馆前的两座立牌。红底上赫然写着"在坚持立德树人、推动科技自立自强上再创佳绩""在坚定文化自信、讲好中国故事上争做表率"。这是习近平总书记对南京大学的留学归国青年学者们的殷切寄语，每一个字都在王玉瑞的心头叩响回音。起初，他并不能领悟其中深意，不解如何做到科技自立自强、如何讲好中国故事。可是，一次次"日出而作，戴月而归"，一次次

"遭遇失败,从头再来",一次次"坚守初心,砥砺前行",如跬步千里,滴水穿石。伟大起于渺小,汪洋汇于细流。现如今他终于能够挺起胸膛骄傲地说,自己正在践行着习近平总书记的嘱托,且未来还将持之以恒地继续践行。这些字不长,却无比厚重,需要他终其一生去作答。

当然,时光漫漫,总有"所乐"。王玉瑞从不是个无趣的人,在奔忙的躯壳背后他有一颗有趣的灵魂。他会勇敢尝试"特别"的东西,比如跳舞,哪怕听起来和他似乎不太搭,但是他能够坚持下去,并自得其乐;再比如辅修法学,起因竟是一部时兴的电视剧——《何以笙箫默》,王玉瑞大受男女主所学专业的启发,于是自己也萌生出了学法的意志。正是这些听来有些奇异的事,完整地拼凑出了如今的王玉瑞,睿智、勇敢、生动。人生就像是现场直播,你永远不知道下一刻会有什么,所以要尽力抓住每一刻,去做自己想做的事,努力过,就算做不成,也没关系。幸运的是,王玉瑞的家庭和女朋友都很支持他的想法,一路上有他们的温暖支持,王玉瑞深感自己并不孤独。

除了埋头赶路,很多时候,王玉瑞也会停下来想一想,理一理思绪,由此自有"所感"。感叹学海浩瀚无涯,想学的要学的总是学不尽,所以学一刻不能止;感慨困于一方,固守一隅,不免错失更大的天地,在一个地方所学的知识毕竟有限,所以更要出去看看;感怀自己即将告别南大,甚至远离故土,踏上异国之行,胸中思绪万千。不必说对南大,对同门师长的留恋,不必说对亲朋好友,徒步搭子的不舍,更不必说对祖国,对脚下土地的深深依恋。正如习近平总书记所说,一个人可以有很多志向,但人生最重要的志向应该同祖国和人民联系在一起,这是人们各种具体志向的底蕴,也是人生的脊梁。王玉瑞立志要在光伏领域做出更多成就、取得更多突破,为祖国的清洁能源事业添砖加瓦。他常说,自己有浓厚的家国情怀,就算是身不在华夏,心也总是那颗中国心,跨越千山万水,月是故乡明。

但月有阴晴圆缺,正如世事两难全,有所得,自然也有"所失"。王玉瑞从不骄傲自满，而是向内求索，慎独自省。反思自己的成长历程，他意识到自己走得太快了，以至于有些步子，迈得不够细，踩得不够实。作为一个直博生，王玉瑞缺少了从硕士循序渐进、慢慢过渡到博士的过程，而这一过程在他看来恰恰是十分关键的。硕士的三年，其重要性不仅仅在于上了多少门课、修了多少学分、做了多少实验、发了几篇文章，而是在于这一过程中对自身性格、能力的思考，对于未来想走道路的思考，对于自己想要什么、不想要什么的思考。想明白了这些问题，博士的路会畅通许多。再者，缺乏了硕士阶段的磨炼和试错，王玉瑞刚进组时不过是个刚毕业的本科生，在科研方面还是个小白，许多知识和能力都要从头学起，这不免耗费许多精力。若是能重来一次，王玉瑞希望自己能够慢一点出发，慢一点前行，也慢一点到达彼岸。仔仔细细地成长，一步一个脚印，充实一年四季，最终达到自我的圆融和自洽。

欲速则不达，慢往往是为了走得更稳，行得更远。现代社会的节奏太快，我们总是急于做出一番成果，但忘了积淀和沉静。王玉瑞强调一定要有自己独立的思想，不能被错误的价值舆论所裹挟。有时候，看到身边的人都很卷，他会感到迷茫，不知道自己会不会落后，不知道未来会在哪里，这其实是源于自己只看到了眼前这一条路，是思维的局限将他困守在了眼前的牢笼。事实上，人生有无限可能，放轻松，去探索更多可能，脚下的路自会越走越宽。

还有太多想要填补的，但王玉瑞从不沉湎于过去，他选择把这些所得、所乐、所感、所失都安放在心里，收整好行囊，再度出发。下一站，是脚下所行的延展，是心中所爱的延续，是鉴往昔不足、汲取教训的新起点。

访谈感想

第一次带领团队做访谈,"紧张"似乎是贯穿我整个过程的一个词。

首先是时间"紧张"。我们 11 月 4 号组建好团队,两天后就要开始正式的访谈,作为组长我却连访谈对象的基本信息都不清楚,这显然不足以支撑我们两个小时全方位的、挖猛料式的访谈。还好伙伴们给力,当天我们就从百度、公众号甚至小红书上收集到了扎实的资料,并迅速完成了访谈提纲的草拟和修订。参加访谈的同学直到出发前的一个小时,还在紧张地修改措辞,辛苦他们了!

其次是过程"紧张"。毕竟是科研大佬,我是连门槛都没摸到的小白,我甚至不敢聊科研上的话题,唯恐一开口就会暴露自己真实的学术水平。不过吴秋怡老师选择的访谈方式实在是太好了,我们约在雅间里吃晚饭,食物的热量可以促进多巴胺的分泌,让氛围轻松很多——而且如果实在"尬住了",我们还可以聊一聊眼前这道松鼠鳜鱼的传承历史。事实证明,王玉瑞学长是一个自带喜感的"斜杆青年",访谈进行得非常顺利。我们深入讨论了葫芦鸡制作和光伏钙钛矿材料的奇妙缘分——松鼠鳜鱼终究还是"失宠"了。

最后是内容"紧张"。我们挖到的猛料太多了!而且有些故事我觉得让芒果台来播出可能恰如其分,但写在课程的报告里就显得剑走偏锋了。为此我们也是惜字如金,同时反复斟酌,尽可能的将四万多字的访谈材料凝练成一份积极向上又能让人会心一笑的报告。

很喜欢学长说:"我不觉得发 Nature 对我有什么影响,我个人能力很一般的,如果让别人去做,别人也可以。"语气是略显平淡的,有一种舟过万重山、看尽长安花的波澜不惊。

以后我要是发了 Nature,有机会接受来自学弟学妹们的崇拜和采访时,我也想说这句话,太酷了!

——郑直　南京大学现代工程与应用科学学院 2024 级硕士生

此刻,在键盘上敲下这段文字的我无比庆幸当初加入访谈组的决定。在这次访谈经历中,我与优秀的采访者一路同行,更与优秀的受访者跨越文字对话。虽然遗憾没能作为采访人与王玉瑞学长面对面交谈,但幕后的文字工作也一样令我受益匪浅。我深感文字的力量,能透过字里行间延展,在我眼前描绘出朋辈典范的模样。

他坚守,数年如一日奔赴同一个梦;他坚韧,面对科研工作重重挑战咬定青山不放松;他坚强,翻越座座高山,蹚过条条溪流。他带着万丈荣光走到我们面前,可在荣光背后,又有多少不为人知的心酸和坎坷呢?他没说,但我知道一定有。当然,我们并不歌颂苦难。可是成功的道路哪里会一帆风顺。我们都被巨大的洪流席卷着,是被裹挟而走随波逐流,还是曲径通幽自成一流呢,王玉瑞学长给出了答案:任外界风起云涌,我们要跳出屏障,出去看看,向外见天地,向内问己心。做自己真正渴望的事,去做自己真正喜欢的事。

他说步子要迈得慢一点、稳一点,这引发了我的深思。回想起来我的路,似乎也走得太急了些,快节奏的生活迫使我们追求快速的成效而忽略了内在的提升。所以路要一步一步走,每一个选择都应该慎重再慎重。

在他身上我还看见了高效的时间管理能力。往往越是优秀的人越能全面发展,他能科研与放松兼顾,并相辅相成,即使在高强度的科研日常里也能穿插有趣的徒步体验。所以大佬是如何养成的?大概是自律＋自省＋自强不息吧。一日自律不难做到,难的是日日自律、日日自省、日日不息。

——管如月　南京大学马克思主义学院 2024 级硕士生

在撰写访谈稿的过程中，我感受到王玉瑞学长是一位生动活泼的科研工作者。相比于宣传片中的"六边形战士"，访谈记录中的他展现了更具有人情味的一面。和千千万万的普通学子一样，他也有过焦虑和迷茫，纠结于实验的结果，烦恼于研究的意义。但不一样的是，他比大多数人多了一份韧劲和冲劲。访谈记录中他描述到，刚刚来到仙林校区时实验总是失败，情况略微好转后第一次送去检测的样品却又半路损坏。即使是身为读者，我都为这接连的挫折而揪心。但是透过字里行间的描述，我能够感受到学长在面对一次次挑战时坚持不懈的精神力量，因此我在看到后来样品检测通过时，心中也会有守得云开见月明之感。

此外，学长还是一个十分有责任感的人。他在访谈中提及："一个人你做出了什么成绩是不重要的，关键是你能不能帮助别人把一些事情做好，或者是带一个比较好的团队出来。"他不仅是这么说的，也是这么做的。作为实验室里可靠的师兄，他会主动帮助师弟师妹分析和处理许多问题，指引他们渡过难关。现在，他选择成为一名高校教师，继续在学术的道路上耕耘，将知识和技术传递给下一代学生。我想，如果有幸能够成为他的学生，一定是一件很幸福的事情。

"大鹏一日同风起，扶摇直上九万里"，在科研这条道路上，王玉瑞学长恰如展翅翱翔的鹏鸟，一路披荆斩棘，扶摇直上。我衷心的祝愿学长在今后的人生之路上，能够去往更广阔的天地大展宏图，再创辉煌。

——周晟樱　南京大学马克思主义学院2024级硕士生

自高考后，又经历了一场大浪淘沙，我没有太多纠结，随着浪潮就"卷"成了研究生。我被推到岸上，之后浪潮似乎就平息了，大家各自向八方奔去，"推背感"突然消失，我才真正开始思考，接下来该怎么走自己的路。迷茫感瞬间涌来，让人不知所措，我想，去听听榜样的故事吧，很幸运拥有这次访谈王玉瑞学长的机会。

初见王玉瑞学长，他身上有一种"佛系青年"的淡然气质，很难想象他手握多篇顶刊。聊到科研，学长坦言，他也曾迷茫于研究的意义和价值，内耗于自身准备是否尚且不充足，但对于科研来说，准备好了再出发往往为时已晚，许多研究只有开始做了才能明白其中的不足之处。"不要做思想上的巨人、行动上的矮子"一言亦是对我的警示，我曾困于"完美主义"，总希望做好一切准备再出发，但磕磕绊绊却总是在门外徘徊，迟迟无法迈出第一步。面对科研的累累硕果，学长很平静，他说道："我不把自己的工作看得太高级，也不把自己的工作看得没有意义，保持一种平和的心态去看待自己的专业和课题。"而令我惊讶的是，学长并非感觉"功成名就"和"圆满"，而是走得太快了，以至于有些步子，迈得不够细，踏得不够实。如果可以，他更希望能慢一点，仔仔细细地成长，一步一个脚印，充实一年四季。我忽然明白，学长佛系淡然的气质从何而来，来自身处迷茫但坚实的执行力，来自"鲜花和奖杯"后的谦逊和反思。

　　虽然，望向未来我的眼前仍然迷雾重重，我不知道我的科研之路通向何处，但我已经在路上，并提醒自己走的踏实，每走一步，迷雾便散去一处。此外，学长分享了许多有趣的徒步经历，无论是始于"只因一句春不晚，他就到了镇江南"的奇思之旅，还是七一用脚步丈量祖国大地、绘制党徽的热忱之旅，都告诉我，路上还有浪漫和山川大海

　　　　——吴婧雅　南京大学信息管理学院2024级硕士生

　　通过此次与王玉瑞学长的访谈对话，我对生命的意义又有了新的思考。学长的人生之路不只是科研报国，更是一段关于坚持、成长和自我超越的旅程。

　　科研之路并非总是一马平川，而是遍布未知挑战。对于科研方向的选择也并非一蹴而就，而是在不断的探索和把握机遇中逐渐明晰。这让我领悟到，科研不仅是对知识创新的挖掘，更是对自我认知的深化。此外，学长将科研道路比作登山，让我感受到科研之路的艰辛与壮丽，需要

勇气、毅力和团队合作。尽管每一步都充满挑战，但每一段旅程都有其独特的风景和收获。在我看来，学长提到的"功利性"目标，实际上是科研起步阶段的一种激励机制，它帮助我们在科研初期建立起学术自信，为后续的深入研究打下坚实的基础。

提及人生迷茫的议题，我们常常沉湎于过去的得失，同时又对未来的不确定性表示担忧。学长告诉我们，用行动代替思考，是克服内耗最有效的办法。从实践中学习、在挑战中成长，是帮助我们获得自我认同的最佳途径。最后，学长对于职业选择的看法，让我深刻体会到，人生是旷野而非轨道，科研只是其中的一种可能。他鼓励我们保持独立思考，不要被社会的主流价值观所束缚，去探索属于自己的人生道路。这也让我更加坚信，无论选择哪条路，只要勇于坚持自己的理想和热爱，就一定能走出属于自己的精彩人生！

——潘浩宇　南京大学现代工程与应用科学学院 2024 级硕士生

听到老师说可以去访谈一些优秀的学长学姐的时候，我感到特别开心。刚读研一，有许许多多的未知，面临许许多多的困难，未来的路要如何走？我感到有些迷茫。所以想通过采访王玉瑞学长，想看看他们在科研过程中是如何一步步走下去的。

采访过程中，学长让我印象最深刻的有两句话，一句是"读书就好比是画圆，读的书越多，自身有关学识的圆就画得越大，也就会接触到更多的空白领域"，另一句是"学会自洽是很重要的人生课题"。前者让我知道再厉害的科研大牛在科研初期面对浩瀚的知识也会感到迷惘，但只要脚踏实地、敢于挑战，一步步拓宽自己的认知边界，就会感到豁然开朗，这鼓励了我不要焦虑，静下心来慢慢沉淀。后者告诉我要客观认识自己、评价自己，始终保持平和的心境不内耗，但是这个"人生课题"可能还需要我慢慢去学习领悟。

采访王玉瑞学长，就像听了一场精彩的脱口秀，他的幽默和风趣感染了社恐的我,让我思考人绝对不是单面的,而是立体的,在繁重学业之外更要活出更真实更洒脱的自己,不要被一些人设绑架,尽情展现丰富的自己。

从他身上,我学到了很多,不仅仅是科研的方法和态度,更重要的是对待生活的那份热情和坚韧。相信采访后的我们都可以无论身处何种境地,都保持一颗热爱生活、勇于探索的心,不断前行,不断成长,最终绽放出属于自己的光芒。

——蔺怡朴　南京大学生命科学学院2024级硕士生

尽管在本次小组访谈活动中未能有幸与王玉瑞学长面对面交流,但通过搜集到的资料,我对学长的成就有了初步的了解:他是一个对科学探索充满热情的研究者,也是善于分析、理性思考的学习强者。但是,在深入认识的了解后,我才真正认识了一位立体多面的王玉瑞学长,并且从学长的经历和思想中受益匪浅。

首先,学长毫无疑问是一位专业能力极强的学者,并且是一位能够坚持初心,一路前行的榜样。正如大家所说的,做科研就像在跑马拉松,道路上充满了挑战和不确定性,保持坚持不懈的精神,专注的追求目标直至成功,这让多少人望尘莫及。在当今生活节奏快速且信息爆炸的年代,我们更需要学习这种精神,内化于心,外化于行。

此外,王玉瑞学长身上还闪耀着敢于挑战的光芒,这是新一代科研工作者的优秀品质。王玉瑞学长在看中一个富有前景的领域后,敢于换专业读研、跳出原有的舒适圈;敢于挑战复杂且艰巨的科研难题;敢于在实验屡次失败后坚持不动摇;敢于在高薪的诱惑下坚持教育初心;敢于挑战自我极限徒步攀登山顶。我相信这份勇敢精神对任何人来说都是不可多得的宝贵品质,或许也正是这份勇气助力学长到达理想的彼岸。

最后,在与王玉瑞学长的谈话中也能一窥学长思维的深度和广度,就会明白他的成功并非偶然。在选择实验方向时,学长就能够结合历史的发展趋势,做出实验方向是否有前景的判断。学长高瞻远瞩的眼光也体现在,即使内心有着对前方的迷茫情绪,却从不停止切实有效的行动。可以说学长的成果并不是偶然的成功,而是通过实践与阅读文献相结合,用理论指导实践,不断地去修正实验方向,快速迭代出自己的思想。他深知机会的重要性,迎难而上,把握命运的馈赠。即使现在,他也并不满足于已取得的成绩,而是不断反思,不断进步,选择在科研上继续探索,计划出国深造。

从访谈中,王玉瑞学长专业能力强劲、坚持不懈前行、富有挑战精神并不断思考学习,这些种种启示着我们去找到努力的方向,脚踏实地工作,提升思维深度,最终定可拨云见日,迎来属于自己的朝阳霞光。

——朱越　南京大学外国语学院2024级硕士生

青年兴则国家兴,青年强则国家强,青年模范人物是广大青少年学习的榜样。选择采访王玉瑞学长,源于我对他躬耕时代沃野、勇攀科技高峰的敬意。作为南京大学现代工程与应用科学学院的2019级直博生,他爱党爱国,在用脚步丈量山海的实践中淬炼青春,多次自发组织以爱国主义教育为主题的徒步登山活动。他勤勉奋进,曾获博士研究生国家奖学金、江苏最美大学生等荣誉。他勇攀高峰,与团队深耕光伏领域,多次打破钙钛矿材料太阳电池效率的世界纪录。

在撰写访问提纲的过程中,我深入了解了王玉瑞学长的成长历程和学习感悟,他的经历让我深受触动。"功崇惟志,业广惟勤。"习近平总书记说:"理想指引人生方向,信念决定事业成败。"面对读研路上碰到的各种机遇与挑战,王玉瑞学长始终保持着一种相对乐观与平和的心态,抓住机遇、锚定目标、坚定信念、迎接挑战。"我一直觉得有点事做挺好的,因为我很确信我就是走在了正确的道路上。"学如弓弩,才如箭镞。学习是成长进步的阶梯,实践是提高本领的途径。"重要的是你要开始做,你不做的话你越想越内耗,自己做一做会有自己的认知,理论和实践结合起来才能快速迭代出自己的想法。"回顾自己的读研时光,学长坦言自己也时常迷茫,但重要的是开始做起来、寻找方法、减少内耗。

苟日新,日日新,又日新。青年是引领社会风气的重要力量,青年正处于学习的黄金时期,未来我们也定当不负时代、不负韶华,在实现中国梦的生动实践中放飞青春梦想、在为人民利益的不懈奋斗中书写人生华章。

——**詹朴宁　南京大学大气科学学院2024级硕士生**

尽管此次访谈未能与王玉瑞学长面对面交流,但透过他的采访稿,我仿佛见证了一段非凡的成长历程,看见了一个执着求索的少年如何在科研的磨砺中成长为一位成熟的研究者。

作为一名跨专业博士生,我对王玉瑞学长科研道路上的艰辛感同身受。从查阅基础名词、啃读高水平文献,到构思课题并付诸实践,每一步都充满挑战,唯有坚定信念,耐住寂寞,方能走得更远。王学长在一次次失败中积累经验,不断调整方向,最终与团队多次打破钙钛矿太阳电池效率的世界纪录。他用实际行动告诉我们,科研不仅仅是为了发表论文或追求短期的成果,而是一场持久的探索,是面对未知、不断试探、反复推敲的过程。

此外,学长的科研态度也让我受益匪浅。让我知道科研不能只停留在思考阶段,而要迅速行动,只有开始做了,才能发现问题、修正方向,逐步走向正确的道路。这让我深刻反思自己的科研习惯,过去我总希望等到"完全准备好"才开始行动,害怕失败和犯错。然而,科研的本质就是在不确定性中寻找确定,唯有勇敢迈出第一步,才能在试验和探索中找到真正的答案。

除了科研,学长对科研与生活的平衡也让我印象深刻。他不仅是实验室里的科研"战士",也是徒步探险的爱好者。他以攀登比喻科研,认为科研就像登山,没有现成的路径,每一步都充满未知,但正是这种挑战,让最终的风景格外壮丽。这种对生活的热爱和探索精神让我深受启发。在高强度的科研生活中,如何找到属于自己的放松方式,如何在压力之下保持积极的心态,都是值得我去思考和学习的。

这次访谈让我对自己的科研道路有了新的思考,使我更加坚定了自己的选择,也更加明确了科研的意义。未来的道路或许依然充满挑战,但王玉瑞学长的经历告诉我,只要保持热爱,勇敢前行,就一定能在科研的山峰上看到属于自己的风景。

——白浩良　武汉理工大学船海与能源动力工程学院 2023 级博士生

访谈逐字稿（部分）

时间：2024年11月6日

访谈形式：线下访谈

访谈对象简介：

王玉瑞，男，中共党员，现代工程与应用科学学院2019级博士生。曾获得江苏省"最美大学生"国家奖学金、南京大学年度人物、优秀研究生标兵、栋梁奖学金等荣誉奖励。他潜心新型光伏器件研究，先后4次打破全钙钛矿叠层太阳电池的世界纪录。博士在读期间，以第一作者、共同第一作者身份发表高水平论文共8篇，其中包含《自然》正刊2篇、子刊2篇。他广泛参与科研交流，多次参加学术会议并获得了国际光伏与科学会议"最佳论文奖"。研究成果入选中国科学十大进展、中国光伏领域重大进展、中国半导体十大研究进展。他爱党爱国勇于担当，多次自发组织以爱国主义教育为主题的活动，献礼建党节"寻访一大会址，35公里绘制党徽"等活动受到党员同学的热烈响应。

采访人：

吴秋怡：南京大学马克思主义学院助理研究员

郑直：南京大学现代工程与应用科学学院2024级硕士生

潘浩宇：南京大学现代工程与应用科学学院2024级硕士生

蔺怡朴：南京大学生命科学学院2024级硕士生

吴婧雅：南京大学信息管理学院2024级硕士生
刘阮卿：南京大学马克思主义学院2022级本科生

提问： 学长好！我们是研一刚刚入学的学生，目前对研究方向比较迷茫，很好奇学长在初入科研领域的时候，在方向上面有没有过迷茫，还是说一进来就是锚定光伏钙钛矿这一领域去发力？

回答： 我觉得这些事情运气成分居多。大学毕业时，大三就要决定研究方向，因为保研，大三就得确定老师，当时我对很多事情都不了解，文献看得少，也不清楚行业发展情况。谭老师第一次去我们那宣讲，说他做钙钛矿，我都不知道钙钛矿是什么。那时我想去做储能电池，因为本科所在学院储能电池做得好，就想继续做。当时院长和系主任还帮我积极推荐了这边的老师。我也主动和谭老师求教，想了解未来的发展方向。他推荐我做光伏，我深思熟虑后，就决定做光伏，直接进入了这个行业。我当时想法很简单，前面研究内容和储能电池有关，就想继续做。但后来了解到储能电池发展饱和，发文章难，找教职也难。谭老师说做光伏，这也是电池，不过叫 cell，和化学电池 battery 不同。于是我转行做物理电池，对我来说算跨专业了，因为本科是化学专业，对物理电池了解很少。就这样阴差阳错入行了。

回答： 我觉得要分两方面说，一方面化学、材料这些专业不读博很难有出路。硕士出去之后，我们专业的硕士都只能跨行，"卖学历"，学的知识在工业上、产线上用不到。所以如果是这个专业，读博士可能是未来找出路比较重要的方法。另外一点是个人追求，我觉得读博士好像也不是很困难，当时这么想是因为身边的人能做到，所以我也能做到。特别是化学、材料专业，博士毕业不是那么困难。不过化学专业其实也有困难之处。我本来差点保到南大本校的化学院，后来因为英语不够好，没进初试。当时报考时学院没有明确规定要过英语六级，但老师还是很看重英语能力。其实我从大一就想来南大，看了很多规则准备，没看到要考英语的要求,当时觉得很可惜。

提问:原来学长在大一就想来南大,学长作为山东人,怎么对南大这么有感情?

回答:因为我在南京出生,想回南京,我爸之前在南京当兵。我高中就想来南大,那时候全省 800 名才能报南大,我水平大概得在全省 8 000 名,所以想着做竞赛、自主招生,没做好就来不了南大,于是打算研究生来南大,一直按南大化学化工学院标准准备,结果最后还是失之交臂。不过一切都是最好的安排。

提问:我想问一下您当时从化学转到物理,刚进去可能会感觉很多知识自己都没接触过,就我自己的经历来看我目前也是刚接触一个新领域,感觉好多知识学不完,而且越学不会的东西越多。您当时有这种感觉吗?您是怎么掌握这些知识的?

回答:就是这样的。学习只有学进去的时候,才会觉得学不会,刚看一眼会觉得什么都会,什么都简单,触类旁通,仔细一学就会发现这也不会那也不会。读书就像画圆,圆画得越大,与空白区域接触就越多,圆小就觉得世界就这么大,圆越画越大,边界越多,不懂的东西就越多。但在这个过程中,自己也在成长。其实我们当时没太大压力,虽然是转专业过来,但从老师角度看,材料科学工程专业培养出来的学生什么都不会,我们化学专业的可能还多会一点,大家刚进来待遇都一样,都什么都不会。这没关系,因为研究生学习内容只是之前所学的一小部分,以前学得再好,在科研上也还不够,所以要明确自己的方向,继续往前做。绝大多数遇到的问题都是不会的。本科教育可能把所有东西都学到 30 分,但科研可能需要 150 分,只需把其中一部分学到 150 分就行,所以越往后走会发现不会的东西越来越多。

提问:学长,我想问一下,在您科研过程中遇到困难或瓶颈期、感到迷茫时,是怎么度过这些阶段的?您认为最大的困难是什么?

回答:迷茫,天天迷茫,现在都很迷茫。绝大多数时候都是迷茫的。

大家都一样,不知道做什么,恐慌,害怕过去做得不对,害怕未来做不好。但我女朋友说了句话很有道理,重要的是要开始做,不做就会越想越内耗,随便找个方案先做,不对的话会意识到。要开始行动,不用考虑事情能不能做成,一旦启动,就算前期不具备知识,也能慢慢学,积累数据,最后也能接近成功。准备好了再做是不正确的思路,不用准备到百分之百再去做,先做起来才能有进步,不然会一直内耗,因为我性格容易内耗。

提问:我觉得学长说这点对我启发很大,因为我可能会想准备好、设想好很多事情后才着手,但往往这样就不会开始,反而浪费时间。

回答:很多时候我们把化学比作炒菜,确实有点像。我们是要把原料准备好,按已有或摸索的方法做出材料。但和炒菜不一样的是,炒菜是把原料都准备好然后一起下锅就行,而我们做科研往往不知道原料准备好后该怎么做,很多时候做出来和预期不符就卡住了。

提问:我现在有个课题,做了三个月卡住了,完全不知道下一步该怎么办,您遇到过这种情况吗?

回答:我们经常遇到这种问题。把科研比作炒菜,其实也不太一样,因为很多时候不知道炒出来的菜什么样,而且绝大多数炒出来不满意,只能按目前认知准备东西去做,做出来大概率不对或不够好,就需要优化、调整,引入新材料把"菜"炒好。这里面引出两个问题,盲目加东西,做得多、快、努力,可能碰撞出好东西;另一个路线是在认知上排除一部分,选出有可能的再做,能提高效率。做科研就像炒菜,同样时间能取得比同行更多进展,一部分因为更努力,炒的"菜"更多,更多是因为有别人不具备的认知,能看出哪些实验不需要做,认知达到了,做科研就更高效。这就是课题组间核心竞争力的差异,是软实力,当然硬实力如设备好也有影响。

提问:您的创造力和想法来源于哪儿?我相信不是凭空想象的,您平常会不会有意无意往这方面多做积累、学习?

回答：感觉没有，做科研就是看文献，掌握得越多，认知越准确。选择下一步做什么材料、什么机制，把学到的东西用出来就行，而且会发现学的绝大多数东西是无用的。

提问：我可不可以这样理解，学的大多数东西可能无用，但学习过程必不可少，因为不知道哪些有用，所以得先学，才能知道？

回答：也不是学完，就是你要一边学一边做，做的过程中，你肯定更相信自己做出来的结果和结论。因为文献这个东西它有真真假假的情况，或者它受限于各种条件，你不一定能做出来，但是你做一做就会有自己的认知，所以你更多的就是要将这些理论和自己的实践结合起来，才能快速迭代出自己的想法。

提问：读文献，就是做知识积淀，但我读文献很痛苦，一篇文献精读可能要一个礼拜。

回答：刚开始都这样。一篇文章70%的词不认识，读得就慢，子刊级别的文章可能用五六十种表征方法，啥都不知道肯定读得慢，但读多了就会了，数据一看就懂，就快了，刚开始肯定慢。我们刚开始读文献也很慢。慢慢来，会好的！

提问：对于我们现在遇到的困难和迷茫，在您看来没关系，Just do it！后面会有越来越好的趋势。

回答：对，很多时候会迷茫，能不能做出来不是个人能决定的。但做了总比不做要好。

提问：学长可以讲讲自己的科研历程吗？

回答：首先要感谢我的导师。最早在鼓楼的时候，导师的办公室和我们的办公室挨着，工作强度很高，但收获比较多。如果你坐在办公室里看文献，导师就会过来问你，今天实验做得怎么样。这是第一遍，然后如果你继续看，他就会说："这个地方有点脏，你把它打扫一下。"如果你还看，他就会说："我刚打印的发票去报销，你去帮我送去。"如果你送完发票还坐那看文献，估计就要继续聊聊近期的科研进展了。所以我们那时候不太鼓励坐在办公室看文献,鼓励直接去动手做实验。做实验不能盲目做,看文献只能回去再看,来的时候地铁上看。每天下午谭老师1∶55出来倒水,这个时候你午睡还没醒的话,一会儿他就要出来打印材料或者拖地了。如果你一直还在睡的话,也不会喊醒你,醒了就会关心你是不是生病了,是不是状态不好了。反正就很拼。我们非常感激导师,他真的全身心投入在里面。

提问:学长是住在仙林校区吗?

回答:我刚入学的时候,还没有学院楼,我们学院2020年才开始用,10月份搬过来,所以前面一年半都在鼓楼校区。当然导师也很拼,天天早晨就到了。我们坐地铁去,要8∶30还是9点到,因为地铁将近50分钟。记得当时每天6∶30就从寝室出发,因为住在四组团,走到地铁站还需要很长时间。有的时候会骑车,冬天冷的话就不想骑车,只能走过去,走到地铁站,坐地铁到珠江路,出来之后可能又要走十几分钟才能到实验室。但是那个时候其实压力非常小,因为只要学就好了,跟着师兄后面做就行,产出的压力不在我们身上,所以整天开开心心,埋头往前走就好了,那个时候还是比较幸福的。

提问:学长是什么时候开始在组里挑大梁的?

回答:到了仙林以后,当时压力非常大。就像我那个视频里讲的事情,2021年年初拿的那个结果,我们到了仙林就开始做,9月份搬过来,还有调实验室,又调各种参数,一直做。那时导师让我去承担这个事儿。我们这一个小团队就两个人,师兄已经很成熟、很厉害了,要是做不好,多半是我的问题。压力非常大,因为在鼓楼做的好好的实验,到仙林做不出来了。我们做实验,做器件性能,每个星期只能做出来一个数据,每周周五下午三四点的时候能做出来一个,每周就只能做出一个,然后还会出各种问题,每周星期六开组会,组会汇报就说现在做得最好的就是这样,没话说。虽然导师眼里就是我们在持续推进这个事儿,但其实我们做得都很崩溃,天天都做不出来,问题频出。

提问：核心的问题是什么？

回答：没找到问题，不知道怎么解决。因为我们的实验刚开始做的时候，同样参数在鼓楼都做出来了，设备搬了，可能有一些微调。其实后来总结下来最大的问题可能就是设备在过程中有一些波动，观测不到的波动。所以当时开始做不出来的时候，就调，用了各种方法，一直监控各种问题，努力把它调好了，大概从9月份到12月底差不多把这事调整好了。这时候会发现拿鼓楼的参数一做，也能做出来，调了半天，终于把原本不行的参数调好了。这时候参数也行了，所有设备起到了该有的作用，实验就可以稳定进行了，相当于12月底就能做出来。然后一直每天接着做，第一次送样品，送完不行，后来又送了一批样品，这个才行。当时全组人都等着我们做，因为很重视，一旦决定送样品，可能前一个月大家都不做实验了，就把设备留出来给我们用。结果我做不出来，还耽误人家做实验，负罪感很重。所以我们还是顶着压力在做实验。后来慢慢工艺成熟了，重复性就很好，没什么问题了。从国庆以后就开始由我来做，一直做到过年以前。当时过年以前就把样品送出去了，以为日本人不过年，可能过年前就能收到，结果他们也过年，好像开学前一天、前两天才收到结果，所以那一年春节过得大家都不开心，2020年过年的时候有疫情，放假回家，过年也没好好过，也没收到结果。当时因为疫情，不搞年会，其实搞不起来了。2020年一年组里一篇文章也没有发，上半年疫情，下半年搬实验室，搬实验室做不出来成果，如果认证结果在年前出来，也会欢天喜地搞个年会，但从送出去的情况看大概率还是不行的，感觉挑战很大，感觉可能这个时间就浪费了。

提问：那你们怎么决定下决心送出去的？

回答：谭老师觉得定了这个时间就要把这事做好，做不好就继续做。所以第一次失败了，就立刻重新做了一次，第二次结果还好但当时不知道，就直接把年会也取消了。当时群的名字改成"颗粒无收"群了，因为谭老师当时没开年会，开了个总结会，就把谭老师的话改了改群名，他说

2020年我们一篇文章都没发,这就颗粒无收的一年。然后我们就把群名改成"颗粒无收"。

提问:师兄,我特别想问一下,您当时是怎么坚持下来,怎么苦中作乐的?

回答:科研我当时觉得不是很苦,我当时觉得挺好的,所以我一直的观点是,有点事做挺好的,因为当时很确信自己走在最正确的路上。在所有人中,导师挑了我去做这个事情,这是当时我能够争取到最好的机会。

提问:学长,我们还了解到您有爬山的爱好,您是什么时候喜欢上爬山的?你刚刚不是说小时候不喜欢运动?

回答:小时候不喜欢运动,工作后感觉压力大需要宣泄,跑步痛苦,其他运动如健身有门槛,选来选去选了游泳和徒步。徒步没门槛,游泳不出汗。去年爬山较多,每周一次。我还有一个徒步的小红书账号,我也是最近才开始玩小红书的,因为我们当时想在小红书上找一些个徒步搭子,但最后基本上没在网上找到过,全是我的实验室的小伙伴们和我一块去。(学长用手机给我们展示了他在上海徒步的路线)你能看出来这是个什么图案吗?党徽,就非常有意义。是在七一建党节,我是党支部书记,看到了这个路线后,就搞了这个徒步活动,路线经过一大会址,很有意义。

李伯胜

携笔从戎铸信仰，追梦深空展青春

作为中国大学生年度人物提名候选人、江苏省大学生年度人物,李伯胜身上闪耀着许多南京大学学生梦寐以求的荣誉,他是南京大学莘莘学子为理想而奋斗的典范。然而,在这些不凡的成就背后,李伯胜也曾有迷茫。没有人天生就拥有通往未来的康庄大道,我们都会经历迷茫的时刻,遭遇低谷的困境,面对那些看似无法逾越的障碍和仿佛永远跨不过的山堑。在取得今天的成就之前,他也曾跌倒过、迟疑过、彷徨过。

考入南京大学天文与空间科学学院后,恰逢国家号召大学生参军入伍。怀揣一腔报国热血,李伯胜毅然说服父母,坚定选择前往最艰苦的野战部队服役。在军改装备换代的过程中,他亲眼见证了科技对国防建设的深远影响,内心深受震撼。这段经历让他深刻认识到科技强国的战略意义,也让他立下了清晰的人生目标——"做祖国需要的科学家"。

迷茫:战胜迷茫,拥抱成长

在被问及迷茫感来源于何处时,李伯胜回忆他刚考入南京大学的时候。他第一次看到如此恢宏的大门,沉浸在开始大学生活的喜悦中,却很快认识到了和其他同学之间巨大的差距。李伯胜的高中学校还没有实行教学改革,当时还是一种半军事化管理的"填鸭式"教育。他在这样一种外部环境的压力下度过了自己的高中生涯。他说,高中的时候没有时间去思考,只有考上好大学的坚定目标,这一时期还没有迷茫感。但考进南京大学以后,所有的时间都可以自由分配,李伯胜一开始非常不适应。李伯胜开玩笑说:"这个时候时间充裕,有了时间去思考,这个时候迷茫感就开始出来了,我要做什么?我能做什么?"在面对自己的迷茫时,他在内心深处常对自己说:"有时候迷茫并不是坏事情,迷茫说明自己开始思考了,开始审慎选择了。"

高中的时候,李伯胜在学校成绩一直名列前茅,成了为数不多考进了南京大学的优等生。大一的时候,他保持着高昂的学习热情,一直在努力地学习。尽管他付出了全部的努力,成绩单上的排名却始终徘徊在班级末尾。那种无论怎么努力都难以突破的无力感,像一块沉重的石头压在他的心头,让他尝到了挫败的滋味。李伯胜谦虚地自嘲自己也是一个"差生",当时的感觉就是——"想象很丰满,现实很骨感",这是他进入南京大学以后发自肺腑的感叹。

更让李伯胜感到焦虑的是,即使是在他过去非常擅长的数学和物理领域,有时也跟不上老师上课的节奏,他发现自己和同学们的差距越来越大。他回忆道:"那时南大有英文面试的拔尖班,我也报了,等真正到我面试的时候,竟半天说不出来一句话,这种落差感非常大。"对于李伯胜来说,他深刻感受到与自己的理想相距那么遥远。前所未有的落差与失落让他对自己产生了怀疑。或许他那时的心情与安德烈·纪德在《纪德日记》中所写的有几分相似——"在我的理想和我的栖息地之间,隔着我整整一生"。

第一个学期期末考完后,在班里的40来个同学之中(除了降分录取的国防生),李伯胜排名30多名,那时的他感觉"自己整个人都不好了"。满心的雄心壮志,自己不断努力的一个结果,却和自己预期相差甚多。如他所言:"失败并不可怕,可怕的是失败后的一蹶不振,就是迷茫了。"但即便如此,这种迷茫感并未阻挡李伯胜的脚步。谈及是怎么战胜这种迷茫感的,李伯胜脱口而出:要特别感谢自己的部队生活和当时人武部的王老师。王老师是那时李伯胜的军事理论课老师。除了为他授课,王老师在李伯胜向他咨询参军的事情时也非常热情地进行了解答。这样,参军的消息,让李伯胜的阴天里照进了一缕阳光。有了这么一个契机,李伯胜就去了部队,从此与部队结下了不解之缘。

在进入部队以后,李伯胜发觉部队生活与大学生活之间有许多不同之处:一方面,李伯胜发现自己拥有了更多的独立时间去思考了他到底要做一个什么样的人、怎样成为那样的人。部队的生活,每天基本上不再会看书看公式了,李伯胜从书中获取知识的机会减少了,但他却拥有了一片更大的知识的海洋——那便是生活本身。正如李伯胜本人所说的那样:"虽然公式是确定的,可生活还是有很多变量。看公式的时间少了,看自己的时间更多了"。另一方面,部队生活还教会了李伯胜一个非常重要的道理。这份珍贵的礼物便是学会放下骄傲、找到正确定位。到了部队以后李伯胜发现,失败非常常见,什么都是新的东西。在学校,他给自己学习目标定位很高,结果一出来,摔得很惨。到了部队以后,"哪里不足就练哪里,身体素质不好,一进去疯狂地练体能"成了对李伯胜决绝与坚毅最好的诠释。后来李伯胜也不负众望成了体能尖子。不仅成了连队里的体能尖子,还在团军体运动会上夺得男子单项金牌,甚至在新装备列装后第一次实弹检验时,他打出的穿甲弹全中目标,被旅长称赞为"神炮手",凭借突出的表现,获得了"优秀义务兵"以及"旅嘉奖"等表彰。李伯胜总结:"要想成功,首先要接受失败;要想伟大,首先要接受平凡。"

热爱:戎旅萦怀,九天揽月

退伍不褪色,青年勇担当。两年的军旅生涯,使李伯胜逐渐明晰自己的热爱所在。他深刻感受到科技在国防中的战略意义,心中萌生出"做祖国需要的科学家"这一想法,这份源于对部队生活的深刻感悟以及对国家的使命感,成了他内心热爱的方向,激励着他后续不断为之努力奋进。

结束军旅生涯回到南京大学后,李伯胜迅速调整状态,开启了校园学习的新征程。大二时,他几乎把自己的生活轨迹固定在了教室、图书馆和公寓楼的小自习室之间,一心扑在学习上,努力弥补因两年参军而落下的知识空缺。刚开始回归课堂时,上课对他来说是一件极为吃力的事,很多内容都听不懂,期中考试的成绩也不尽如人意,但他凭借着在部队锻炼出的强大心理承受能力,始终坚信自己在进步,继续埋头苦学,终于在期末考试时成绩有了显著提升,到了大三,更是进步飞速,很多课程都达到了九十五分以上。多门专业课获满分或者全院最高分,以专业第一的成绩毕业并推荐免试直博。

在选择导师方面,李伯胜目标明确,他基于自己在部队时对卫星应用的体会,意识到卫星是国家大力发展的方向,再结合自己想做一些与实际应用相关工作的想法,选择了专注于天体力学中航天器轨道力学这一小分支的导师。尽管这个方向的工作比较枯燥,每天都要推导好几页纸的公式,主要工作就是和电脑打交道、写代码、跑程序,但他觉得非常有意义,便全身心地投入其中。

不仅在学业上全力以赴,李伯胜还积极将自己对军事、对国防的热爱融入校园实践活动中。他发起成立了南京大学军事爱好者之家,连续两年作为核心的学生组织者在校园里推广"墨子杯"全国兵棋推演大赛,吸引更多同学关注军事智能博弈。同时,他组织退伍大学生宣讲队,主动联络部队和学校,邀请原服役连队的全国道德模范来校与退伍大学生同台报告,积极营造浓厚的爱国强军氛围,让更多同学感受到军事文化的魅力与力量,也在实践中践行着自己的热爱,不断为之贡献力量,实现自己的价值。

与李伯胜的访谈,我们仿佛一同走过了他在热爱之路上的点点滴滴,从最初高中到大学的迷茫,到在部队与校园中的不断磨砺,再到凭借内外驱动的力量持续前行,以及后来将热爱延伸出去影响他人、给出宝贵建议,他的经历让我们深切感受到了热爱的强大力量。

热爱,它不是一时的冲动,也不是三分钟热度,而是在面对困难与挫折时,依然能够坚守的那份初心,是即便知晓前路艰辛,却依旧心甘情愿为之付出的执着。就像李伯胜,在迷茫时没有选择随波逐流,而是抓住参军这个契机,去探寻自己内心真正热爱的方向;在部队中,即便体能训练困难重重,他也咬牙坚持,最终不仅成为体能尖子,更明晰了自己"做祖国需要的科学家"这一目标所在;回归校园后,面对枯燥的科研工作,他因热爱而甘之如饴,还积极投身国防知识推广活动,努力践行着自己的热爱。热爱,还是一种可以传递的正能量,它能影响身边的人,带动更多的人去寻找自己的热爱。李伯胜献身国防的故事激励着学弟学妹们投身相关领域,他给想要转专业或转行同学的诚恳建议,也能帮助大家更好地去分辨、去追求自己真正热爱的事物。

在人生的道路上,或许我们都会经历迷茫,都会遇到各种艰难险阻,但只要我们怀揣着热爱,就如同心中有了一盏永不熄灭的明灯,它会照亮我们前行的路,给予我们勇气和力量,让我们能够跨越重重困难,去书写属于自己的精彩故事。希望大家都能如李伯胜一样,找到自己内心深处的热爱,并坚守这份热爱。

内核:家国情怀,扎根心中

在李伯胜的经历中,外在环境所带来的约束与动力体现得十分明显。就拿他在部队的生活来说,部队有着严格的纪律规定,像一日生活制度,从起床、搞卫生到训练等,每一分钟都被安排得明明白白。新兵时期,时间往往非常紧张,很多时候没办法在食堂慢慢享用早餐,经常是抓起两个馒头带回宿舍,一边啃馒头一边叠被,甚至还会出现一边啃馒头一边刷厕所的情况。在这样的环境下,大家根本没有机会去"躺平",外部环境强有力地要求每一个人必须奋进,时刻保持积极的状态。这种外在的力量对于迅速改变一个人的状态来说,是最为直接且有效的。例如,对于那些手机上瘾的人,若将其手机换成老年机,就能在很大程度上改善其网瘾问题。然而,外在动力虽起效快,却也存在局限性,一旦失去了这种外部力量的约束,人们很容易就会失去动力,重新回到之前的状态中去。所以,要想真正持续地奋发向上,还需要挖掘内心深处的精神动力。

李伯胜对于个人发展有着清晰而深刻的认识与理解。不论是在学海中孜孜求索,还是在部队磨砺意志,尽管在不断健全自己的过程中,李伯胜遇到了许多困难和挑战,他都能够一一克服并取得惊艳的成绩这都离不开强大精神内核的作用。

"内心精神的灯塔更够让人涌出无比强大、无比丰富的力量。"李伯胜坚信这一点。初入大学,李伯胜和许多同学一样,并不是很能适应大学老师的授课方式。大一时不理想的成绩促使李伯胜坚定了来到部队锻炼自己的决心。内心的力量意味着找到自己的核心的价值观,对于李伯胜而言,他内心的第一个动力就是把自己照顾好,把家人照顾好。"首先自己的生活压力,肯定是由自己来扛。其次要承受来自家庭的责任,把爸妈照顾好,多给他们打打电话。"

在部队的种种困难并没有让这个内核坚定的新兵退缩,相反地,李伯胜立志做好每一次任务。对自己的高标准、严要求正是"把自己照顾好"的重要一步。李伯胜的内核不仅在于照顾好自己与家人,更把"为了国家,为了社会,为了人民"铭刻于心。部队严格的纪律让李伯胜更加深刻地认识到,一个人内在动力的重要作用是任何外在条件约束不可替代的。"外部的力量虽然直接,但缺点是一旦失去外部的力量,很容易失去动力,很容易回到之前的状态中。"李伯胜在采访中指出。部队十分紧张的时间安排形成了强大的外部约束,让人在短期内迅速改变自己,但是这种约束并不是促使一个人取得进步的根本动力,也并非长久之计,李伯胜显然早已明白其中的道理。

部队的经历是他精神内核的重要组成,回忆起在部队过年站岗的情景,李伯胜记得自己站在偏僻的山上,寒风中穿着军大衣,头戴雷锋帽,手持枪械。在凌晨时分,看到远处的烟花缓缓绽放,感受到自己跟脚下这片土地息息相关。当时他的心里想:我不是站在这个岗亭里面,而是站在祖国这片土地上,这是一种很高尚的情感,一种保家卫国的信念和责任。

从难以消化部队的高强度训练到位列连队尖兵,李伯胜靠的不仅是坚韧不拔的意志品质，更可贵的是他心怀家国的内核精神。部队对体能训练的要求极为严格，李伯胜在训练中曾因高强度负荷而虚脱，甚至出现尿血的情况。尽管体型瘦小，他却凭借顽强的意志和不懈的努力，成为连队的尖兵。在枕戈观澜的军旅生活里，他因表现突出，被73132部队授予"优秀义务兵"称号，并荣获"旅嘉奖"表彰。"这是一种很高尚的情感，一种保家卫国的信念和责任。"李伯胜这样形容他的内心感触。充满挑战的部队经历使他收到了极大的熏陶，让这种家国情怀深深扎根在他的心中。也正是在部队的锻炼下，李伯胜发掘出自己的潜能，并正视了生活中会面对的失败。从部队返回学校后，李伯胜也始终保持着自己独有的精神内核，继续在人生的道路上不断进步。

自省：休去争春，自有时节

对于李伯胜而言，自省不仅代表着直面失败、弥补短板的勇气，更是在喧嚣尘世中沉静内心、坚守内核的智慧。

从校园进入部队，生活方式的改变带来了思维模式的转变。部队生活，让李伯胜看公式的时间少了，看自己的时间更多了。这也给了他更多时间思考一个重要的问题：到底要做一个什么样的人。生活不是明确的公式，充满着变量和挑战。对于李伯胜而言，在部队里生活，失败非常常见，因为什么都是新的东西。李伯胜坦言在学校，由于高中自己成绩优异，给大学设定的目标过高但在部队的话，首先就是要学会放下。一开始，李伯胜因为个子小，在部队里学拉引体、挖掩体、跑步，基本都是不及格的。他认为自己是一个弱书生的形象，唯一幸运的是体检合格。身体条件让李伯胜一进部队就遭遇了非常多的失败和挫折，起点很低。然而，李伯胜清楚地认识到自己的不足，面对骨感的现实，他放下了骄傲。"去接受失败，就是我战胜失败的开始。"凭着一腔不服输的韧劲，李伯胜用时间和汗水弥补了自己体能上的短板。

哪里不足就练哪里，身体素质不好，就疯狂地练体能，后来终于成了体能尖子。李伯胜再次强调，"要想成功，首先要接受失败；要想伟大，首先要接受平凡。"

在人生路径的选择上，自省更是向内探求、澄明本心的必经之路。在当今社会，为了追求即时成功而盲目跟风和急于求成的现象，屡见不鲜。特别是在自媒体与流量经济盛行的背景下，时间被赋予了前所未有的价值，某些热点甚至只能维持一天的热度，却能迅速转化为可观的收益。李伯胜认为，即使在校园内，也不乏这样的"急先锋"：他们身兼数职，履历光鲜，但这种"急出头"只是极少数人能够做到的，多数人只是被这股急匆匆的潮流裹挟，最终并未能有所建树，反而身心俱疲。他认为，无论外界如何喧嚣，是"急"是"慢"，关键在于保持独立思考，坚守自己的精神内核。

在访谈期间，李伯胜为大家举了一个"慢"成功的例子：他们学院有位教授张智昱老师，他的求学之路颇为坎坷。2003 年从中国科学技术大学近代物理系毕业，毕业后考研屡败屡战，最终进入了中国科学院紫金山天文台读研、读博。这位教授早期实验并不顺利，毕业的时候已经 30 多岁了。2014 年前往德国欧洲南方天文台、英国爱丁堡大学做博士后，这一阶段做实验很顺利，做出了很多优异的研究成果，2019 年回国后直接晋升为正教授。李伯胜之前在和这位教授的交流中得知，这位教授曾坦言，他的目标并非成为教授，而是出于对专业的热爱，愿意倾注心血，最终水到渠成，在学术上取得了成就。

在自媒体盛行的时代，年轻有为的成功者好像很多，大家都想成为这样的成功人士，殊不知，在尚未充分自我认知及了解大环境的情况下便盲目跟风，实则欲速则不达，最后的结果往往是白白浪费青春年华。李胜波在访谈中提到："大多数人并非天才，我们都很普通、很平凡。"面对当下同学们的焦虑不安，他劝勉大家："做事应循序渐进，深思熟虑后再行动，而非盲目追逐外界的热点。"有时候，向内探索自己真正的所爱所求,坚守本心,徐徐图之,只要初心不改,心志坚定,"慢"一点又何妨呢?

而当被问到关于转专业和转行的看法时,李伯胜也提出了同样的建议:务必深思熟虑,深入思考自己是否真的热爱这个行业,是因为厌恶当前的专业或工作而想要逃避,还是因为真正热爱新领域而想要追求?他强调,这两者有着本质的区别。因为一位"爱好者"和一位这个领域的"专家",他们做的工作是截然不同的。以他的专业为例,天文爱好者可能仅通过望远镜拍摄星空,享受乐趣,比如最近的朋友圈里有很多人分享了紫金山彗星的照片;而天文学家则需面对复杂的数学与物理公式,常常要进行大量烦琐的理论推导。"明确这一点后,你就能更清晰地判断自己是应该将兴趣转化为职业还是转化为爱好。"李伯胜认为,真正的热爱,一定是愿意面对其枯燥乏味且不为人知的一面,并为之付出努力和时间的。可以说,经历过一段时间的迷茫和探索,李伯胜渐渐懂得了如何在自省中认识自我,悦纳本我,坚守真我。

栋梁:人皆广厦,诚朴雄伟

在访谈中,李伯胜问在座的同学"何为栋梁?"在中国文化中,"栋梁"一词象征着支撑和承担重任的人,他们是国家和社会的中坚力量。对于李伯胜而言,成为栋梁不仅仅是个人的荣誉,更是一份沉甸甸的责任和使命。他的故事展现了普通人如何通过自我努力,从迷茫中走出,逐渐成长为能够承担社会责任的栋梁之才。

李伯胜对"栋梁"一词有着深刻而独特的理解。他认为,栋梁不应该是那些仅仅手握奖项、论文、项目的人,而应该是每一个能够承担起自己生活重量的人。在他看来,"栋梁就是承重的木头,自己的压力自己抗,要能够承受自己人生的重量"。他反对将优秀视为少数人的专利,认为每个人都能成为社会的栋梁。只要愿意承担起自己的责任,并在可能的情况下帮助他人，人人都可以成为栋梁。只有当每个人都成为栋梁时，我们才能共同撑起社会的广厦千万间。

在他的学术生涯中，李伯胜通过不懈的努力，逐渐成为一名栋梁之才。在学术研究方向上，他投身了与实际应用相关的研究课题。紧密结合国家需求，他将博士研究方向选定为地月空间轨道动力学。他成功地建立了一定时间内月球拟周期运动解析式，可应用于星上快速计算等工程实践，并为地月空间特殊轨道的分析体系奠定了理论基础。

李伯胜的栋梁之品格同时体现在对责任的勇敢担当上。在部队的经历极大地熏陶了他，成为他的精神支柱。退伍以后，大三的李伯胜和其他退伍的同学一起成立了军事爱好者之家社团。"这其实是我最想讲的东西，我对它付出了太多的心血。它从无到有，都是我们一起努力的结果，我是很享受这种创造的过程。"谈起军事爱好者之家，李伯胜眼神里是熠熠的光芒。然而，军事爱好者之家在成立之初却面临诸多挑战，成员寥寥无几，加之突如其来的疫情，使得本就资源有限的军事爱好者之家更是雪上加霜。由于疫情，当时没有举办大型活动的条件，但李伯胜依然组织起军事爱好者之家，成功举行了对兵役政策点对点的解读、协助人武部为2020年军训活动进行了筹备工作、协办了全国兵棋推演大赛的校内选拔赛等活动。后来他通过评选年度人物的方式来为军事爱好者之家宣传。在第二年军事爱好者之家骨干已经从原本的4人扩展到了26人，李伯胜为军家付出的种种心血终于得到了回报。作为栋梁，责任可能是他对于自己最好的标准，"我在学习上是要对自己负责；成立了军事爱好者之家，就要对军事爱好者之家的同学们负责。"他相信，只要不轻言放弃，始终扛起责任，在实践中锻炼自己、增长才干，事情总会朝着好的方向发展，道路也会越走越宽广。

如何成为栋梁，李伯胜在采访的最后给出了总结：最重要的还是内心的精神动力，每个人都要去寻找到自己的精神灯塔。在他看来，外在的动力，环境的要求和驱动的力量虽然直接，但缺点是这些力量一旦失去，很容易失去动力，很容易回到之前的状态中。更重要的是自己内心的力量，也就是说要找到自己的核心价值观。对于李伯胜而言，他拥有着"会当凌绝顶，一览众山小"的豪情壮志，他正在通过自身的努力达到精神和能力的高峰，正在不断引领和激励他人，成为社会的栋梁之才！

结语

"我国广大青年要坚定理想信念，培育高尚品格，练就过硬本领，勇于创新创造，矢志艰苦奋斗，同亿万人民一道，在矢志奋斗中谱写新时代的青春之歌。"在习近平总书记心中，青春理想，青春活力，青春奋斗，是中国精神和中国力量的生命力所在。李伯胜的故事展现了这样的青春担当，给了同学们许多的启发。

李伯胜的故事不仅是一段个人奋斗的历程，更是一部关于责任、热爱与成长的生动教材。从青春中的迷茫与困惑，到部队中的磨砺与觉醒，再到学术领域的深耕与奉献，他的每一步都离不开对自己、对国家、对社会深沉的热爱与责任感。他教会我们：无论生活多么艰难，心中的热爱与责任始终能指引我们走出困境，找到属于自己的光明与未来。正如李伯胜所言："要想成功，首先要接受失败；要想伟大，首先要接受平凡。"在未来的道路上，李伯胜将继续以坚韧不拔的意志力和赤诚的家国情怀，担当起属于自己的使命与责任，成为更多青年心中的榜样。希望每一位读者，在阅读李伯胜的故事后，都能从中汲取力量，勇敢追求属于自己的热爱与理想，做自己人生道路上的栋梁。

访谈感想

2024年10月21日，我有幸同师友一道，对荣获"年度人物"荣誉的李伯胜师兄进行了访谈交流。对师兄的认识始于网上搜索到的关于他的杰出事迹，而此次近距离的接触，更是让我感悟尤多。

一、温文尔雅，沉稳有力

初次相见，李师兄给我的第一印象就是"言念君子，温其如玉"。师兄他在科研探索、学业精进及工作实践等多个领域均展现了非凡的成就与卓越的才能，此次访谈，他更是敞开心扉，无私地向我们这些初涉研究生阶段的新生传授宝贵经验，指点前行道路。访谈期间，尽管未预先准备任何提纲，李师兄却能侃侃而谈，条理清晰地阐述自己的见解，其思维之缜密、措辞之考究，无不彰显出他广博的思考与卓越的思维能力。整个访谈过程持续了近两个小时，流畅而高效，从本科初入校园时的迷茫谈起，到携笔从戎、步入军营，最终重返校园的经历，这一路走来，他取得了诸多令人瞩目的成就。在访谈中，他以一种前辈特有的谆谆教导方式，详细分享了自己的心路历程，从个人迷茫到坚定方向，再到研究内容与未来就业选择的深思熟虑。令我印象尤为深刻的是，伯胜师兄对于"栋梁"一词的独到诠释："栋梁，即为承重的木头，需自行承担压力，我们要能够承载起自己人生的重量。"他认为："人人为栋梁，方能支撑千万间广厦。"这一见解，无疑是从一位"人民子弟兵"的独特视角出发，对人生价值与社会发展的深刻洞察，每个人都是社会结构中不可或缺的一部分,只有每个人都发挥出自己的作用,社会这座"广厦"才能稳固和持续发展。师兄的比喻贴切精辟。

二、眼界高远,知行合一

在本次访谈中,我深刻领略到李伯胜师兄所展现的远见卓识与开阔视野,以及他秉持的脚踏实地、稳健务实的行事作风。李师兄坦言,其今日的成就离不开在军旅生涯中历经失败、接纳失败直至战胜失败的磨砺过程。他回忆道,初入大学校门时,面对周围优秀同学的带来的落差及对未来人生的深刻思考,他同样经历了迷茫与困惑;然而,在军营的磨砺中,"看公式的时间减少了,而看自己的时间增多了",于是逐渐铸就了内心的坚韧,点亮了指引方向的明灯,明确了个人志向所在。他强调:"迷茫不是坏事,迷茫代表着我们已经开始对自己的人生进行思考了"。对于未来目标的坚定选择,意味着要勇于面对其可能带来的单调乏味与鲜为人知的挑战,并为之倾注不懈的努力与时间,这也是区分一个领域的"爱好者"与"从业者"的关键所在。回归校园,开始步入研究的正轨,师兄便把自己的精力更多地投入到了与国防科工项目相结合的研究中,选择了天体力学中的一个小分支——航天器的轨道运行作为自己的研究方向。此后,他更是打算矢志不渝地将个人职业目标定位于相关研究工作。李伯胜师兄在讲述这些经历时,其言辞间流露的真挚情感,仿佛这些往事并非发生在遥远的过去,而是近在咫尺的昨日。

三、担当使命,公心为怀

深入访谈,李伯胜师兄关于"年度人物"评选的心路历程,不仅揭示了个人荣誉背后的深层动机,更映射出"人民子弟兵"身上那份沉甸甸的社会责任感与神圣的使命感。大三的李伯胜师兄和同学们一起成立了

"军事爱好者之家"社团,谈及"军家"(即"军事爱好者之家"的简称),李师兄的眼神中闪烁着炽热的光芒,他坦诚地表示,参与"年度人物"评选,其主要目的是为"军家"打广告来争取更多的关注,特别是希望吸引校领导的支持,以促进社团的进一步发展。李师兄的行动远不止于此,他不仅主动邀请因救助落水者而获得一等功的战友来校演讲,还在校领导的大力支持下,成功举办了"国防教育周"活动。他的行动不仅是对社团发展和校园文化生活的有力推动,更是一位军人努力向青年学子传播"军魂"的真实写照,生动地诠释与传承了"人民子弟兵"精神。

此次访谈,对我而言不仅是一次学习和交流的机会,更是一次心灵的成长和洗礼。李师兄奋发有为的钢铁军魂,甘于奉献的党员风范,高瞻远瞩的研究视野,以及广博而又不失精辟的人生哲思,使我由衷地敬佩;正直豁达的人格魅力,高尚谦逊的道德品质,平易近人的待人之道,以及纯粹而博大的精神境界,亦为我所景仰。德才兼备,博学高行,此般风采已然成为我毕生追寻的楷模,激励我在未来的漫漫长路中上下求索。

——赵汉章　南京大学电子科学与工程学院2024级硕士研究生

听完李伯胜学长的分享,我深受启发。在当今社会,尤其是大学校园中,确实存在着一股"躺平"的风潮,许多年轻人在面对挫折和困难时,容易选择逃避或放弃,缺乏积极向上的动力。而学长从部队到学校的经历,为我们提供了一个截然不同的视角。学长的分享让我认识到,迷茫不是一件坏事,最关键的是要在迷茫中重新审察自我,挖掘自己内心的精神动力,找到自己的精神灯塔。人生在世,首先要能承受自己生命的重量,然后再去发挥价值,为社会带来积极的影响。

——陆锦妃　南京大学外国语学院2024级硕士研究生

在吴秋怡老师的组织带领下,我们非常幸运地访谈了南京大学天文与空间科学学院李伯胜学长。在访谈学长之前，我一直困惑于"躺平"和"内卷"间的矛盾张力问题，好像现实总是这样，压力大到一定程度的时候，就会有一种想要躺平的强烈感受，迷茫并且似乎失去了要前行的方向；而当我们鼓足勇气，满怀热情向前出发的时候，却又会因为找不到路的尽头而不断"内卷"。因此，我先询问了学长关于"躺平"的问题："学长在自己的迷茫时期，是如何寻找和确立自己的理想信念的？背后的故事可以给我们分享一下吗？"学长首先向我们讲述了自己也有迷茫时刻，并且迷茫并不一定就是坏事情，关键是如何对待这种迷茫感，要想成功，首先要接受失败，要想伟大，首先要接受平凡。学长随后向我们抛出了一个问题："你们知道栋梁奖学金，那何谓栋梁？"首先浮现在我脑海里的答案是，栋梁是"力量之承载"，使命之担当。非常荣幸学长肯定了我的答案，并进行了更进一步的阐释，即：栋梁不仅有这个承重的作用，而且栋梁之承重有自己的限度，即如果我是一根大的木材，我们可以被用以构建更大的结构；那么如果我是一根比较小的木材，我也可以承载我能力范围以内的结构。一下子，"栋梁"之深意直戳我的心灵和思想深处，很好地辩证地解决了"躺平"和"内卷"的辩证关系，即承载该承载之重，既不是无事可做，也不是事事都做。同时，学长还深刻讲述了天文学爱好者和天文学家的区别等系列问题，这让我们的收获和启示非常多，非常感激能够有幸参与这次访谈。

——许申龙　南京大学马克思主义学院2024级硕士研究生

我读了李伯胜学长的访谈记录，心里很佩服。面对迷茫，该往何处去，学长选择了及时调整，换个环境。通过将自己放在另类环境中，人生的蜂鸟得以暂时歇憩，从而慢慢思考自己人生真正所在。这启发着我们不要在自己痛苦的环境中逆来顺受、无限内耗，而要勇于打破和改变。

学长在屡次失败中学会了成长，懂得了如何面对挫折，又在这番探索中找到了热爱，从而获得了驱使自己不断向前的内驱力。这真的很宝贵,因为在学生群体饫甘餍肥的今日,许多基本的物质追求已不成问题,那么还有什么动力是能让我们不断探索和前进的?伯胜学长选择了找到大我、看见他人。

在职业选择上,伯胜学长也找到了自己的专业与志业的交集。其中必然有取舍,但能接受取舍,直面现实,一个人的职业选择才称得上成熟。这启发着我不要寄期望于专业与志业的完全重叠,而要对每个选择的背后现实寄予更多的考量。

在对"栋梁"一词的看法上,伯胜学长也反对那些将栋梁仅仅限定为手握奖项、论文、项目的人的优绩主义,认为每一个能够承担起自己生活中重要责任的人都称得上栋梁。这也启发着我们不要活在优秀生的阴影中,而是做自己的主人,寻找自己生长的时节、担当自己独特的责任。

我感到自己得积极地去调适自己和环境的关系,勇于尝试,在困难和历练中成长。谢谢这个访谈记录,我觉得它不是简单的套话文集,而是承载着一种精神,一种很珍贵的"道"。

——侯京玮　南京大学社会学院2024级硕士研究生

首先,有机会参与到此次"新时代中国特色社会主义理论与实践"课程人物访谈文稿撰写的工作中,我感到非常幸运,同时也获益匪浅。从接到文稿撰写任务到分配到相应板块进行写作,从逐字逐句地细读李伯胜学长的访谈稿,到真正落笔把学长的经历和思考凝结于文字,这份工作于我而言有些独特的意义:第一次如此"近距离"地了解一位优秀南大人的成长经历,分享他从迷茫到坚定的心路历程,我从学长的成长故事中,找到了"成为栋梁"所需的智慧、力量和勇气。

成长的道路上,我们都会经历迷茫、困惑的阶段,以怎样的行动回应怎样的问题,决定了我们会"涅槃重生"还是归于平庸。从学长身上,我看到了热爱的力量、自省的智慧和坚定的信念。对专业学习始终秉持热爱的态度、在时代洪流中坚守清醒独立的自我、在实践中不忘家国情怀和社会担当，是李伯胜学长给出的答案，也为我的成长之路提供了指引。

在此次文稿撰写工作中，最大的挑战莫过于如何用生动而准确的语言呈现受访者的事迹、勾勒出立体多面的人物形象、如实地传达他的思考和体悟，让读者有所感悟和启发。在这过程中，我的文字表达和组织能力得到了锻炼，我也明白了文字的温度和力量是多么重要，为我日后的学习提供了宝贵的经验。

最后，十分感谢学院和老师给予我这个机会，我必将从李伯胜学长的成长故事中汲取力量，勇往直前，成为自己人生道路上的栋梁，成为对国家有用、对社会有益的栋梁。

——陈希比　南京大学马克思主义学院2024级本科生

从李伯胜的故事中汲取力量，我深刻感受到一个普通人在面对迷茫、挫折和挑战时，如何通过自我反思、坚韧不拔的精神和对家国的热爱，逐步成长为社会的栋梁之才。

首先，李伯胜的故事让我认识到，迷茫并不可怕，关键在于如何面对和战胜它。李伯胜在初入大学时也曾感到迷茫和失落，尤其是在面对学业上的落差时，他一度怀疑自己的能力。然而，他并没有因此一蹶不振，而是通过参军这一契机，重新审视自己，找到了内心的方向。正如他所说："迷茫来源于自己的思考。"正是这种思考，让他逐渐明晰了自己的热爱和目标。这让我明白，迷茫是每个人成长过程中不可避免的阶段，关键在于我们如何利用这段迷茫期去反思和探索，找到真正属于自己的道路。

李伯胜在部队的经历让我深刻体会到，外在的约束和内在的动力同样重要。部队的严格纪律和艰苦训练让他迅速改变了自己的状态，但真正支撑他坚持下去的，是他内心的精神动力。他学会了放下骄傲，接受失败，并通过不断的努力弥补自己的不足。这种坚韧不拔的精神让我深受启发。无论是在学习还是工作中，我们都会遇到各种困难和挑战，但只要我们内心有坚定的信念,就能够克服一切困难,走向成功。

李伯胜对家国的热爱和责任感也让我深感敬佩。他不仅在学业上取得了优异的成绩,还积极投身于国防教育和军事推广活动,用实际行动践行着自己的热爱。他选择将博士研究方向与国家的需求紧密结合,致力于地月空间的轨道理论研究,这种将个人理想与国家命运紧密相连的精神,值得我们每一个人学习。作为新时代的青年,我们也应该像李伯胜一样,心怀家国,勇于担当,为国家的繁荣和发展贡献自己的力量。

李伯胜的故事让我明白,成功并非一蹴而就,而是需要长期的积累和坚持。他通过不断的自省和努力,逐渐从迷茫中走出,成长为一名栋梁之才。这让我意识到,无论外界如何喧嚣,我们都应该保持独立思考,坚守自己的精神内核,不被外界的浮躁所左右。正如李伯胜所说:"要想成功,首先要接受失败;要想伟大,首先要接受平凡。"只有脚踏实地,一步一个脚印地前行,我们才能在人生的道路上走得更远。

总之,李伯胜的故事让我深刻认识到,迷茫、挫折和挑战并不可怕,关键在于我们如何面对它们。通过不断的反思、努力和坚持,我们每个人都可以找到属于自己的热爱和方向,成为社会的栋梁之才。希望我们都能从李伯胜的经历中汲取力量,勇敢追求自己的理想,做自己人生道路上的栋梁。

——王天健　南京大学化学化工学院2024级硕士研究生

李伯胜的故事让我深刻认识到,成长并非一帆风顺,而是充满了迷茫与挫折。他在从高中到大学的过渡中,经历了成绩的落差与自我怀疑,甚至在部队中也面临诸多困难,但他从未放弃。这种坚韧不拔的精神让我明白,迷茫并不可怕,而恰恰是成长的催化剂。正如李伯胜所说,"迷茫来源于思考",而思考正是我们认识自我、探索方向的必经之路。他的经历让我懂得,面对困境时,我们需要的不是逃避,而是直面挑战,从失败中汲取力量,一步步走向成熟。

李伯胜对国防事业的热爱贯穿了他的整个经历,从部队到校园,从实践到学术研究,他始终保持着对军事的浓厚兴趣。这种热爱并非一时冲动,而是在长期的实践中不断积累和升华的情感。他将个人理想与国家需求紧密结合,选择了一个充满挑战但意义非凡的研究方向——地月空间轨道理论。这种对热爱的坚持让我深受触动。在当今快节奏的时代,许多人容易被短期的利益或热点所吸引,而忽视了内心真正热爱的事物。李伯胜的故事让我明白,热爱是一种从内心出发的力量,它能够驱使我们跨越重重困难,即使面对枯燥乏味的工作,也能甘之如饴。热爱不是口号,而是行动,是在平凡中坚守初心的执着。

　　李伯胜的故事是一盏明灯,照亮了我前行的道路。在编写这篇专访的过程中,我不仅记录了他的经历,更从中汲取了力量。他让我明白,成长需要在迷茫中觉醒,热爱需要在实践中坚守,责任需要在平凡中担当,自省需要在喧嚣中保持冷静。未来,我将以李伯胜为榜样,怀揣热爱,勇担责任,努力成为自己人生的栋梁。希望每一个读到他故事的人,都能从中找到属于自己的力量,勇敢追求自己的梦想,书写属于自己的精彩篇章。

——杨海韵　南京大学马克思主义学院2024级本科生

　　非常有幸能够参与李伯胜学长访谈工作的文案撰写,在阅读李伯胜学长大学的成长经历与面对采访时的真心流露后,我对学长的人生态度肃然起敬。在面对大学带来的各种变化与挑战,学长固然也存在迷惘,但他拥有的也只是平凡的身躯。没有人天生就拥有通往未来的康庄大道,我们总有迷茫的时候,总有低谷的时候,总会遇到那些看似遮天蔽日的障碍,总会遇到那些仿佛永远越不过的山堑。但难能可贵的是他从未被恐惧、茫然所击倒,在思考人生方向时他毅然决然地选择了加入部队这一条和大部分人不同的道路,一条独属于他的道路,一条通往他成功的道路。正如他所说:"虽然公式是确定的,可生活还是有很多变量。看公式的时间少了,看自己的时间更多了。"这让我深受启发,生活在大学中,面对迷茫,面对挑战,我们常会被裹挟着前进,缺乏找寻出路的决心与迈出舒适圈的勇气。李伯胜学长在面对可能改变整个人生轨迹的选择时,果断选择了最遵从内心的方案,面对大学的困境,这样的回答在他人眼中或许是难以理解的,离开校园,步入军营,无非是从一种未知走向另一种未知,但对于李伯胜学长来说,他交出的答卷一定是自己最满意的。他的故事或多或少给了我勇气,给了我尝试新事物,迈入新世界的勇气;给了我跳出舒适圈,挑战自我的勇气;给了我无论遭遇何种困难,陷入何种迷惘时坚定自己想法,遵从内心的勇气。

——钱能　南京大学马克思主义学院2024级本科生

在吴秋怡老师的带领下,在"新时代中国特色社会主义理论与实践"课程的学习过程中,我经历了一次知识的充实与思想的升华。这门课程不仅是理论的传授,更是对中国当下发展逻辑与未来走向的深度剖析,让我收获颇丰。

课程中,新时代中国特色社会主义理论的丰富内涵被层层展开,让我深刻认识到,新时代中国特色社会主义理论是立足中国国情、顺应时代潮流而形成的科学理论体系,为国家发展提供了清晰的战略蓝图与行动指南。例如,在生态环境保护方面,"绿水青山就是金山银山"理念指导下,各地积极推进绿色发展,曾经污染严重的河流湖泊逐渐恢复清澈,生态旅游成为新的经济增长点,实现了生态效益与经济效益的双赢。

理论与实践的紧密结合是这门课程的突出特点。通过学习,我看到了脱贫攻坚战略在实践中的巨大成效。数百万干部深入贫困地区,精准施策,帮助数以亿计的贫困人口脱贫致富,创造了又一个彪炳史册的人间奇迹,这正是理论转化为实践力量的生动体现。同时,在科技创新领域,国家大力支持5G、人工智能等前沿技术研发,推动产业升级转型,提高了我国在全球产业链中的地位,彰显了理论对实践的引领作用。

在这门课程采访中李伯胜同学的成长经历让我看到了南大学子的缩影，也让我对自身肩负的社会责任有了更清晰的认识。作为新时代的青年，我们生活在国家快速发展的黄金时期，享受着发展带来的成果，更应积极投身于国家建设。在未来的学习和工作中，我将以新时代中国特色社会主义理论为指引，努力提升自身能力，无论是在科技创新、文化传承还是社会服务等领域，都贡献自己的一份力量，为实现中华民族伟大复兴的中国梦添砖加瓦。

——朱皎瑜　南京大学生命科学学院2024级硕士研究生

2024年暑假，六年级的我跟着妈妈来到南京大学参加公益夏令营。这里是妈妈的母校，她学习生活了7年的地方。

夏令营上，各种学科专业的叔叔阿姨给我们讲了很多新奇的技术前沿和好玩的领域。可是当李伯胜叔叔讲起他的经历，我真的震惊了。作为一位高学历的学生，他居然在考上南大以后，选择去参军入伍。当兵是一项非常艰苦的挑战，需要超强的毅力和精神才能坚持下来。好玩的游戏、睡到自然醒、躺平的生活就此不复存在。他在军营里克服了各种各样的困难，把自己的体能拉到极限。回到学校又克服了学业脱节的困难，重回尖子生……困难是不同的，但克服困难的精神是相同的——那就是不屈不挠、志存高远。

妈妈说，现在的大学生，有些人家境很好怕吃苦，追求奢华享受，有些人精致利己，凡事只为了谋求名利。伯胜叔叔心怀报国之心，树立报国之志，踏踏实实地用自己的行动去建设祖国，真的太厉害了！

妈妈问我有什么感想？我说，我先要长个子学本领，不能成为好吃懒做的利己者，希望能像你们南大的学生一样优秀。

——刘牧沄

听完了李伯胜哥哥的介绍，我不禁赞叹他坚定和无畏的精神。在部队里,他面对无数的挑战和困难,例如他要在很短的时间完成任务,要进行高强度的体能训练等。不过,他意志坚强,出现身体不适等情况也不放弃,最终后来居上,获得了部队里的荣誉。回到南京大学之后,他努力赶上缺少的课程,从倒数第一到了第一,也获得了最美大学生的称号。

李伯胜哥哥,让我知道了学无止境,一切皆有可能。

——孙漫迪

十分有幸能够读到李伯胜同学的故事,在他的经历中我看到了战胜迷茫的决心,投笔从戎的勇气,科研报国的担当,他的经历对我有着深刻的启示和激励。

考上南京大学,本就是人群中的佼佼者,在各自的高中时代面对过无数的赞美和荣誉,但是当他来到群英荟萃的南大后,碰到了一大批优秀的人,自己的成绩排名不理想时,他没有选择自暴自弃,而是用于去寻找方法去改变、去成长、去突破。

在大学期间毅然选择前往最艰苦的野战部队服役,这种选择本身就展现了非凡的勇气和担当。他没有被困难吓倒,而是在艰苦的环境中不断成长和进步,这种精神值得我们每一个人学习。

结束军旅生涯回到南京大学后,他迅速调整状态,开启了校园学习的新征程。在他认识到自己的不足,面对骨感的现实时,他放下骄傲,去战胜失败,这是非常难能可贵的品质。他的经历告诉我,只要拥有坚定的信念、积极的态度和不懈的努力,就能够创造出属于自己的精彩人生!

——张哲珲　武汉理工大学船海与能源动力工程学院2024级博士研究生

| 你应是你自己的那座山——教学创新与青春奋进的双向赋能 |

访谈逐字稿（部分）

时间：2024 年 10 月 21 日

访谈形式：线下访谈

访谈对象简介：

李伯胜，中共党员，南京大学 2021 级天文学直博生。2016 年至 2018 年先后服役于 73133 和 73132 部队，获得了"优秀义务兵""旅嘉奖""团军休运动会男子单项金牌""优秀新闻报道员"等荣誉。复学后获第十七届全国大学生年度人物（提名奖）、2022 年度中国大学生自强之星、第十二届全国空间轨道设计优化大赛亚军等多项荣誉，发表高水平 SCI 论文两篇。他创立南京大学军事爱好者之家，策划和组织 2020 年度南京大学国防教育周，获《中国国防报》头版报道《金陵名校点燃尚武热情》。

采访人：

吴秋怡：南京大学马克思主义学院助理研究员

陆锦妃：南京大学外国语学院 2024 级硕士研究生

许申龙：南京大学马克思主义学院 2024 级硕士研究生

赵汉章：南京大学电子科学与工程学院 2024 级硕士研究生

开场：伯胜，在座的三位同学目前都是我课上的学生，目前都是研一新生,对于如何在南京大学度过充实而有意义的三年研究生生活,如何规划更长远的发展,希望你能够给一些建议。你的建议对此刻的他们来说至关重要。各位同学可以开始提问。

提问: 学长是如何寻找和确立自己的理想信念以战胜迷茫感的呢?这背后的故事可以给我们分享一下吗。

回答: 是怎么战胜这种迷茫感的,那就要特别感谢自己的部队生活。当时非常感谢人武部的王老师,给我讲了军事理论课,我于是向他咨询了参军的事情,王老师也非常热情地给我进行了解答。这样,参军的消息,让我的阴天里面有一束阳光进来了。有了这么一个契机,就去了部队。在部队以后,一方面,我更多时间思考了我到底要做一个什么样的人。部队生活,每天基本上不再会看书看公式了,虽然公式是确定的,可生活还是有很多变量。看公式的时间少了,看自己的时间更多了。另一方面,部队生活,失败非常常见,什么都是新的东西。在学校,给自己学习目标定位很高,结果一出来,摔得很惨,但在部队的话,首先就是要学会放下。当时,我们学拉引体、挖地雷、跑步,我一开始都是不及格的,因为自己个子小。自己是一个弱书生的形象,幸运的是自己体检合格。所以一进部队遭遇了非常多的失败,以及起点低。很好的是,自己放下了骄傲。去接受失败,就是我战胜失败的开始。哪里不足就练哪里,身体素质不好,一进去就疯狂地练体能。后来自己也成了体能尖子。因为,要想成功,首先要接受失败,要想伟大,首先要接受平凡。这是我战胜迷茫的两点原因。

提问: 现在很多大学生稍微遇到点挫折和困难,感觉自己技不如人,就容易躺平,或者产生佛系的心态,这是一种缺少动力的表现。学长在部队和学校不断提高自己的动力来自哪里呢?可以和我们分享一下吗?

回答: 我从部队回来之后,感觉部队和学校这两个群体有明显的差异,在精神状态上的差异尤其显著。举个例子,学校里有的人能够好几天都不出门,就等着外卖送到宿舍楼下。要么躺着,要么玩游戏,这可能就是一种典型的躺平现象。部队里面就不可能存在这种情况。关于动力问题,我笼统概括一下,觉得有两种。能够让一个人奋发向上的第一种力量来自外界。部队是有严格的纪律规定的,最典型的比方说一日生活制度,规定了什么时候起床、什么时候搞卫生和什么时候训练。每一分钟都被安排得明明白白。有的时候时间非常紧张,像新兵的话,一般是没办法在食堂慢慢享用早餐的,经常会在食堂抓起两个馒头带回宿舍,一边啃馒头一边叠被,甚至还有极端的情况一边啃馒头一边刷洗厕所的。这其实就是一种非常强大的外在的约束,在这种情况下根本没办法躺着啊,外部环境要求你必须要奋起。绝大多数人如果想要在短期内迅速改变自己的状态,那这种外部环境的压力是最快最直接的。比如有的人手机上瘾,最有效的方式是把他手机换成老年机,这样网瘾能够得到明显缓解。外部的力量虽然直接,但缺点是一旦失去外部的力量,很容易失去动力,很容易回到之前的状态中。所以更重要的是自己内心的力量。内心的力量是说你要找到自己的核心的价值观。上一个问题中我提到自己在部队是怎么战胜迷茫,但没具体说不再迷茫之后,支撑我的是什么样的价值和信念。我觉得每个人都要找到精神的灯塔,一旦找到灯塔,就会从内心涌出无比强大、无比丰富的力量。

我们学校有一个奖项叫栋梁奖学金,大家觉得什么是栋梁呢?在我看来,栋梁就是一根承重的木头。这是它最本质的一个含义。大家认为的栋梁一般来说是非常优秀的人,手里握着非常多的奖项、论文、项目,但我自己不是这么认为的。比如说按照班级排名,总共有五十个人,只有前十个人优秀,那剩下的人就不优秀吗?他们在生活中就没有价值没有意义吗?如果只有非常优秀的人才能被称为栋梁,那只会导致更多的内卷。我自己觉得栋梁就是一根承重的木头,首先自己的生活压力,肯定是由自己来扛。其次要承受来自家庭的力量,把爸妈照顾好,多给他们打打电话。在承受完自己人生的重量之后,再去帮助其他人。我想事情总是从一个小的地方,然后再向外扩大。我觉得如果把发论文拿奖项作为人生的精神灯塔,还是挺痛苦的,能够实现当然最好,但没有实现的人生就是没有价值的吗?所以对我来说,内心的第一个动力就是把自己照顾好,把家人照顾好。杜甫说过,安得广厦千万间,大庇天下寒士俱欢颜。我认为人人为栋梁,才能撑起广厦千万间。另外我在部队也受到了熏陶,在部队的经历也成了我的精神支柱。我记得当年过年站岗的时候,在偏僻的山上,天气特别冷,穿着军大衣,带着雷锋帽,拿着枪。我记得差不多是凌晨的时候,看到远处的烟花缓缓绽放,那个时候我就感受到自己跟脚下这片土地息息相关。我不是站在这个岗亭里面,而是站在中国这片土地上,这是一种很高尚的情感,一种保家卫国的信念和责任。为了国家社会人民负重前行的,这就是我们国家的栋梁。所以这是我的第二个精神灯塔。在我照顾好自己 照顾好家庭之后,我一定会朝着那个方向去继续努力,为了国家、为了社会、为了人民。这也是我的求职方向,我现在的主要精力也是放在这些项目上。这些其实和学校以发表论文为主的主流评价标准是不太符合的,但是我愿意去做这个事情,我内心感觉是很充实的,这个满足感比我单枪匹马去争取个人的荣誉要来得更强烈。

简单总结一下,一个是外在的动力,环境的要求和驱动,但最重要的还是内心的精神动力,每个人都要去寻找到自己的精神灯塔。

提问:学长的话语掷地有声,令人茅塞顿开。从校园学子到军营战士,这样的转变是因为您在大学中处在一种迷茫的状态,所以要借助其他的事情来给自己一个缓冲,转向了携笔从戎、步入军营这条路,寻找新的方向。在大学里,许多同学,包括我自己,可能会发现所学专业并非最适合自己的,继续在这个专业学习或工作,对未来的前途同样感到非常迷茫,但同时又发现另一个领域非常适合自己,因此产生了转专业或转行的想法。对于这类同学,您有何建议?

回答:对于想要转专业或转行的同学,如果计划将大量时间投入新领域,务必深思熟虑。要深入思考自己是否真的热爱这个行业,是因为厌恶当前的专业或工作而想要逃避，还是因为真正热爱新领域而想要追求？这两者有着本质的区别，因为一位"爱好者"和一位这个领域的"专家"，他们做的工作是截然不同的。以我的专业为例，天文爱好者可能仅通过望远镜拍摄星空，享受乐趣，比如最近的朋友圈里有很多人分享了紫金山彗星的照片；而天文学家则需面对复杂的数学与物理公式，常常要进行大量烦琐的理论推导。明确这一点后，你就能更清晰地判断自己是应该将兴趣转化为职业还是转化为爱好。真正的热爱，一定是愿意面对其枯燥乏味且不为人知的一面，并为之付出努力和时间的。

提问： 伯胜，你能不能跟大家分享一下，怎样才能过好研究生生活呢？我相信这对于研一的同学们来说，是他们非常感兴趣也非常实用的话题。你的经验对他们来说，一定会有很大的帮助。

回答： 我的研究生生活其实谈不上特别幸福，但可以说是过得相当充实，而且心中没有恐惧。我发现很多研究生同学的精神状态都不是很好，他们承受着巨大的压力，比如学业压力、课题压力、实验压力等。特别是那些学材料、学环境的同学，他们做实验几乎全年无休，只有过年时才能休息一两周。在这样的压力下，我觉得首要任务是确保自己能满足毕业要求，这是最基本的。只有在这个基础上，我们才能去做自己想做的事情。比如，我在开始做国防项目之前，就先发表了文章，满足了毕业要求。之所以能这么快就达到毕业要求，我要特别感谢我的导师。他给我的第一个课题是他自己一个半成熟的想法。我的导师比较低调，网上关于他的报道并不多。我是本校直博的，大四时就选择了这位导师。我选择他的原因是我们天文系主要是做天体物理的，而我的导师则专注于天体力学中的一个小分支——航天器的轨道运行。我们学院只有两位老师做这个方向，而另一位老师没有博士招生指标，所以我和导师可以说是高度契合。我更倾向于做一些与实际应用相关，特别是能与国防科工项目结合的研究。

从部队回来后，我先调整了自己的状态。当时我正在读大二，几乎没出过校门，每天就在教室、图书馆或公寓楼里的小自习室。经过一年的努力，我的成绩突飞猛进。其实那段日子也挺坎坷的，刚从部队回来时，上课什么都听不懂，毕竟两年没看过书了。我只能硬着头皮学，半个学期后的期中考试，成绩仍然不是很理想。但那时的我已经锻炼出了很强的心理承受能力，还是认为自己有进步的。后来继续努力，到期末时就取得了很不错的成绩，其他核心课程也达到了九十分以上。到了大三，进步更大，很多课程都提高到了九十五分以上。选导师时，我的目标非常明确，就是想做一些实际应用的东西。在部队时，信号传输主要靠北斗卫星，手机是不能用的。所以卫星是我们国家大力发展的一个方向，我也就选择了现在的导师。虽然这个方向并不是我特别感兴趣的，因为每天的工作很枯燥，要推导的公式一页纸都写不完，得写好几页。主要工作就是和电脑打交道，我随时都带着电脑（指了指电脑）。一有时间就用电脑写代码、跑程序。所以说现在做的事情我并不感兴趣，但我觉得非常有意义。

提问：学长的分享极为深刻，让我深受触动。但是基于您刚才提到的这些观点，那么假如说参军需要付出更长的时间，比如五年乃至十年的青春都要投入到军营里，在这之后才能继续回来读本科，若是这种情况的话，您是否还会义无反顾地做出同样的选择？

回答：如果去五年甚至是十年的话，我觉得十八岁的我可能下不了那样的决心。因为那时的我自己也很迷茫，去部队的导火索是"我要换个环境"的想法。在其他国家可能军人的形象未必好，但在我们国家，军人被亲切地称作"人民子弟兵"。所以从内心出发，我觉得进入部队，是一件非常光荣的事情，所以最终选择了参军入伍这个方向。其实我当时面临的问题和你们不一样，因为我在那时并没有找到自己的人生方向，所以下不了长期服役的决心。但这件事情要是放在现在，我已经毕业了，如果有去部队工作的机会，甚至终身服役，这样的决定我是可以做的，因为我现在已经明白了我应该做什么。

提问：伯胜，其实我很好奇，你当时是怎么想到去评选年度人物的呢？感觉你的性格可能并不会太主动地去争取这些荣誉。

回答：当时去评选南京大学年度人物主要是为了宣传我们社团吧。大三的时候创建了一个社团——军事爱好者之家，但后来这个社团有点后继无人了，所以我想通过评选年度人物来为社团宣传一下。其实，我自己觉得最宝贵的荣誉是当年得到的"优秀士兵"勋章，而像"优秀学生干部"这样的荣誉，对我来说更像是一个工作证明，我并不会特别在意。所以当时评选年度人物，最主要的还是为了给社团打广告。因为我觉得"军家"需要一些校领导的支持。当初去团委申请成立社团时，团委说名额已经满了，不能成立新社团。所以"军家"最终挂靠在了人武部的名下。由于人武部的规模比较小，为了进一步发展我们的社团，我觉得需要在校领导面前展示我们的工作成果。南京大学年度人物这个平台就非常合适，每年老师和同学都非常重视这个评比，会有很多的关注，可以给全校师生介绍我们的组织，也让校领导更加重视我们。所以当时我就是抱着这个心态去评选的。我之前也没参加过"年度人物"答辩，第一次去就是穿着军装作为答辩人去的，心里还是很忐忑的。而且我觉得自己可讲的履历可能也不如其他竞争者丰富，我主要讲了两件事：一是自己成绩的提升，二是带着"军家"做了很多活动。但没想到反响特别好。

提问：谢谢伯胜的分享。我当时就在现场，老师和同学们的掌声特别热烈！听完你的分享，我觉得收获了很多。我个人的收获就是要有公心，比如你邀请战友进学校，希望让更多的人了解军队。还有就是要有韧性，这个事情肯定很难办，要层层审批。你能审批下来，并且把国防教育周办成，这需要有极强的沟通能力和统筹协调的能力。你的这些经验对现阶段的我们来说都非常宝贵。

申珊齐

心向对的远方，答案自有回响

在当今社会,追求个人梦想与实现自我价值的道路充满了挑战与机遇。申珊齐的历程,正是这段勇气与坚持交织的探索篇章。作为2020年南京大学年度人物、栋梁奖学金特等奖获得者,她将个人的奋斗目标融入美丽中国的建设之中,面对科研路上的曲折与质疑,始终保持着对专业的热爱与对社会的贡献之心。在学术与学生工作中,她不断突破自我,发挥个人特长让理论宣讲"声"入人心,积极参与国际交流项目,展现了卓越的领导力与社会责任感。

她的经历不仅为学弟学妹们提供了宝贵的人生启示,也激励着每一位青年学子在追求梦想的道路上,勇敢前行、无畏挑战。尼采曾说:"人们应该遵循自己的想法,而不是别人的期望。"让我们一起走进南京大学环境学院申珊齐的成长历程,感受那份坚定的信念与不懈的追求,汲取前行的力量。

一、声动人心,知行合一

作为一名理工科类的学生,申珊齐常年在实验室中与仪器设备、实验数据打交道,其实对演讲、宣讲并不熟悉。彼时,环境学院基于对她综合素养的认可,推荐其参加"南大演说家"演讲比赛。这一消息传来,申珊齐内心不禁泛起波澜:"起初,我颇为忐忑,毕竟自身专业背景与演说、思辨关联甚少,实在缺乏此类实践经验。"然而,她骨子里那股坚毅果敢之气促使她迅速抉择,决心迎接挑战:"既然学院给予我这份信任,那我便要竭尽全力做好准备工作。"

申珊齐用心准备了一场深度融合自身专业知识与导师前沿研究理念的主题演讲。为此,她耗费大量精力查阅资料,致力于将晦涩难懂的专业术语转化为通俗易懂的表述,同时反复演练演讲过程,精细打磨语速、语调,以及肢体语言、面部表情的配合,力求达到最佳的呈现效果。功夫不负有心人,她不仅顺利通过了初赛、复赛,最终更在决赛中获得了大家的认可,并在接下来第二年的比赛中作为学生代表成为评委与朋辈导师。

回首这段参加演讲比赛的经历,申珊齐感慨万千:"这番经历彻底打破了我原有的认知局限,以前我总觉得演讲、思辨是特定专业人才的专长,现在才明白,不管身处哪个专业领域,只要立足本职工作,在反思的同时优化表达,引发更多人对学科专业和人生未来的思考,这就是宣讲的意义所在。"因而,在担任学生导师指导比赛期间,申珊齐与同学们相互学习、共同进步。她毫无保留地分享自己的经验,同时又从年轻学子的热情与创意中汲取灵感,促使她深入思考:什么样的演讲话题才是优质的?怎样的话题既能引发社会广泛关注,又能给自己的发展带来正向回馈?在一次次思维碰撞中,她不断拓宽视野,持续成长,向着更广阔的未来稳步迈进。

正是这次大胆尝试,为申珊齐的大学生活添上了"宣讲"这一浓墨重彩的一笔。她加入博士生讲师团,努力将深奥理论背后蕴含的道理、学理、哲理,转化为贴近生活的"身边理",实现"理论输出"与"经验输入"的双向提升。她和团队成员走进江浙乡村,亲眼见证乡村蓬勃发展的活力与巨大潜力。其间,她积极为乡村振兴建言献策,通过深入调研与访谈,深刻领会乡村振兴战略的深远意义,还热情鼓励更多青年投身乡村建设,期望用知识为乡村带来新机遇。"这次乡村之行,对我而言是一场深刻的思想洗礼,让我对中国式现代化有了全方位、深层次的理解,对我的影响远超想象。"申珊齐感慨道,"它打破了我对基层的刻板印象,真切感受到基层发展的磅礴力量。就像习近平总书记说的,当代中国青年生逢其时,施展才干的舞台无比广阔,我们得扎根祖国大地书写青春。"深入基层的经历带给她极大的鼓励,她希望把这样的思想盛宴带给更多的人。因此,她秉承"思想引领、服务基层"的工作理念,围绕环境保护、党史学习教育等 10 余个主题开展一系列理论宣讲实践,先后组织、主讲近 100 场"大思政课",线上线下服务校内外 4 000 余人次,相关活动被广泛报道,转载阅读量超过 10 000 次。

在宣讲与实践的过程中,申珊齐关注到了那些来自山区的孩子。应该如何让身处偏远地区的孩子看到外面更广阔的世界,让他们在潜力无限的学生时期立鸿鹄之志?申珊齐萌生了为孩子们开设科普云讲堂的想法。2020 年 2 月,正逢疫情,湖北省的孩子们承受着巨大的心理压力,于是申珊齐决定在这个令人不安的时期响应国家号召,结合自身专业为他们开设科普云课堂。在确定了这个想法之后,申珊齐向她所在的环境学院博士生党支部发出征集,不久,一支知识储备丰富、心怀奉献精神的博士生支教团队组建完成。申珊齐与团队成员共同为孩子们讲解了"绿水青山就是金山银山"的绿色发展理念,以生动的语言和通俗易懂的方式普及环境知识、解读生态发展,并向他们普及了生态发展等科学知识。申珊齐回忆道:"他们对我们讲解的内容表现出极大的热情,看到我们很兴奋,这在很大程度上激发了他们的学习兴趣。"该系列课程累计获点赞互动 5 万余次,并被新华网、《中国环境报》等十余家媒体报道,形成良好的社会反响。面对接踵而来的赞誉,申珊齐却谦虚地说:"与其说我为他们做了科普,倒不如说他们给了我许多启发和治愈。"

申珊齐和她的伙伴们利用专业知识在云端接力,让科普之光闪耀在大山深处。她进一步发挥自身优势,先后受邀参加了中国科协"一带一路国际科学营""光明网全国高校招生光明大直播"等以环境保护宣传和思想引领为主题的线上直播活动,服务国内 10 余个省市地区,直播点击量最高达 107 万人次。直播视频同时也面向"一带一路"沿线国家展示,向世界传递中国青年的环保声音。

二、跨界逐梦,学思力行

申珊齐始终认为,若能投身于对社会意义非凡之事,生命便会被赋予更深层次的价值与厚重感。"坚定理想信念,首要便是笃定回报国家与社会之心。"因此,在专业选择上,她也坚守初心。申珊齐本科攻读的是给排水工程专业,偏工程技术方向。然而,她在内心深处一直钟情于环境科学,希望以环境科学的理论基础与工程类的实践结合,得出一些有价值的研究成果。那时,"生化环材是天坑"的论调甚嚣尘上,可这丝毫没能阻挡申珊齐奔赴热爱的脚步。她深知,环境科学于国家生态文明建设起着中流砥柱般的作用,因此在研究生阶段,她毅然投身环境科学领域,开启一场逐梦之旅。

但科研之路从不是一帆风顺的。一方面,由于是跨专业学生,她在实验技能上几乎是零基础,开始时连移液枪的使用都不熟悉。这使得她在生物相关实验中感受到了巨大的压力。另一方面,她选的研究方向在环境科学里比较冷门,"前期也很痛苦,很苦恼,很迷茫,对专业没有清晰的认识,也没有什么规划"。尽管转专业带来了诸多挑战,但她从未后悔。她的规划简单而坚定:"既然选择了这个专业,就要热爱它,并在力所能及的范围内做到最好。"

求学期间,让她印象最深的是博士生中期考核。南京大学环境学院的博士生中期考核,是一场全院师生共同参与的学术盛会,开放的氛围虽为学子们搭建了展示自我的舞台,却也给同学们带来了前所未有的精神重压。"花了这么多时间做学生工作、社会工作,还有心思专注科研吗?"在外界对她的质疑声下,她自己也开始怀疑研究是否能够有正向的产出,陷入了焦虑的状态。

当她的科研之路布满阴霾时,导师李爱民教授给予了她关键的支持。李爱民教授一直认为,学生应该多元发展,拥有个人成长空间,要靠自身的主观能动性去推进科研工作。得到导师的支持,申珊齐不再慌乱,停下脚步,在实验室里认真回顾自己过往的科研过程,深刻反思科研方向与目标。她坐在堆满资料的办公桌前,对着实验数据和文献资料仔细研究,意识到科研不能只看论文发表数量,其真正价值在于为社会做贡献,给更多人带来益处。因此,自己并不需要怀疑与否定自己曾走过的道路。"对于科研，我现在很确定，最终的意义一定是对更多'人'有意义，能切实改善大家的生活环境。"此时，她的眼神变得坚定，找到了努力的方向。身处质疑之中，申珊齐没有被打倒。每次实验失败、遭遇外界质疑，她都会努力让自己冷静，从失败数据里找原因，从他人意见里找改进方法，慢慢重拾信心，愈发坚信自己的能力，人也变得更加坚强、自信。

在中期考核现场，她镇定自若地站在讲台上，将自己这段时间以来独特的科研思路娓娓道来。她在这次考核中展现的创新思维以及平日里不懈努力的劲头，实实在在地打动了在场的每一位教授和老师，最终获得了博士生中期考核优秀的好成绩。她回忆道："真没想到能得到学院这么多教授和老师的认可，感觉他们这下才真正认识我。"申珊齐顺利完成南京大学的博士生中期考核后，整个人都展现出一种不一样的精气神。这次考核对申珊齐而言，远不只是一场单纯的学术检验，更成了她成长路上的关键转折点。经此一役，她对自己的科研能力有了十足的底气，之前因外界质疑而产生的些许动摇，彻底烟消云散。

恰是由于科研征程布满荆棘与坎坷，其间又不时点缀着拨云见日、豁然开朗的欣喜瞬间，才使其独具一种动人心弦、引人入胜的魅力。随着学习的深入和各种项目的开展，申珊齐能够获得实地考察江浙一带工业发展和环境保护现状的机会。她穿梭于城市污水厂、工业废水厂、河流湖泊、城市乡村之间，目睹书本上枯燥的知识如何在现实世界中落地生根，如何与当地的生态系统紧密相连、相互作用。通过这些亲身体验，她对自己所钻研的科研领域有了更为深刻、全面的认知，进而能够依据实地调研所获取的第一手资料，灵活精准地对科研方向进行优化调整。如此一来，科研不再是高悬于空中、不接地气的抽象概念，而是能够转化为实实在在能够造福社会、改善民生的有力工具，拥有了真正意义上的社会价值。这一点对于始终以实现个人价值为科研导向的申珊齐来说，无疑具有重大的生涯指导意义，进一步夯实了她在科研道路上奋勇前行的决心。在她的价值理念里,科研成果绝非仅仅满足于学术期刊上的论文发表,更应当落地生根,融入祖国大地的每一寸山河之中,切实为广袤大地带来生机与改变。"我对美丽中国建设满怀热忱,衷心希望自己的科研成果能够镌刻在祖国的山川湖海之间,化作守护生态环境的坚实力量。"

从长江流域的水资源综合治理,到太湖的水质精准分析,申珊齐的身影频繁穿梭于各地,亲力亲为进行实地采样,随后带着样本回到实验室,对着数据深入思考、反复钻研。2020年,作为项目主要负责人,她和南京大学环境学院的十余位硕博士组成团队,开展专业实践项目"思创融合·乡村水污染PPCPs治理",为解决"三农"问题贡献力量。她期望通过自己的不懈努力,为解决水污染等一系列紧迫的环境难题贡献智慧与方案,助力祖国的天空更加湛蓝、湖水更加清澈,为美丽中国建设添砖加瓦,为国家环境保护事业提供科学依据与有力支撑。

三、广泛尝试,拓宽边界

身处快速发展的时代浪潮中,国家、社会和学校都在为年轻人提供源源不断的机会。"注重体验,享受过程",这是申珊齐对学弟学妹们的温馨寄语。申珊齐鼓励学弟学妹们,当机会来临时,勇敢地去争取,摒弃焦虑与恐惧,以积极主动的姿态迎接未知,才能不断拓展自己的视野与能力的边界,即使不能成功,争取的过程本身也充满了体验与成长。

申珊齐坦言,在初入大学时对未来还有些迷茫是完全正常的,因为我们还没有真正地认识自己、认识世界。而人是在不断地与外界发生关系的过程中了解自己的。她坚信,不是"我就是什么样的人",而是"我正在成为什么样的人",其中既有对自己原有潜力的发掘,也有对新技能的发展。正因如此,在职业道路不明晰的情况下,遇到机会时要把握住,勇于尝试，即使是自己不太擅长的领域也可以从最简单的工作做起，在学习过程中探索自己的兴趣，发展能力。申珊齐认为，南京大学正好为我们提供了充分的认识自己的资源，只有在能力范围内多尝试，体验生活的更多面向，打破固有的认知，建立批判性思维，才能发现自己喜欢什么、擅长什么，便于我们进行多方面、全方位发展。所以，她鼓励大家在遇到感兴趣的领域的时候可以勇于尝试，从零做起，探索兴趣的疆域和能力的上限，而不是给自己设限，哪怕是和自己专业无关或者和自己性格不完全匹配的事情也可以去尝试一下。

比如说，她一度认为自己不太热衷于社交场合，然而，在参与"南大演说家"演讲比赛的历程中，她意外地发掘了自己逻辑严谨、思维周密且毫不怯场的独特优势。更令她惊喜的是，她逐渐意识到，经过自己深入打磨的内容竟能激励学弟学妹们踊跃投身于演讲这一活动之中，这本身便是一件充满意义的事情。申珊齐始终秉持着这样的信念："比赛名次固然重要，但哪怕只是只言片语，若能给予参赛同学人生观、价值观上的些许启迪，那便意义非凡。"因此，在随后的几年里，她持续以演讲比赛指导者、评委的身份参与其中，引领众多同学踏上演讲的舞台，并在此过程中汲取了来自不同专业的丰富知识，全方位地磨砺了自己的各项技能，还与众多朋友结下了深厚的情谊。此外，申珊齐还深感博士生讲师团的经历让她结识了一大批来自各个专业的优秀人才，在大家的宣讲与交流中，她感觉自己收获满满："通过宣讲、交流、实践，我对中国式现代化有了更为全面、立体的认识。"

尽管学习生活非常忙碌，申珊齐依然努力参加了"创新领导力提升项目"，争取到了去新加坡南洋理工交换的机会。此项目面向全校同学进行选拔，竞争异常激烈。凭借扎实的专业背景、卓越的应变能力以及独特的个人魅力，申珊齐最终脱颖而出，赢得了这一宝贵的机会。在新加坡的短短半个月时间里，申珊齐与同伴们共同参与了创新领导力提升活动，体验了多元文化的魅力。她和团队成员一起深入了解新加坡的城市规划、环保理念以及先进的教育模式。在领导力培训的过程中,申珊齐展现了卓越的组织与表达能力,在小组讨论中常常因其精准的洞察力与清晰的逻辑思维而获得导师和同学们的高度评价,这提升了她的信心。她回忆道,自己在交换学习的过程中拥有了全球化视野,学习了学科领域前沿知识,对自己的科研有所助益,同时也通过独自在国外生活的经历,认识了全新的自己,看到了更大的世界。正是一次次的舞台锻炼、海外交流,让申珊齐有机会站到"联合国青年领袖菁英国际科考"的讲台上,面对联合国官员的现场提问,自信而又从容不迫地向现场的嘉宾们讲述了中国在"精准扶贫"上取得的突出成绩,在国际舞台发出中国声音,展现新时代青年人的精神风貌。

申珊齐鼓励大家:"如果学校有机会,一定要去努力争取,虽然最终可能并不一定会被选中,但争取的过程本身就是一种收获。对于很多事情,比如志愿服务,一开始可能看不出有什么直接用处,但只要认识到这是一件对社会有益的事,就值得去做。在时间允许的情况下,不妨去尝试一下,也许不经意间,无论是对个人的成长,还是对他人,都会产生积极的影响。"

作为一位女性科研工作者,申珊齐以自己的经验与思考,为有志于走科研学术之路的学妹们加油鼓劲,为那些怀揣科研梦想的学妹送去了温暖的鼓励与坚定的支持。她深情地指出,往昔之时,社会对女性科学家的认知确实颇为有限,许多女性在面临职业选择的关键时刻,往往会受到外界环境的种种制约以及自我设定的无形界限的约束。然而,在当今这个日新月异的社会里,越来越多的杰出女性开始在学术舞台上熠熠生辉,她们不仅在事业上攀登上了卓越的高峰,更在生活中收获了满满的幸福与满足,彻底打破了以往人们对女性科学家的刻板印象和固有偏见。她希望更多女性都能够看到自己身上的希望与潜力,不受传统观念的束缚,自信地追求自己的梦想,在科研、职场等各个领域都能大放异彩。

四、结合现实,思考规划

广泛尝试、拓宽边界,并不等于没有规划。只有在真正了解自己、认识世界的基础上,"规划"才是有意义的。面对学业规划,申珊齐着重强调"学业生涯规划要趁早"。她提到,研究生生涯和未来规划的提前布局至关重要,这并非要求制定一份详尽无遗的计划,而是要尽早培养规划意识,积极主动地去探索、了解不同领域与方向。她鼓励学弟学妹通过不断学习与实践,加深对所学专业的理解,从而做出更有价值、更契合自身发展的选择,而不是随波逐流,被外界因素推着走。

在进行职业规划的时候,申珊齐首先考虑到了专业发展的现状。她结合多年的学习经历和对行业发展的把握,形成了对行业前景的个人判断。她认为,这个行业需要长期、持续地投入,产出成果的周期至少要7—8年。除了考虑专业的发展前景,在职业规划的时候,申珊齐也开始了对个人婚姻生活的考量,爱情逐渐成为申珊齐职业规划的"大背景"。2020年,在南京大学栋梁特等奖学金的颁奖仪式上,申珊齐遇见了同为获奖者的那个"他"——医学院何中博士。何中博士师从我国著名脊柱外科专家朱泽章、邱勇教授,曾至西澳大利亚大学、香港中文大学交流学习。此后的日子里,他们彼此欣赏、相互鼓励,在各自领域深耕的同时,也携手走过每一个挑战与机遇并存的时刻,成为彼此成长路上最坚实的依靠,共同书写属于他们的璀璨人生篇章。

在访谈的时候,申珊齐回忆了当时的初次相遇和第一次单独见面。栋梁集体朗诵排练时,尽管面临毕业论文、求职面试等压力,何中博士依旧专门从鼓楼校区赶到仙林校区积极参加。栋梁特等奖颁奖典礼结束后,何中热情邀请申珊齐一起在元旦时期爬紫金山,特地制作了非常精美的邀请函,在爬山期间能够时刻关注她的想法,在山顶上一起快乐地吃海底捞的自嗨锅,一整天的活动充满了仪式感。经过了几年的甜蜜恋爱,申珊齐和何中幸福地走入婚姻的殿堂,共同书写属于他们的未来。在婚姻生活中,她找到了新的幸福感的来源。工作之余,两个人会一起尝试制作手工奶茶,一起品尝川菜……婚后幸福的生活一方面分走了申珊齐做其他事情的时间,另一方面也让她不由地开始思考平衡工作和生活的方式。申珊齐和丈夫一致认为:"婚姻和家庭中不应有迁就,而应考虑如何使家庭更加幸福。"她相信自己能够在考虑两个家庭的感受的前提下慎重地选择自己的工作。

申珊齐也提到了家庭的压力和他人的期待。在提到个人家庭背景对职业规划的影响时,申珊齐就举了自己的例子。婚后,申珊齐的爸爸和公公一直期待她能成为一名称职的公务员,"他们一生的追求似乎都寄托在了我身上";而妈妈和婆婆则特别希望她能够当一名老师,"因为这样每年有两个假期,而且主要与学生打交道,这被认为是一件非常美好的事情"。因此,双方父母在申珊齐的求学生涯内反复向她提出相关的建议。她会认真听从长辈的意见,但同时也不放弃自己作为女性的自我。申珊齐向学弟学妹们提出建议,虽然应该考虑父母长辈的职业生涯发展建议,但是不能盲从,自己也需要结合实际、了解情况,根据个人的意愿和能力做出选择。她坦言自己在科研、学生工作与个人生活之间也曾面临抉择与权衡,但她通过认真思考职业道路的发展,并结合自己的兴趣,最终找到了适合自己的平衡点。

关于是否要选择读博,申珊齐也认为:"继续深造和职业选择是不同的议题。"选择攻读博士学位对她而言是一个绝不会后悔的决定。在她看来,博士学习阶段是一个充满机遇与挑战的历程。在这个过程中,她会面临层出不穷的难题。这些挑战不仅促使她进行深入的科研思考,还在必要时引导她对人生进行深刻的反思。同时,这一阶段为她提供了更多的机会去参与各种活动,让她有充裕的时间去全面而深入地理解这个广阔的学术平台。申珊齐深知,只有投入足够的时间,才能真正领悟并掌握这个平台的精髓。此外,申珊齐还阐述了博士学位与硕士学位之间的差异。她指出,攻读博士学位后,人的思维方式会发生根本性的变化:在攻读硕士学位期间,导师和学长学姐们会提供大量的指导,然而,到了博士阶段,则需要具备独立审视整个课题的能力。同时,博士生在应对压力方面也应当展现极强的韧性。申珊齐认为,攻读博士学位不仅对学术研究大有裨益,而且对个人性格的塑造也极为重要。这一过程能够显著增强个人的抗压能力,使个体变得更加坚韧不拔。因此,申珊齐坚持认为,攻读博士学位是一项意义深远的事业,但在这个过程中,高度的专注和清晰的职业规划也是不可或缺的。申珊齐还鼓励有志于读博的学弟学妹们尽可能将所学知识转化为实际成果,专注于自我成长,不必过分关注他人对自己的评价,坚定地走好自己的学术之路。她认为:"攻读博士学位是一项意义深远、具有极高价值的事业",读博对个人思维与品质的塑造都具有重要意义。读博之后,独立思考的能力将得到极大提升,面对问题时能够独立审视与分析,这种能力在学术研究和未来职场中都极为宝贵。同时,读博过程中的压力与挑战,也会锤炼个人的抗压能力,使人变得坚韧不屈。

申珊齐认为,理想信念不仅是对国家和社会的承诺,也是个人成长的动力源泉。在追求梦想的道路上,每个人都是自己命运的舵手。面对学习生涯的挑战与质疑,她以坚定的信念为锚,提醒自己专注于做有价值的事,这也为她源源不断地提供了能量,激励自己去拥抱无限的可能。申珊齐以自身经历为例告诫大家,她也曾感到不够自信,但不要因一时的困难与挫折而退缩,她相信每个人都拥有无限的可能性,关键在于是否敢于追求:"我们要敢于去做一些看似冒险的事,要相信自己有无限种可能性,机会还是有很多的。"她相信从一开始就坚定坦荡地去做一件事,结果往往会变得更好。申珊齐不断自我审视、自我管理,力求全方位成长。对于自我提升,她再次强调了规划的重要性:"缺乏规划往往源于自我设限,而真正的勇气是相信自己能够胜任。"即使面对未知,只要敢于冒险,机会总会存在,未知是人生魅力的源泉,是创新与突破的摇篮。

申珊齐的故事,是梦想与坚持最好的诠释,是勇气与自信最好的证明。申珊齐以实际行动践行了一个科研人坚定的理想与信念,一个社会公民不凡的责任感与担当。她鼓励我们,坚定理想信念,以专业所长回馈社会,坚持做有价值的、"对的"事情,彰显青年学子的社会担当;她鼓励我们无论面对何种挑战与困境,都应坚守内心理想信念,不轻言放弃,敢于追求、敢于冒险,方能在生命的舞台上,绽放出最绚烂的光彩。她的正能量,激励着我们的心灵,给予了我们无穷的动力与勇气。在申珊齐的引领作用下,相信更多的人都能怀揣梦想、笃定前行,在学业、事业与人生道路上书写属于自己的华丽篇章。

访谈感想

很幸运,能够有机会与环境学院的申珊齐大师姐面对面地交流,她超真诚、超正义!此话怎讲?当问及是否有对研究生生涯提前规划时,她说其实并没有,而是在做一件件自己觉得有意义、有价值的事情中找到了前进的方向。当谈及担任党支部书记时,她说一开始开展工作并不是那么容易,于是她花了时间来拉近与支部同志们的距离,与他们沟通交流,了解他们所思所想。当科研成为大家面临的难题时,她会主动邀请优秀的师兄师姐分享经验,为大家答疑解惑。当说起目前的成就,她总说是"契机",但恰恰是主动的人,才能把握机会。她也说自己有些理想主义,并且会一直坚持它。最初,也会有人质疑,认为她所做的并不符合普遍认为的科研人员的成果,却在博士生中期考核后改变了他们的想法,并且最终认可了她。这其实就像申师姐说的,她自己愿意做的事情,既希望对他人有帮助,也希望对社会和国家有所贡献。很多时候这些事情并不会有即时的回报,可是在过程中,她切身体会到了给予的快乐,某种程度上"以他人之乐而乐"。

对于爱情,她说希望大家相信爱情,面对当前一些青年对爱情"失望"的心态,她认为某些时候,可能只是因为还没有遇见对的那个人;对于读博,如果是抱着去体验的心态或者是受课题的长时间线影响,大可以去读一读,一定不会失望的。其实,我最大的感触,是申珊齐大师姐不受限于当时当刻,主动把握时机的勇气。

——姚圣涛　南京大学环境学院2024级硕士生

今日，我有幸与环境学院的申珊齐学姐进行了一场面对面的心灵交流。这次访谈让我深受触动，从申学姐身上，我领略到了一种温柔坚定、充满大爱与理想的女性力量。在访谈前的资料搜集中，我看到的申学姐，是一个多元化发展的肩负众多责任的人。她不仅是一位满怀社会责任感的志愿者，还是一位充满爱国情怀的党支部书记，是团队中具有号召力和领导力的核心人物，同时也是一位在科研领域不断追求卓越的优秀博士研究生。

然而，这次访谈让我更加深刻地感受到了申学姐在生活中展现的那份温柔而坚定的女性力量。她温暖而细腻，无论是在家庭还是社交中，总是以热情和仪式感为生活注入活力，感染并影响着周围的人。她坚韧而独立，不随波逐流，面对外界的质疑，她始终坚守内心的理想和信念，肯定自我价值，坚定不移地朝着目标前进。她脚踏实地，同时志存高远，探索个人成长与职业发展的同时，也关心社会进步和民生福祉，将个人理想追求融入国家和民族的事业之中。她善良无私，充满大爱和同理心，主动承担社会责任，关注他人困境，并无私地伸出援手。

尽管优秀的女性在校园和社会中也常常面临恶意的揣测和无端的质疑，申学姐却能在一次次的困境中蜕变，成为更好的自己，这正是我一直渴望学习的。她用热爱和奋斗书写着属于自己的精彩篇章，将理想和信念奉献给国家的前途和命运，她以温柔而坚定的步伐走在时代前列，她是新时代女性中的杰出代表。申学姐的品行和精神深深激励着我，让我再次审视了自我的不足，也对自我的困境有了新的见解和认识。这是一次意义非凡的心灵之旅，让我意识到多与优秀的人交流，更能启发自我思考。这为我提供了多维的视野和角度，对我未来个人发展产生了积极的影响。

——余菊洪　南京大学生命科学学院2024级硕士生

前来访谈之前，我只在网络上了解过申珊齐学姐的事迹，看下来，琳琳满目的荣誉奖项和志愿服务经历。她在国际舞台上演讲时的飒爽英姿，更让我深信学姐一定是一个坚毅果敢的斗士，在面对复杂局势和艰难挑战时，是一个总能披荆斩棘，开辟出清晰且高效前行道路的人。但见面时，学姐又给了我一种不一样的感觉：这是一种随和、平易近人的感受。学姐谈及过往的经历亦是娓娓道来，话语轻且柔，但是语言确是有力量的、可激起思想火花迸发的。

尤其令我印象深刻的是学姐对"自信"的解读。在科研的过程中，学姐是受到过周边人的质疑：质疑精力是否完全投注于科研之中、质疑是否能如期做出一定的成果、所做课题是否又是有价值的，铺天盖地的质疑困扰着学姐。当时我就想，换作是我一定会深深陷入自我否定和内耗之中。但学姐当时挺过来了，在老师和伙伴的认可中，找到了自己的价值，也开始逐步坚信自己是可以做出有价值的东西的，并且也确确实实地做出了很多有价值的东西。也正因为此，学姐认为自信于个人成长而言必不可少。我也从中受到了鼓舞，更有跃跃欲试之感，希望可以接手一个大课题，为社会做出些许的贡献。但更为重要的是我在学姐的话语中认知到自信的必要性。

另一个令我难以忘记的是学姐对于"机会"的重视。在学姐的自述中，她的很大一部分成果同学姐关注机会、抓住机会密不可分。无论是在互联网、挑战杯等重大赛事中的多次获奖，还是在国际舞台上代表中国青年发声，都于学姐勇于抓住机会有关。我也在学姐的话语中明白了，人生无时无刻不在面临各种各样的机会，机会如风一般，有的人抓住了，有的人错过了。只有关注契机、抓住契机，才能做出更多正确的、有价值的事情。因此，多尝试、多接触、多交流，会有很多启发。

与学姐访谈完，是一种很轻松舒服的感觉，如沐春风。不仅仅是思想上的启迪，更有一种正能量的鼓舞。我反思自己的思想态度、自省自己的行为方式，思考怎样才能将这种积极向上的精神融入自身。我意识到，自信和把握机会并不是一蹴而就的，而是需要不断积累和实践的过程。我要从现在开始，从小事做起，强大自己的内心，同时更加敏锐地观察周围，不放过任何一个可能改变自己命运的机会。学姐的经历和话语，就像一盏明灯，照亮了我前行的道路，让我对未来充满了希望和期待。

——丁子骏　南京大学现代生物研究院2024级硕士生

在正式访谈前，我主要负责进行背景资料的收集和访谈提纲的撰写。在搜集背景资料时，看见学姐曾做过这么多工作，一系列常见的属于优秀人士的标签很自然地在我脑海中浮现出来。例如那种永不服输的冲劲或是发自内心的自信的侃侃而谈的模样。直到看到访谈记录——虽然没能有机会在现场见到学姐——光是透过访谈的逐字稿和录音都能感觉到扑面而来的亲切感。在我们眼中看起来很优秀的学姐，在交谈中没有那种高不可攀或是天之骄子般的傲气，而更多是一种和光同尘的温和。在学姐面前，我能感觉到她更像是一个朋友，没有那些高大上的说教内容，也没有任何华丽动人的辞藻，而是用朴实的语言讲述生命最真的感悟。

学姐在讲自己时就像在讲一个普通人的普通故事，那些在常人眼中的值得吹嘘的荣誉，在学姐的口中展示出来更像生活的点点滴滴。学姐谈到自己在科研中也有不自信的时候，以及在工作和生活中遇到过的种种的困难，即使没有像学姐那样丰富的经历的我，也能从中找到强烈的共鸣。虽然也有过沮丧，也有过失落，透过这些叙述中穿插的黯淡色彩之外，我们也依然可以感受到学姐传递给我们的克服困难的勇气和对生命的热爱。学姐描述自己经历困难后的收获时，说："啊，原来我也可以做到。"她就像一个对世界充满好奇的小孩，发现原来自己可以得到这样的奖励。我能感觉到，原来我们和学姐一样，都是生命的探索者。我们对自己充满好奇，好奇自己能做到什么地步。我们对生活充满好奇，好奇从未尝试过的事物。尽管在探索中充满不安和种种不确定性，但是始终要保持前行的信心。学姐将这样的信心和力量传递给我,我也希望能将它传递给更多的人。

——郑雅文　南京大学环境学院2024级硕士生

　　参与本次的访谈对我而言,是一场深刻的思想探索和责任践行之旅。作为新时代的学子,我们肩负着理解和传播中国特色社会主义理论的历史使命。这一理论体系如同一颗明亮的星辰,指引着我们前行的道路,而通过参与访谈这一形式,我得以将理论与实践结合,真正感受这一理论的力量,并从中汲取智慧和力量。

　　首先,参与访谈让我深刻认识到新时代中国特色社会主义理论不仅是政治纲领,更是实践的指南。访谈过程中,学姐分享了她在科研、学生工作以及志愿服务中的经历与感悟,令我受益匪浅。在她的科研历程中,我看到了她对国家环保事业的责任感和担当精神。尽管科研道路并非一帆风顺,但她始终坚守初心,勇于创新。正如老师在课上提到的创新发展理念,她用实际行动诠释了理论中的"发展是第一要务"这一论断的深刻内涵。这种坚持不懈的探索精神,激励我在未来的学术道路上勇于攀登高峰,敢于面对挑战,力求为国家的发展贡献自己的力量。

　　此外,学姐在学生工作中的表现也给了我深刻启发。她通过组织活动、解决矛盾、服务同学,将个人的力量融入集体,为校园的和谐与进步贡献着自己的智慧与热情。这正是"以人民为中心"的核心理念在基层的体现。学姐用行动诠释了如何将服务人民、关心同学与集体主义精神相结合,唤起了我自身责任感的觉醒。在未来的工作和生活中,我将更加注重团队合作,勇于担负起领导与服务的责任,与身边的每一个同学共同进步。

　　更为重要的是,学姐在志愿服务中的经历,展示了新时代中国特色社会主义理论倡导的共享发展理念。无论是在乡村振兴中倾尽智慧,还是为偏远地区的孩子点亮知识的希望,学姐无私奉献,传递着爱与责任。

这让我深刻认识到,作为当代青年,我们不仅要追求个人的成长与发展,更应肩负起社会责任,为国家的公平正义和人民的幸福贡献力量。通过此次访谈,我更加明白了志愿精神和公共服务的价值,也让我重新审视了自己未来在社会中的角色。

总的来说,参与此次访谈不仅让我更加深入地理解了新时代中国特色社会主义理论,还让我体会到了如何将这一理论付诸实践。从学姐的分享中,我不仅收获了宝贵的实践经验,更感受到了内心深处的责任感和使命感。通过这次经历,我深刻领悟到,新时代中国特色社会主义理论不仅是我们行动的指南,更是我们精神的源泉。未来,我将以此为指引,不断提升自我,贡献社会,助力中华民族的伟大复兴。我坚信,只有将理论内化于心、外化于行,才能在时代的浪潮中立足,书写属于自己的绚丽篇章。

——汪韵涵　南京大学现代生物研究院2024级硕士生

珊齐学姐作为一个拿到南大最高荣誉的博士生,还是特别谦虚,她像一个知心大姐姐一样和我们真诚地、敞开心扉地交流,而且我们能感受到学姐发自内心的善良和大爱,为他人着想并享受"赠人玫瑰手有余香"的幸福感。学姐的经历带给我许多启发。当我的课题没有进展,而渐渐失去斗志时,我努力地像学姐一样找正反馈。这跟最近流行的一种看法"支点越多,人生内核越稳"不谋而合,"确定无疑的事情有那么一两桩,就足以抵御世间的种种无常"。以及,和正能量的前辈交流真的也能汲取到巨大的能量!学姐还鼓励我们:只要你努力,认真地去完成每一件事情,做你认为"正确的事情",不说去获得多么颠覆性的成果,但是至少可以保证你获得世俗意义上的成功。

珊齐学姐和何学长相知相识,在生活中彼此支持,互相包容体谅,并推动事业共同发展。这不仅让我们更相信爱情,也启示我们先沉下心来追逐自己热爱、梦想的事业,也许在阶段性小目标完成的同时,那个对的人会被命运自然地带到你的面前来。最后，我想说，这个世界不能缺少理想主义，参加完学姐的访谈后的那周，我有机会参加了来自北师大的程猛老师"说说叙事研究中的灵感"的讲座。讲座中提到"容忍混乱同时追求连贯，生活在不确定中但是仍然有方向感"，济慈称之为"消极能力"。如果你愿意去承受迷惑和不解，你会感到没有方向、很困惑，但这也不一定是坏事，克服了就会得到真正的珍宝。我想珊齐学姐恰恰给我一种如水般清澈温柔以及"流水不争先，争的是滔滔不绝"的力量感和坚定的信念感。

——顾婧宇　南京大学生命科学学院2024级硕士生

在访谈之前，我们小组花了大量时间进行调查，了解到珊齐学姐在社会实践和志愿工作方面取得了许多突出成就。虽然我未能参与现场访谈，但在整理逐字稿的过程中，仿佛亲身体验到了现场的氛围，深刻感受到学姐在面对人生选择时的独立思考和果断行动的毅力，以及她抓住机遇的勇气和决心。让我印象最深的一点是，珊齐学姐曾参加南大演说家活动。在演讲中，她分享了自己对实现个人价值与社会价值的深刻思考。更让我感到敬佩的是，在这之后，她还加入了博士生讲师团，通过宣讲为那些感到迷茫的同学带去鼓励和方向。这种行动力和使命感让我十分敬仰。学姐的一段话令我感触颇深。她提到，做事不应该总是以己为中心权衡利弊，仅仅因为觉得对自己有用才去做；而是当我们认为某件事情具有意义，无论是对自己还是对他人，都值得去尝试并努力完成。这种观点突破了传统的利己思维，启发我重新思考如何选择和行动。

通过整理这次访谈记录，我不仅看到了学姐的优秀品质，还对"抓住机会"有了更深的理解。无论面对多大的挑战，重要的是要有勇气迈出第一步，并始终对未来保持信心。珊齐学姐的经历激励着我，在面对人生中的各种选择时坚定信念，勇敢前行。

——魏婧雯　南京大学外国语学院2024级硕士生

申珊齐学姐的成长故事,如一盏指引方向的明灯,点亮了我对梦想、坚持和责任的全新认知。通过她的经历,我感受到了个人成长中不屈不挠的力量,也从中汲取了深刻的启示。

　　首先,申学姐的勇气与执着让我倍感钦佩。作为一个理工科背景的学生,她勇敢选择从给排水工程转入环境科学,面对转专业后的技能不足和科研道路上的种种挑战,她始终没有退缩。尤其在科研初期,她几乎从零起步,却凭借坚定的信念和不懈努力,在压力和质疑中找到了属于自己的方向。她的经历让我深刻认识到,无论身处何种环境,坚持自我并努力提升能力,终能找到自己的定位。

　　其次,申学姐的社会责任感和担当意识引人深思。她不仅在科研领域不断探索,还积极参与学生工作、党建活动和志愿服务。在这些过程中,她不仅展现了卓越的组织能力,更通过实际行动践行了"赠人玫瑰,手留余香"的理念。她的经历提醒我,作为青年学子,除了追求个人成就,更要将目光投向社会,用自己的力量为他人带来温暖与改变。

　　此外,申学姐对于职业规划和人生选择的独特思考也让我受益良多。她坦言自己并非一开始就有清晰的职业规划,而是通过不断尝试,在实践中摸索前进。这让我明白,规划并非一成不变,而是要在尝试中不断调整。她的经历让我更加相信,应勇敢尝试,即使失败也无妨,因为在行动中,我们总能发现自己的兴趣与潜力。

　　最后,她对家庭与事业平衡的思考让我倍感温暖。在婚后,她与丈夫共同追求生活的幸福,也在职业选择中融入对家庭的考量。这种平衡的态度让我体会到,幸福并非单纯来源于职业成就,而是源于对生活各方面的用心守护。总之,申学姐的每一步,都彰显了青年学子的责任与担当,也为我们树立了敢于追梦、勇于实践的榜样。通过她的经历,我更加坚定了面对挑战时要怀揣信念、勇往直前的信心,并相信只要坚持探索,人生的答案终会浮现。她的故事让我明白,无论是科研路上的坚持,学生工作的担当,还是国际交流的视野,每一个选择背后都是成长的契机。而这些经历,终将汇聚成逐梦前行的力量,引领我们走向更加广阔的未来。

——张洁　南京大学外国语学院2024级硕士生

在本次访谈活动中,我主要负责的是文稿撰写的工作。虽然没有现场参加访谈,但通过阅读访谈逐字稿,我也学到了许多。在此也想感谢一下整理文稿的三位同学,把文稿整理得特别清楚、有条理,让我在阅读的时候完全没有障碍。我负责撰写的是申学姐职业规划部分,我在阅读时也重点关注了这个部分。在阅读的过程中,我发现学姐并不是我们所设想那种在一开始就有清晰、明确的规划的人,而是在持续行动、坚持做自己心中有意义、有价值的事的过程中,找到前进的道路,并且能够知行合一。这种人生大方向引导学姐做了很多舒适圈之外的事情,不断突破自我,也一步步认识新的自我,这也是我作为一个内向的人要向学姐学习的。以前我是一个不愿意参加各类社交活动的人,但受到学姐的启发,在以后的研究生生活中,只要我认为是有意义的事就可以去尝试,毕竟试一试也不会有什么损失嘛。同时,我也在阅读的过程中发现南大是一个非常好的平台,能够给学生们提供各种各样的机会,只要我们勇于尝试,总能在其中有所成长、有所收获。其实这一次的访谈就是一个很好的机会,如果不是"新时代中国特色社会主义理论与实践"这门课,不是吴秋怡老师提供这次机会,我们作为研一的学生几乎不太可能能够和这样优秀的学长学姐直接对话,也就不太可能能够从中学到这些了。总的来说,我从这次活动中学到了很多,感谢吴秋怡老师提供的机会,感谢学姐对我们知无不言言无不尽,感谢我的组员们的倾力合作。

——刘欣然　南京大学外国语学院2024级硕士生

我与申珊齐同学虽未曾蒙面,但在了解她的经历和故事后,仿佛开启了一场与她的"隔空"对话。作为一名博士生,我在成长的路途中有很多和珊齐相似的挑战或疑惑。当我读完她的故事,心里泛起阵阵涟漪,而涟漪褪去后的平静,似乎也给我内心一个坚定的答案。我想如果要用三个词来形容这个答案,那应该是"坚持""平衡"与"突破"。

在科研之路的荆棘中,她努力种出玫瑰。面对"生化环材是天坑"的论调,申珊齐逆流而上,从给排水工程转向环境科学,这不是一时冲动,而是对初心的坚守。她深知,环境科学不是实验室里的孤芳自赏,而是关乎亿万人生存福祉的使命。面对移液枪不会用的窘境,她将焦虑化作实验的灯光;当外界质疑"做社会工作是否影响科研"时,她在中期考核现场的镇定给出了答案。

在思想之光的探索中,她让理论走向实践。从实验室到演讲台,从大学校园到山区课堂,那些曾经被贴上"枯燥"标签的理论,在她的诠释下落地生根。更令人动容的是,在新冠疫情期间,当博士生支教团的云端课堂点亮5万次赞时,她坦言:"与其说我为他们做了科普,倒不如说他们给了我许多启发和治愈。"

在跨界人生的迷茫中,她于边界寻找无限。珊齐的成长轨迹,是在不断突破"不可能"。自认为"不善社交"的理工科女生,却在国际交流项目中自信从容地讲述中国扶贫故事;在传统观念对女性的束缚中,她希望更多女性突破自我,自信地追求自己的梦想,在科研、职场等各个领域大放异彩;在婚姻与事业的平衡中,她与伴侣共同探索出"1+1>2"的成长模式。

我想,当我像珊齐一样面临曾经"是否要读博"或未来"找什么样的工作"的困惑时,她的"坚持"会给我答案;我想,当我作为博士生党支部书记和珊齐一样面临"花时间做学生工作还有心思专注科研吗"的质疑时,她的"平衡"会给我答案;我想,当我和珊齐一样面临想要尝试站在"南大演说家""南大校园歌手大赛"舞台上却又怯懦时,她的"突破"会给我答案。

——邵嘉璺　南京大学马克思主义学院2024级博士生

看完申珊齐学姐的故事，我彻底懂了什么叫比你优秀的人比你还努力。当全网都在吐槽"生化环材四大天坑"时，她偏要跨专业跳进环境科学，从连移液枪都不会用的"菜鸟"，硬生生逆袭成教授们一致点赞的科研新星。人人都说搞科研应该是"两耳不闻窗外事，一心只读圣贤书"，但她却带着博士生团队给孩子们直播科普，一系列课程获得 5 万余次点赞互动，还在联合国讲述中国扶贫成果、展示中国故事。

跨专业初期，实验技能不足、研究方向冷门等问题都曾让她陷入困境。但她把每次失败都当作学习机会。仔细分析错误数据，主动请教导师，逐步掌握研究方法。更难得的是，她跳出"为了发论文而发论文"的局限，坚持科研要解决实际问题。在太湖水质研究中，她不仅完成学术论文，还将成果转化为乡村治污方案，真正让实验室数据活了起来。这种问题导向的科研思维，让研究既有学术价值，又能服务于社会。当很多博士生埋头写论文时，她主动走进社会，带领团队为山区孩子开设环保网课，把复杂的科学原理变成有趣的故事；在联合国讲台，她用扎实的数据讲述中国环保成就。这些实践看似"不务正业"，实则构建了学术与社会的连接桥梁，既传播了专业知识，又让研究更"接地气"。她说："真正的学问，应该能回答现实问题。"这种理念使她的学术影响力不仅仅局限于实验室范围。

学姐的故事让我明白：真正优秀的人从不惧怕所谓的"天坑"，只会把"坑"填成登高的台阶。真正的优秀不是超越他人，而是把每件事都变成改变世界的可能。

——刘梦威　武汉理工大学船海与能源动力工程学院 2024 级博士研究生

访谈逐字稿（部分）

时间：2024 年 11 月 24 日
访谈形式：线下访谈

访谈对象简介：

申珊齐，南京大学环境学院 2019 级博士研究生，南京大学 2020 年年度人物，栋梁奖学金特等奖获得者。她政治意识强，多年从事党团服务工作，党团支部民主测评皆为第一名；科研学业优秀，在硕博研究生阶段资格考核优秀；实践能力突出，长期奋斗在基层服务和志愿工作一线。她投身实践志愿工作达 4 年，足迹遍布全国 30 余个省级行政区，活动涵盖军政企校地各基层单位；服务对象跨越老中青不同年龄群体，线上线下辐射影响累计达 100 万人次；参与实践项目近百项，累计志愿服务时长超过 300 小时。在党史学习教育、大思政课程、科普教育、科技报国、国际交流等多个方面表现优异，个人事迹先后为新华网、《光明日报》、《中国环境报》等 40 余家媒体报道和转载，累计阅读量 30 000 余次。她作为青年代表活跃在国际舞台，为新时代的中国力量发声，充分展现了当代青年的社会责任感和使命感。

采访人：
吴秋怡：南京大学马克思主义学院助理研究员
姚圣涛：南京大学环境学院 2024 级硕士研究生

顾婧宇：南京大学生命科学学院 2024 级硕士研究生
余菊洪：南京大学生命科学学院 2024 级硕士研究生
丁子骏：南京大学现代生物研究院 2024 级硕士研究生

提问：学姐是怎么投身到宣讲工作中的呢？

回答：南大演说家的比赛给我很多感触。最开始，我以为"南大演说家"在南大不算特别大的活动，不像校园十大歌手比赛那么有影响力。当时我认识一个工作人员，是一个小学妹，她后来很优秀，还做了南大学生会主席。她那时在学院，跟老师分管这个项目，第二年时，她还能准确说出我当时的几句话，让我挺感动的。后来他们邀请我做第二年的学生导师。那一年，是我真正建立"思想宣传和思考是一件很有意义的事"这一想法的核心转折点。

当时我有幸作为学生代表做初赛评委，其他几位是各个学院的老师。我先看到了选手们的一些思考，其中一位老师也让我感动，我俩一起做初赛评委。面对不同同学的演讲，我要做点评。有个大二同学表现一般，毕竟是初赛，他不太了解情况，但也还不错，他被选上了。之后要分导师，比较幸运的是，其他三位导师是学生，且不是初赛评委，我因为做了初赛评委有个双选过程，他们可以选我，我也可以选他们。还有一位同学也是初赛评委，旁边有一位当时是辅导员、现在是外语系教授的老师，他跟我说我这个学生特别优秀，让我一定要选，我碍于老师面子就选了。

这学生后来给了我很多惊喜。首先让我感动的是旁边那位老师，他认可我的观点，给了我很多鼓励，所以我选了这位同学。而且我没因初赛排名跟别人抢学员，是觉得他在思考方面有可挖掘的深度。选了几位同学后，我欣赏他们，幸运的是他们也欣赏我。我们进行了一轮又一轮稿子的打磨，一开始会打电话约时间。因为很难碰面，我们就聊话题、专业、思维，探讨他想向大家表达什么，挖掘对更多同学有价值的思考。我觉得比赛是其次的，哪怕只给同学一两句人生观、价值观上的启发，就很有意义，我们参加了复赛，一个团队有6位或7位同学，复赛要求人员晋级要平衡，因为后面要组战队，会依据成绩给不同战队分名额。幸运的事，我们战队一开始7个人，后来争取到5个名额，另外两名同学虽然被刷掉，但也是最后名单里的前两名。

我们之间结下深厚感情，他们让我接触到不同专业知识，让我更加明白，当服务其他人、做对他人有意义的事时，对个人自我认可度以及他人对自己的认可度具有非常积极的引导作用，会让人开心。这让我想到小时候父母、老师对自己的教导，我小时候常听到雷锋精神，就是默默奉献的精神，有的老师会讲，最让你开心的不是别人感谢你，而是你做的事能帮助他人，哪怕默默无闻，内心也会快乐。小时候我知道帮助别人是好事，但未能深切体会到做默默无闻的好事时，即便没人感激，内心也快乐。

后来读研究生，接触到社会服务、帮助别人的事，才有了更深刻体会，赠人玫瑰，手留余香，自己会很快乐，关键在于这事有价值。在这个过程中，我们互相鞭策，我自己也打开了一些思维。关于演说，思考什么是好话题，什么对社会有价值，什么对自己有正向反馈，这促使我想要进一步做好学生干部工作，也加深了对南大的认识，这很重要。我有时跟同学聊天会说到，硕士阶段，包括博士阶段，好像感觉在心理上离学校有点远，每天进出实验室，接触身边几个同学，有些人不了解南大就毕业了，不了解学校的教育、目标。现在越来越好了，大家可以参加党团课学习学习各类精神和思想。所以有人说科学家到最后都是哲学家，我觉得可能是后来会尽可能思辨地考虑很多问题，比如我最近学习，没事就看点东西，想到马克思主义哲学里对立统一的关系，就像我们理解事情有两面性，有好有坏，它们对立又统一，要找到统一的点，看对自己或别人有益，一定有个目标。

提问：学姐还参加了很多学生工作，请问这些学生工作对学姐而言有什么意义呢？

回答：我会加深对原来不了解的东西的内涵的认识，丰富自己精神层面的认知，然后继续前行。我前行的重要节点，我觉得跟学生组织有关系它们拓宽了我的社交圈。之前前辈们评奖、评综测、评年度人物时，需要亲友团，有几个固定名额。研究生年度人物活动跟本科生不太一样，我一开始参加的本科生活动，类似"南大演说家"，在图书馆报告厅演讲，大家现场评分。研究生和本科生分开评选，本科生也有演讲环节，当时我当同学的亲友团可以选择去听大家演讲、分享。硕士阶段，我觉得学校有意义、有价值的活动就去听听，看到优秀同学总会有启发，看到他们做的优秀事儿，我不觉得是浪费时间，那时我空闲时间较多，也没太多耗时间的爱好，就去看一看、听一听。

有正向引导价值，就像埋下一颗种子。但我确实没想过自己能不能得奖，只觉得要把事儿做好。后来做学生干部，南大有很多让学生出国学习的短期实践机会。当时很幸运，我参加了新加坡创新领导力提升项目的选拔，面向全校，大家分享、打分，争取机会，答辩的人很多，最后我被选上了，跟大家一起去了新加坡，同吃同住近半个月。虽然学生组织里有些同学之前认识，但没太多直接接触机会。其实同学们内心有时候难以建立真实自信，很多时候需要身边人鼓励。在领导力提升活动中，不同组一起发言、表达，我感觉大家挺认可我，喜欢听我说话，给了我很多支持，小组活动里，大家选我、信任我的发言，给了我很大鼓励，让我建立了信心。那次活动是我真正意义上的出国。我想分享给你们，如果南大有这种机会一定要争取，不一定能选上，但争取过程就很好，选上了能开阔眼界。我经济条件还行，父母允许我出国旅游，但之前我比较乖、忙，理工科专业假期短，没想过自己出国，还担心没合适同伴，正好有这个机会让我去了南洋理工大学。新加坡这个国家很漂亮，国民素质高、热情，开拓了我的眼界。当时的学校团委书记（现在是副校长）牵头这个活动，他希望学生干部走出去，看看发达国家和地区什么样，树立更高自我要求,学习外面好的文化,我体会到了。虽只有半个月,身边同学的帮助、思想学习、文化体验等方面都给了我很大触动。

那次经历让我很感动,学校给了宝贵机会,我就更想做好当下的学生工作,分配的任务我都想做好,不能只索取不付出。我干劲十足,虽不知能做什么,但工作关乎同学,就尽力做好。后来又进入新一轮学生工作竞选,进入下一年的学生工作。

提问: 学姐在科研上也取得了很多优异成绩,学姐可以分享一下科研的经历吗?

回答: 给我印象最深的是博士中期考核。你们刚入学不太了解,在我们院这是一件大事,大家都很重视。答辩更多起到展示作用,但中期答辩是学生生涯中唯一一次全院博士共同参与的答辩,综合考量PPT制作、言语表达、对科研的理解。我们院博士中期答辩很开放,全院博导、学校任何人都能来听,都有评分资格。那时我精神压力很大,不得不承认存在一些负面声音,有人喜欢你就有人质疑你,觉得你没把心思全放学习和科研上,认为你不努力、不好,这很正常,能理解,毕竟社会是个大利益场,你分散精力在其他方面,可能影响到某些人利益。但我大导师一直支持我做这些事。我听到很多质疑声,不过很感动的是,过去几年大导师一直认为学生是多元的,应有个人发展,靠主观能动性去做事,而不是依靠他人督促,所以我们组没打卡制度,很多小导师想让他搞打卡,大导师都说一个人的成功不止一方面,主要靠对自己的主观要求,不是被动接受。所以他给了我很多自由度和支持。中期答辩某种意义上代表团队课题组和我个人能力,尽管有很多质疑,甚至难听的话,还没答辩,提前一两个月就有人说我肯定过不了,难听到没法直接分享。早期对我科研不太认可的人,还有直击灵魂的难听质疑声。但在质疑中我又树立信心,在压力中提升。我从小容易考试紧张,高考的磨砺都没让我变得特别平静,研究生生活听到更多质疑声后,我比过去的自己更平静了,也知道学业是核心工作之一,得让别人认可,就得把它做好。

那次我不断思考科研方向，我觉得科研终极意义我不太擅长定义，得向发 Science、Nature 的大佬学习，但我近两年专注学习，认为科研最终意义一定是对更多人有意义，有价值的科研成果一定是对更多人和事有价值，这是核心。那次答辩表现还行，学院很多教授和老师第一次认识我，觉得我虽然没发很多厉害文章，但科研、思考有价值。我导师往年会去中期答辩，但今年为避嫌没参加。潘炳才老师很严格，希望学生专注，答辩后，我感觉潘老师见到我有笑脸了，虽然我不是他认为应完全专注科研的主流学生，但他觉得我思考蛮好，那次我受到很大鼓励，说明老师很博爱，希望学生有思考、成长，不是靠平台优势。南大很公平，同学们本质善良、优秀，认可你是因为看到你本人，不在意外界抨击、评价。

这个经历让我觉得自己好像也能做科研，还可以。如果关注栋梁奖学金，博士中期答辩优秀是必要门槛之一，需要重视。那个过程对我科研思维有帮助，以前我崇拜别人长处，后来觉得自己也行，对科研树立了信心，不再畏手畏脚，害怕出错，以前身边有声音，一出小错就上升到人格打击，觉得自己不行，那次之后，我发现自己挺好，树立信心继续做，后来又结识秋怡等博士阶段同学。

提问：学姐对演讲有丰富的经验，我觉得每次项目研究生的答辩、考核等演绎，都是一次成果展示，也相当于一次演讲。如果从评委角度看，除了专业术语，比较重要的是主要表达，您觉得还有哪些比较重要的方面呢？

回答：我觉得一个很重要的点是言之有理。这四个字包含很多含义，首先自己要真正理解为什么要这么做，做这件事的价值是什么，这很重要。很多时候我听过很多不错的演讲，有些演讲者跟着优秀的老师，老师定了课题让他们做，他们觉得很有意义，也做出了很多成果，发了很多文章。但也有很多情况是没有取得显著成果，因为很多成果是幸运和努力共同作用的结果。不过想要把事情跟别人讲清楚，首先自己要明白、相信和理解，同时还要思考别人怎样才能理解，也就是要让别人能站在和自己统一的角度相信这件事情，这很重要。所谓言之有理，不仅自己觉得有道理，还要让别人也觉得有道理，这适用于任何话题，包括科研。

提问：师姐，我们对志愿活动很有热情，但研究生阶段信息来源比较闭塞，不知道通过什么途径获取相关信息，也不知道如何参与这些活动。

回答：我们每个话题之间的衔接度挺高的，刚才我也分享了一部分观点。从身份角度来讲，要尽可能给自己创造机会。学校会有各种社会实践、志愿服务招募活动，首先不要局限于认为只有有用的活动才参加，在时间允许的情况下，觉得是好的事情就可以去尝试、争取。比如讲师团找到我的时候，我就很乐意去做、去讲、去分享。其次，参加一些学生组织或党支部活动，也会有很多机会，可以主观地配合学校党委和团委的工作。第三点，基于不同身份，如果你是学生干部，可能有机会牵头一些活动。比如我做博士生党支部书记的时候，知道同学们关心什么，想和发表好文章的同学交流，就把他们邀请过来，创造志愿服务机会。不要只满足于最低标准完成任务，有时候可以有自己的巧思和创意，像几个院的联合党日活动，我可以作为联络人参与其中。通过这些身份尽可能挖掘机会，把事情做好，就会有很多志愿服务和社会实践的机会。但有个根本点，就是对于志愿服务，一开始可能看不到它的用处，但知道是对社会有益的事情，在时间允许的情况下就可以去做，也许对自己成长和他人都有正面影响。

提问：师姐刚才讲到还参加过一些别的活动，期间有没有让你特别震撼、促进心灵或者难忘的事情和经历呢？

回答：我觉得博士生讲师团是个非常有意义的组织。当很多人没有功利目标，愿意聚集在一起做有意义的事情时，这件事的意义本身就更有价值，大家都是为了做好而无私奉献。如果说相对比较直击心灵的，也是一些机缘巧合的机会。我是东北人，知道江南地区治理体制和体系很超前，是全国标杆，但不知道具体现代化程度和基层治理发达程度。博士生讲师团带我们去了江浙一带很多发达的县级市和乡镇，让我对中国式现代化有了立体认识，了解到中国乡村发展得有多好。我去做宣讲，更多的是让自己有了深刻体会和学习，包括当地经济发展程度、中国中小型企业和私企的发展状况，这对我个人收益很大，开阔了我的眼界，就像第一次有机会出国见世面一样，而且这些地方离我这么近。对于你们江浙人来说，应该有更深刻的体验，我觉得这对当代大学生了解基层生活很重要。这对我受益很大。第二点让我印象比较深刻的是，我们普通同学对军人有很高的敬仰和尊敬，但没有太多机会接触和了解他们，有时会觉得他们很遥远、很严肃。虽然有一些转业军官长辈，但和当代新青年军人不太一样。博士生讲师团有一次带我们去国防科技大学，我去做宣讲，分享了自己科研不顺利但做了件有意义的科研的经历，还得到了很多大佬认可，我采用了一种比较有趣味性的方式和他们交流，现场反应非常热烈。这改变了我对军人的刻板印象，他们很有趣、很可爱、很正派，开的玩笑严肃又有趣，让我觉得当代青年军人在我国强军建设中意义非凡，国防科技大学的研究生作为全国优秀军官代表，虽然偶尔有些传统，但有扎实的知识储备、很好的眼界，有为党和国家奋斗的坚强意志，而且也很有趣。以前我不懂军民融合，觉得很官方，参加博士生讲师团听了很多宣讲，自己深入体验后，对很多政策有了真实理解。有时候我们理解一些政策会觉得晦涩，但亲身经历后就会觉得很有道理，这次经历对我很有意义。

还有一次是疫情期间，我们代表党支部和博士讲师团，给湖北省山区的小朋友们讲一系列小党课和科普好玩的东西，讲绿水青山就是金山银山的绿色发展理念，还有同学科普口罩、病毒等知识。虽然是线上进行的，但这次活动凝聚了我们支部的力量，大家积极参与，这是很大的转变，我很开心。而且社会科普对偏远地区小朋友来说，能极大激发他们学习知识的热情。我们看到发达地区新农村和城乡融合、新城镇建设成果,也有很多欠发达地区需要我们服务和帮助,这也给我留下深刻印象。后来博士生讲师团去溧水一个乡镇的小学,我也去了,感受到同学们的热情和活泼,他们提出的问题是我想象不到的,他们对知识的渴望让我觉得很有意义,与其说是我去做科普,不如说他们治愈了我很多。这三件事是我现在首先能想到的很有价值的事情,非常建议大家加入博士生讲师团。这里给硕士生也提供了很公平的发挥机会,可以参与演讲,虽然叫博士生讲师团,但名字不影响大家参与。大家可以更早接触一些外出机会,结识更多不同专业的同学,很有意义。

提问:学姐可以再说说您的科研经历吗?许多同学面临着要不要读博的问题,想问问学姐的意见。

回答:其实科研这个事情,我的理解不一定是对的,只是我个人的一些想法,这只仅供你们去理解和参考,然后就是说刚才我说过,我的这个方向其实不是一个主流的方向,然后做的相对来说还蛮艰难的,早期起步的时候,我对这个东西是有我自己的认可和热爱的。其实很少有像我这种年级比较高的女生,然后还在坚持采样学习的。首先,我对于美丽中国建设是有兴趣的,我很好奇它真实的存在是什么样子的,我没有很想要为了发论文而写论文。我还是觉得我既然是学环境的,我还是希望我的论文能够扎根于祖国的大地上。所以我首先对它真的是挺感兴趣的,然后我会去采样,然后自己去思考。然后我们组早期做淮河,那个时候我还没有入学,衔接到我们做长江流域的一些课题,自然的流域的一些分析,到我现在做一些太湖的分析。太湖有我们全中国最发达的产业,关于水污染情况和微生物的现状,我是真的想知道它到底是什么样的,所以尽管我并不一定保证我一定会终身从事纯科研的工作,但是这件工作本身我是感兴趣的,因为我也相信现在这个现状,无论是老百姓、社会各界还是政府部门,都既需要也渴望了解我国环境保护的现状与未来。

但是我去做这件事情,本身就会有各方面的考虑。其实大家对于我的一些奖项、荣誉的了解,应该都是两年之前了。这两年其实我就是一直在专注地去做这件事儿,其实如果我只是想凑数据来满足毕业要求的话会很快,我在两年之前我就觉得 OK 了。但是我这两年仍在坚持做科研,一部分是这个东西会影响到我未来的择业,我是想先做一做,先来思考一下,我到底是要有怎样的职业选择和职业发展方向;一部分是因为这两年我选择谈恋爱结婚,可能也分走了一部分时间,我会考虑我和我爱人之间如何平衡我们的科研和工作。那么我未来是要在这个上面深耕和探索还是怎么做,这个是跟我个人的职业追求、职业计划和我科研的想象力有关的。我担心我一旦以后不从事这个方向,我再没有机会做得更认真,因为我也认可一些抨击的话语,就是过去我没有全身心地投入在这上面。我也想用更多的时间,然后做一些更多的研究,然后来真正的了解我这个领域,我十分珍惜我获得了读硕士和博士的这份科研机会。

我也想让我对这个学科有更深刻的认识,我觉得以后我的工作或多或少跟我这几年的专业学习是有着千丝万缕的联系的,然后我希望对于我这个学科有更深刻的认识。然后其实我最近也看过一些文章,就是说关于职业焦虑,这四位同学应该也都多少有点焦虑吧。就是我对于我这个学科的认识啊,我到现在也会跟我身边的人说,我确实有一点理想主义。尽管我也在不断的认识这个真实的世界,但是我的理想主义仍然存在,我还是希望我的这一生过得是相对有价值的。对于志愿服务、科研工作等,我都是希望做一些有意义的事情。当然我也要跟你们说的是,这个过程当中肯定会有一些繁杂的声音存在。其实我这两年也没有那么多的产出,尽管我也一直在处尝试一些比较有挑战性的工作但我也知道我一直在不断的提高自己,也是在做一些我觉得还挺有价值的事情的,所以我还是越来越坚定了。但是我也在反思着,过于坚定可能也并不是一件好的事情,你可能会错过,或者是说走入一个死胡同,所以我也会时常反思幸运的是,我也觉得我身边有很多像秋怡这样非常优秀的朋友、前辈、老师，甚至说师弟师妹、后辈们，他们也都给我很多很正向的引领，我大体上觉得我的反思是有效果的。

关于要不要读博，这个可能跟学科特性也有关因为我对是否要读博也有一个认识过程。我从一开始其实基本上是定下来我想读博的，尽管当时也有一次违心的跟我导师说："导师我想换个方向，我不想读博，因为我觉得我不行。"但是当时导师的反应是我很感动的，我估计他自己都不信了。我导师就在旁边忙自己手里的事儿，甚至还故意拿出那种不怎么太想理我的那种样子，然后抬起头来看了我一眼，问道："我对你有很高的要求吗？"然后我说没有。他又问我说："我批评你了吗？"我说没有。"都没有让你做出什么东西来，你在那儿紧张什么呢？"然后我说我浪费了组里这么多资源，我的课题也很花钱，花到现在什么也没有做出来。老师就说："我自己都没有做过啊，然后我觉得你做这个就是很难出成果啊，我觉得你做得挺好的呀，我都没有批评你，你在这自怨自艾些什么？"然后他问还有别的事吗。这就给我说蒙了，我说也没什么事情，最大的事已经汇报完了。他又说："你就做嘛，我又没怎么要求你，你有什么可焦虑的。"其实我导师是全国知名的一个大教授，非常正经、非常严肃的一个人，然后他用这样的方式来表达自己的观点，我觉得也是他的智慧。我当时确实很紧张、很焦虑，而且把自己束缚得很严，他可能就是用这种轻松的方式告诉我，就完全没有必要焦虑。

随后，矛盾轻松地得到了解决。导师也明确表示了他的立场：支持我。当时，我除了本职工作外，还参与了许多劳务和学生工作。尽管有人质疑我分心做这些事情，认为我的主要工作表现平平，但导师却认为这些额外的工作是积极的，并持续给予支持。虽然他没有公开表达，但他的不反对实际上已经是一种支持。毕竟，他的立场与其他人不同。现在我想回到我之前提到的关于博士学习的思考。我认为，我们必须明确读博士的目标是什么。

周熙宜

从"野孩子"到"全能选手",解析成长密码

成长,是每个人生命中不可或缺的旅程。在这个旅程中,我们不断探索、尝试、失败、再探索,逐渐发现自己的潜能,找到属于自己的价值和意义。在时代的浪潮中,每一位青年都怀揣着梦想,渴望在人生的舞台上绽放光彩。然而,梦想的实现并非一帆风顺,它需要勇气、坚持和智慧。而在这个过程中,成长中的我们就像是在解锁一个个秘密,每一次的成长都是一次解锁人生密码的奇妙旅程。在南京大学,有这样一位同学,他的故事正是这样一段充满活力的探索之旅,他以卓越的成就和独特的成长经历,成了无数学子心中的榜样。他,就是周熙宜,南京大学政府管理学院2018级本科生,国际关系学院2022级硕士研究生。从"野孩子"成长为"全能选手",他在成长的过程中不断突破自我,展现了突出的个人特质与社会责任感。周熙宜的成长密码,正是他在这段旅程中所积累的宝贵经验和智慧。通过访谈,我们试图解码他的成长密码,了解他的独特性格和成长历程,希望能够为同学们提供学习和发展的思路。

成长密码1——全面性:"五位一体""2.5个'战场'"

在大一入学之初,周熙宜面对大学生活的诸多方面,如社团活动、课堂学习、图书馆自习等,也曾感到迷茫,不知如何抉择与排序。但在2018年深秋的一个夜晚,他骑着单车在学校探索时,被图书馆楼下的人群吸引,走入了那一年的栋梁特等奖学金答辩现场。学长怀着好奇之心驻足观看,逐渐发现答辩者们在回答问题时都有着相似的"模式":先强调自己的政治意识,接着讲述课业成绩,再谈及学生工作,最后是校园文化活动。这一发现让学长深受启发,他开始深入思考并总结出大学生活的五个关键方面,即课堂学习、学术科研、学生工作、实践志愿、交流交换,并将其命名为"五位一体"学习法。

在学长看来,这五个方面是大学生活的重要组成部分,且有着明确的优先级顺序。当这些事务出现冲突时,便依据此顺序进行取舍。这一方法在学长的大学生活中发挥了重要作用,使他能够清晰地规划自己的时间与精力。在后续的采访中,学长也提到,正是当年对答辩现场的观察与总结,成就了如今的"五位一体"学习法,而自己能够成为2021年栋梁特等奖学金得主,也标志着"五位一体"学习法在实践中的成功。

在提出"五位一体"学习法后,学长曾一度对时间分配以及自身做事的极限感到困惑。直到他在一次浏览国际新闻时偶然接触到印度总参谋长提出的"2.5场战争"这一概念,即印度需同时在青藏高原方向应对中国、在克什米尔方向对抗巴基斯坦以及镇压国内反对派。这一概念为学长带来了全新的思考视角。学长将这一概念巧妙地运用到自己的学习与生活中,发现自己的极限恰巧也是同时处理2.5件事。在本科阶段,他通常同时专注于两件事,如课业学习与学生工作,偶尔会再加入半件事,例如压力相对较小的志愿服务或社会实践。然而,一旦试图开启更多"战场",他便发现自己的时间调配能力与精力难以跟上。这一发现让学长清晰地认识到自己的极限所在,在规划工作与任务时能够更加精准地做出选择。在研二时期,学长依然遵循着"2.5个'战场'"的理念。一方面,他全身心投入科研工作中,撰写论文;另一方面,在中美中心攻读国际经济学辅修证书。此外,他还利用课余时间出国游历,这便是他的"半件事"。通过这种合理分配,学长不仅确保了每件事都能得到妥善处理,还能在有限的时间内尽可能多地涉猎不同的领域。

学长认为,"2.5个'战场'"理念的核心在于明确自身的极限,从而在面对众多任务时能够做出明智的决策。他强调,虽然理论上自己可以同时处理三件事,但往往难以保证每件事都能做到完美。因此,他建议将更多的资源集中于那些需要完美完成的重要事务上,而对于那些不得不做但要求不高的任务,则只需确保完成即可。这种有侧重、有取舍的时间管理方式,不仅提高了学长的工作与学习效率,也让他在大学期间对任务的安排总是高度精细且严谨,能够游刃有余地应对各种挑战,实现自我价值的最大化。

正是将"五位一体"与"2.5个'战场'"的成长密码相结合,周熙宜在学业学术、学生工作、实践服务等方面全面开花。在本科期间,他连续四年专业排名第一,曾赴牛津大学、德克萨斯州大学(奥斯汀分校)交换学习,并获得南京大学—约翰斯·霍普金斯大学中美文化研究中心国际经济学辅修证书。除此之外,他以第一作者身份发表关于区域国别研究和气候政治研究的论文两篇,展现了他在学术领域的深厚造诣。在学生工作方面,曾任南京大学团委副书记(学生)、社管部部长、组织部副部长、基研会副会长等职务的他,以卓越的领导力和组织能力,为校园文化的繁荣发展和学生组织管理的改革作出了巨大贡献。周熙宜学长的实习实践经历同样丰富多彩。曾在新华社、中国三峡集团、苏州市党政机关等地实习,获评"苏州市优秀实习生";主持或参与校级及以上社会实践10项,所在团队获全国百强实践团队与江苏省"三下乡"优秀团队。此外,他还获得了国家奖学金、江苏省优秀学生干部、江苏省优秀毕业生、南京大学栋梁特等奖学金、挑战杯红色专项全国特等奖等40余项校级及以上荣誉。

对于每一位正处于成长奋进道路上的青年学子而言,"五位一体"学习法如同精准的导航仪,帮助大家在纷繁复杂的大学生活中找准方向,避免偏离成长的主航道;"2.5个'战场'"时间管理理念则像是高效的助推器,助力大家在有限的精力与时间里,合理分配资源,最大化学习与成长的效能。从"五位一体"学习法到"2.5个'战场'"时间管理理念,周熙宜学长在学习生活中处处留心,将所见所闻、所学所知、内化为自己的成长密码。

成长密码2——独立性:"野孩子"哲学与"自我净化"习惯

周熙宜学长的成长哲学可以用一句话概括:"不做乖孩子,也不做坏孩子,做一个'野孩子'。"这一句话简单而有力,背后蕴含着学长对于自由与独立的深刻思考。学长回忆到,自己的成长经历与童年时期对人物角色的感知密切相关,尤其是受到电视剧《亮剑》中李云龙这一角色的影响。李云龙的个性特征与生活方式深深地打动了幼年时的周熙宜,这种人物的"叛逆"精神和不拘一格的性格成了他个人哲学的一部分。

周熙宜学长在访谈中提到,小时候,他并不喜欢传统教育体系中的"乖孩子"标签,因为这个标签似乎要求孩子始终按照社会的规范行事,缺乏自我表达与创新创造的空间。然而,学长同时也清楚地认识到,极端的叛逆同样不值得追求。他并不希望成为"坏孩子",与社会规范对立,反而认为,独立自主、自由而有责任地生活,才是最理想的成长方式。因此,他提出了"做一个'野孩子'"的理念——既不满足于"乖孩子"的循规蹈矩,也不盲目走向"坏孩子"的极端,而是选择了一条在自由与自我管理之间平衡的道路。

这种思维方式并非一时的冲动,而是在学长的成长过程中逐渐形成的。从幼儿园时期起,他便体验到这种独立性格的萌芽。学长的家庭教育方式也是他形成这一理念的重要因素。与许多家长严苛管教孩子的方式不同,学长的父母采用了更加宽松、自由的"散养式"与"鼓励式"教育。这种教育方式没有强制的规矩与束缚,给了他充足的自由空间,让他能够自由选择兴趣,发展自我。在这种家庭氛围下,学长从小便培养了独立思考的习惯,逐渐学会了如何管理自己的时间和任务,如何为自己的行为负责,如何在社会环境中做出判断与决策。学长在这里分享了一个小故事,在他五岁时的一个晚上,他的妈妈曾抱着他在家里的阳台上看当地一所重点高中——三峡高中——水塔上的荧光字。他妈妈说:"儿呀,你要是以后能考进这所高中,妈睡觉都能笑醒。"这句话没有任何的压迫或督促的意义,但让学长深深铭记。学长也吐槽道:"十年后我考进了那所高中,还拿到了80%以上考试的年级第一,但我也没见我妈笑醒过。"

"散养式"与"鼓励式"教育的核心不在于纵容,而在于给予孩子自我管理的自由。学长的经历也印证了这一点。在外界的约束较少的情况下，他能够更加专注地追求自己感兴趣的事物，无论是学术还是个人爱好，甚至是如何规划自己的未来。他自发地制定学习计划并坚持执行，而不是仅仅依赖外部的压力与奖惩机制。这种自由成长的模式，培养了他独立解决问题的能力和高效的自我管理模式。学长的坚韧和自律也表现在他对自身目标的执着。他并不轻易被外界的干扰和压力左右，而是始终专注于自己设定的长期目标。例如，在面对学习中的困难时，他没有选择放弃，而是通过自我调整和不断努力，在挑战中找到属于自己的解决方案。学长特别强调，"坚韧不拔"不仅代表着面对压力时的应对能力，更是在每一个成长的节点上，始终保持清晰的目标、稳定的心态和坚定的执行力。

学长的成长哲学并不仅仅停留在"自由与独立"的层面，事实上，他早在12岁时便开始了系统的自我规划，并将反思写作作为自己成长的重要工具，他自己将这一习惯称为"自我净化"。学长在访谈中坦言，他认识中的"自我净化"包括两个方面，一方面是不断反思规划，保证自己能不局限于舒适区；另一方面则是保证自己永不懈怠的"三条防线"。反思和规划的习惯是他能够从迷茫走向笃定、从不确定走向清晰的关键所在。正是这种习惯，帮助他在复杂的生活和学术选择面前，保持了清晰的思路和稳定的步伐。从12岁起，周熙宜学长便设立了自己的人生规划。他并不简单地设定短期目标，而是为自己规划了一个长远的未来——三个六年计划。这个规划在学长的成长过程中起到了重要的指引作用。尽管他时至今日回顾起来，也不禁为自己12岁时的远见而感到惊讶，但这种规划意识和持续自我修正的能力，成了他日后不断发展的基础。在学长的"野孩子"哲学中，独立并不意味着盲目行动，反而是通过自我反思和长期规划实现目标的稳步推进。至今，学长已经写了七八本厚厚的反思本，这些本子记录了他在成长道路上的点滴思考与经验。从中，他不仅记录下了自己曾经的迷茫、焦虑和困惑，也记录了他如何通过不断地调整与反思,找到更适合自己的道路。学长提到,反思写作对他而言,不仅是整理过去的经验,更是为未来的成长奠定基础。每月一次的反思,帮助他清晰地认识到自己的优点与不足,检视自己的行为,调整目标,并在实践中不断完善个人的认知体系。

而在"自我净化"的"三条防线"方面,学长坦言,事实上很多同学都有良好的反思与规划习惯,但是并没有足够的自控力或者说斗争意志来支撑自己走下去,在中学时代或许还有一些来自老师家长的外部约束,而进入大学后,则只能依靠自己的自控力。正因如此,如何确保自己始终做到思想不懈怠、行为不懒散,就成了一个重要的研究课题。为此,学长提出了"三条防线"的理念。在不同的时期,"三条防线"的内容是不一样的。在高中时期,是"不允许以任何理由睡懒觉""不准在任何地方吃零食""不准在任何时候玩游戏"。上大学后,"三条防线"转变为了"坚持早睡早起的良好作息""坚持长跑的锻炼习惯"以及"春夏秋洗冷水澡、冬天洗凉水澡"。学长坦言,在大学期间,自己也曾稍有懈怠过,但每次只要想起自己设下的"三条防线",很快就能重新找回自己的初心与使命。

学长的反思习惯与"三条防线"让他始终能够在纷繁复杂的选择面前保持清醒的头脑。在面对未来时,他并不急于求成,而是通过长期规划和不断反思,逐步调整自己的方向。学长表示,许多时候,他的选择并非一蹴而就,而是经过深思熟虑后的决定。即便是在面对许多不同的机会时,他依旧能够从内心深处找到最适合自己的道路。这种思维方式,让他在多次复杂的选择中,始终能够保持冷静,做出理智的决策。

成长密码3——适应性:环境与选择的力量

在与学长的对话中,学长讲述了自己成长过程中一次深刻的转折经历。他回忆道:"13年之前,我的成绩一直处于中等水平。"然而,真正改变他成绩轨迹的,正是2013年的一次突如其来的生活环境变化。"2013

年,父母因工作单位换址搬到了开发区。在新的小区,我没有同龄的朋友,晚上除了学习,几乎没有其他事情可以做。"这一环境的改变,使学长的日常生活变得单一,但也迫使他全身心地投入学习。

与此同时,这一变化所带来的另一个重要因素,是学长与全区第一名学生的日常相遇。学长继续说:"搬到开发区后,我每天上学的路上都会碰到当时全区最优秀的同学——我们两个人都是走路上学,所以每天大约有半小时的时间可以独处。"这一与全区第一名学生的偶然接触,成了学长成长的关键节点。在这段每天的交流时光中,学长通过与这位同学的讨论与交流,得以汲取经验与智慧,逐渐形成了更为明确的学习目标和方法。

学长强调,这些看似偶然的因素在2013年汇聚在一起,成为他成绩突飞猛进的催化剂。"从2013年年底开始,我的成绩有了显著提高,记得当时我还排在全区300名开外,但到2015年,我就考到了我的第一个全区第一。"这段经历使我们深刻认识到,学长的成功并非凭借单一的努力,而是多种因素共同作用的结果。环境、机遇以及关键人物的出现,成了他成长道路上不可忽视的力量。然而,对个人成长来说,更重要的是对机遇的把握。如果当初他与当初的那位全区第一名只是止步于闲聊,那就不会有进一步的发展。可见,主动探寻机遇背后的价值,将每一次偶然相遇转化为成长的阶梯,才是学长书写逆袭篇章的关键笔触。他用行动证明,机遇从不偏袒谁,唯有怀揣进取之心、做好拼搏准备的人,方能在命运的转角,与成功相拥,让那些旁人眼中稍纵即逝的瞬间,成为自己人生中熠熠生辉的转折点。

学长的成长路径中,务实精神与勇于尝试新事物相辅相成。一方面,在谈到自己的职业选择时,学长回忆道:"选调生这个概念我很早就知道,大约在15岁时。当时,福建省引进了一批清华北大的博士担任挂职副县长,而我的父亲曾与我谈起过选调生的事。"这段经历为学长今后的职业规划奠定了基础,也使得他在大学阶段便明确了自己的发展方向。在入学后,他毫不犹豫地选择了政治学专业,并在学业和实践中不断积累学生工作经验,为未来的选调生之路做好准备。到了研一时,学长已全面满足了报考选调生所要求的所有资格条件。他笑着说:"我当时觉得,既然选调生的职业路径探索已基本完成,那就可以放眼其他可能性,探索不同的方向。"

因此,这种建立在务实基础之上的探索精神使得学长在研二时开始走出舒适圈,广泛涉猎国际领域。他不仅报名了南京大学与约翰斯·霍普金斯大学联合培养的国际经济学辅修项目,还到美国德克萨斯州大学(奥斯汀分校)进行学术交换,亲身体验海外学术环境的不同。学长表示:"这些本应该在本科阶段完成的,但由于疫情原因,我没有能够及时进行。于是,我决定在研二时弥补这段经历,去了解学术道路的前景,特别是如果选择学术道路,我将面临怎样的挑战和机遇。"与此同时,学长也没有忽视对就业的探索,他投递了央企的相关岗位简历,力图了解进入大型国有企业如中建海外、中石油海外及三峡国际海外工作的实际情况。"我不愿仅仅局限于选择一条路,而是要通过实践去摸索,去感知不同领域的机遇与挑战。"

在访谈中,学长强调了"敢闯"的重要性,但他同时也明确指出,尝试新事物的前提是要有务实的态度。在这个充满竞争与挑战的时代,敢于跳出舒适圈,探索未知领域,成了学长成长的必由之路。无论是学术上的新挑战,还是职业选择中的未知领域,学长始终保持着一种积极的探索心态。然而,学长的"敢闯"并非盲目地去追求表面的成就或快速的突破,他更看重的是通过尝试获得实际的经验和成果。学长指出,虽然外部的光环和表面成就或许能够带来短期的认同,但真正能够让自己获得长期成长的是实际的成果与内在的积累。学长通过多次实践,逐步明确了自己哪些领域能够长期投入、哪些方向是自己真正能够有所建树的。无论是在学术研究,还是在职场选择中,他都保持着清晰的判断,始终保持对实践成果的高度关注。正是这种务实的心态,帮助学长在多次的尝试中稳步积累经验,为未来的选择和发展奠定了坚实的基础。在面对生活中的种种机会与挑战时,学长并不急于一时的光鲜亮丽,而是通过脚踏实地的努力,一步一个脚印地积累自己的优势。

学长的选择之路,充分体现了其严谨的思维方式和务实的态度。他通过对多条道路的充分探索和比较,逐渐找到了最适合自己的发展方向。正如学长所言:"目前我选择了以选调生为就业的主攻方向,但至今我仍然处于就业探索期,最终的职业选择尚未最终确定。但无论哪条路,我都将从容自信地走下去。""我要去探索一下其他方向,不然,如果我从头到尾只探索选调这一条路的话,我就会美化其他我没有走过的路。"

学长的个人特色不仅在于"务实"与"敢闯"的人生辩证法,更在于他广泛的兴趣和追求卓越的态度。从学术到运动,从社团管理到职业选择,学长始终追求多元化发展。在他看来,单一的专注固然重要,但多元化的发展却能为个人成长打开更广阔的视野,激发更丰富的潜力。学长不仅专注于学术领域的深耕,还积极参与各种课外活动,尤其是在运动方面表现出了极大的热情。无论是跆拳道、羽毛球,还是乒乓球,学长都以一种热爱和追求卓越的心态参与其中。这些运动不仅帮助他保持了良好的体魄,更培养了他团队合作和自我挑战的精神。运动不仅让学长获得了身体上的强健,也让他在精神上得到了更多的磨砺,提升了他面对生活挑战时的心理素质和应对能力。

学长的经历向我们展示了一个深刻的哲理:人生中的选择并非一成不变,而是一个动态、开放的过程。通过不断地尝试和探索,逐步修正自己的认知和方向,最终找到最适合自己的道路。学长在多个领域的实践探索,使得他能够在面对人生重大决策时,更加从容、清晰地做出判断。这一过程不仅依赖于理性的思考,还需要通过实际的行动去感知和验证。学长的成长轨迹告诉我们,在职业选择和人生决策中,重要的不是固守单一路径,而是勇于探索、敢于创新,通过多维度的尝试与对比,找到最符合自己内心与潜力的发展方向。

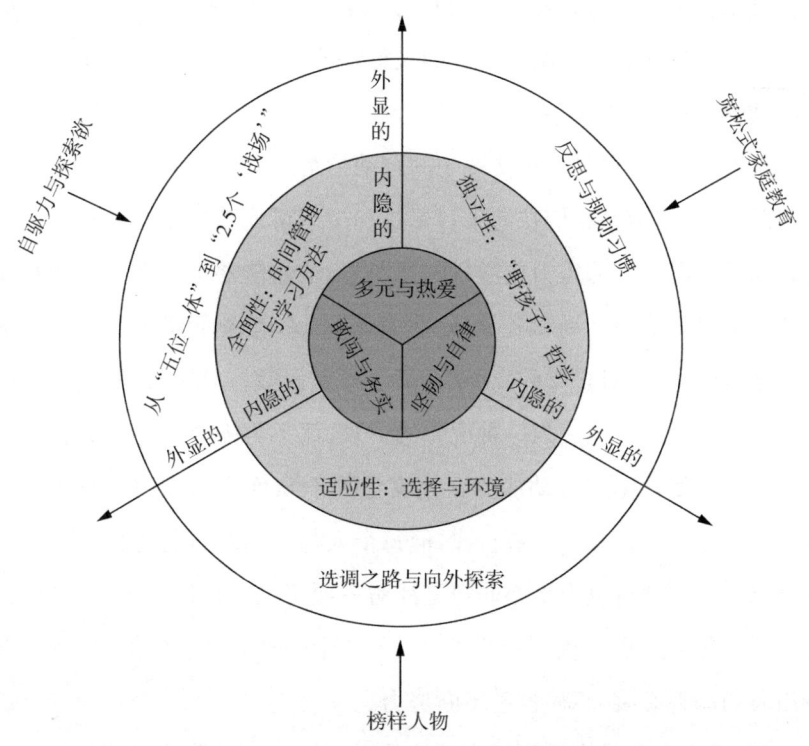

此图为访谈小组绘制的"成长密码"环形图

我们的成长密码

在聆听周熙宜学长的成长经历后，我们不禁深感启发。这不仅仅是一个关于个人成长的故事，更是对我们每一个人如何应对挑战、实现自我超越的深刻启示。从学长的经验中，我们能够提炼出一套属于自己的成长密码，这些密码或许正是我们走向成熟与成功的关键。

首先，根据自身兴趣爱好和能力设置目标是每个成长过程中的起点。在周学长的经历中，明确的目标始终贯穿其中。他提到，在十几岁时他就已经明确了自己的人生方向，并且始终围绕着这一目标进行规划与行动。这不仅是目标的设定，更是一种行动体系的建立。一个清晰的目标可以为个人的努力提供明确的方向，帮助我们确定优先事项，并决定哪些活动是朝着期望结果前进的关键步骤。目标的设立，让我们不再迷茫，能够坚定不移地朝着自己设定的道路前进。因此，设定目标不仅是理论上的步骤，更是一种实践中的行动指南。

其次，自驱力是我们在追求目标过程中不可或缺的内在力量。自驱力是即使在没有外部压力或激励的情况下，依然能够促使个体采取行动并持续努力的能力。周学长谈到，他每天早起，有条不紊地管理自己的学习与生活，这种对自律的高要求，早已深入骨髓。对学长来说，学校的任务与生活安排已经成为一种内化的常规，而不再需要外界的监督与压力。这种高度自觉的行动能力正是支撑他不断前行的动力。虽然并非每个人都能像学长那样高效自律，但每个人都应当培养起为目标而行动的自驱力。这种自驱力不必非得是针对一项宏大的目标，重要的是能够在生活的每一小步中找到前进的动力，在日常的学习与生活中，始终保持内心的动力源泉，驱使自己不断努力。

第三，探索欲是推动我们成长的重要力量。探索欲不仅是对未知世界的好奇，更是对生命意义的深刻追问。每一次的探索，都意味着走出自己的舒适区，跨越眼前的局限，追寻更加广阔的天地。从周学长的经历中，我们可以看到，正是由于不满足于现状的渴望，学长才敢于走出固有的框架，勇敢地踏上不同的道路，去了解国际化的学术环境、去了解不同的职业领域。这种探索欲不仅仅体现在学术领域的拓展，更深入到职业与生活的各个层面。每一次的探索和思考，都让我们更加了解自己，进一步明确自己想要的生活方式和成长路径。探索是一个不断超越自我的过程，无论结果如何，关键在于这个过程所带来的自我认知的深化与反思。

第四，引路人的存在，是我们成长过程中不可或缺的支持与帮助。在每个人的成长旅程中，总会有一些人如同灯塔一样，在我们迷茫或困顿时，给予我们指引与启发。这些人可能是父母、师长，也可能是学长学姐或朋友。他们通过言传身教、通过自己的经历和智慧，向我们展示了前行的方向与意义。周学长也提到，自己在成长过程中受到了许多优秀前辈的启发与帮助，这些人不仅仅通过语言和建议给予他帮助，更通过自己的行动与榜样，向他展示了坚持、勇气与努力的价值。找到这些引路人，并与他们保持亲密的联系，将有助于我们更加快速、清晰地认识自己，提升自我。

结束语

在访谈的最后，在谈及自己的榜样时，周熙宜学长提到，他的导师姚远教授与秋怡学姐就是他在工作与生活中最重要的榜样人物。两位榜样不仅在工作中展现了卓越的自律性、长远的眼光和坚韧不拔的品质，也在日常生活中给予了他深刻的启发。学长在接受这些榜样的影响时，逐步形成了自己对卓越与成长的追求，这种追求不仅局限于某一领域，而是跨越学术、职业、生活的多重维度。

没有理想信念，就会导致精神上"缺钙"。新时代中国青年要把奋斗作为青春最亮丽的底色，以实现中华民族伟大复兴为己任，把青春和梦想融入国家和民族事业中，在实现民族复兴的赛道上激情奋斗。周熙宜学长的成长历程是一部充满励志与启迪的奋斗史。在南京大学的七年时光里，他用自己的实际行动诠释了什么是真正的全能选手——不仅要在学业上取得卓越的成就，还要具备全面的素质与能力；不仅要独立思考、勇于探索，还要适应环境、选择正确的人生道路；不仅要坚韧不拔、自律自强，还要怀揣梦想、勇敢前行。

在人生的道路上，没有一帆风顺的坦途，也没有一蹴而就的成功。只有不断努力、不断挑战自我、不断超越自我，才能够实现自己的梦想与价值。让我们以周熙宜学长为榜样，用自己的实际行动去书写属于自己的精彩人生篇章！

访谈感想

对于此次对周熙宜学长的访谈活动,我不仅收获了许多宝贵的经验,也深刻感受到了成长的力量。通过与他深入交流,我对人生的方向、学习的态度以及如何平衡学业与生活有了更加清晰的认识。这次访谈让我深刻体会到,成功并非一蹴而就,而是源自持之以恒的努力、清晰的目标和不断的自我反思。

学长的成长轨迹让我深受启发。他不仅学业出色,还是各类社团活动的积极参与者,曾担任多个项目的负责人,并多次获得奖学金。通过他的分享,我发现他之所以能够在学业上取得优异成绩,是因为他有明确的学习目标和时间规划。他告诉我,时间管理是他成功的关键,他总是提前制定计划,并且坚持按计划执行。学长强调,"在面对繁重的学业任务时,最重要的是保持清晰的头脑和合理的时间分配,不能被眼前的繁忙所压垮。"

与他交流过程中,我还意识到,他的优秀不仅仅体现在学术成绩上,更体现在个人的全面发展上。学长认为,大学生活不仅是学术的积淀,更是能力的培养和人生观的塑造。他在课外活动中的表现同样卓越,他告诉我,参与社团活动不仅提升了自己的沟通能力和团队合作精神,还为提升自己的领导力打下了基础。学长的观点让我明白,个人素质的全面提升是未来发展的重要基石。

此外,学长的心态和永对待挑战的态度也深深打动了我。他提到,面对困难时,最重要的是保持积极乐观的心态和永不放弃的勇气。在他看来,任何挑战都是一次成长的机会。失败并不可怕,关键是从失败中汲取经验,不断调整自己。正是这种永不放弃的精神,让他能够在学业和生活中不断突破自我,取得一个又一个的成就。

通过这次访谈,我不仅学到了很多关于学业、时间管理、社交和人生规划的具体方法,也对成功的定义有了更为深刻的理解。周熙宜学长通过自己的实际行动告诉我,成功没有捷径,需有脚踏实地的努力和持续的自我提升。对我来说,这次访谈不仅是一次知识的学习,更是一次心灵的触动。我会以学长为榜样,设定自己的目标,脚踏实地地向前迈进。

——范欧雯　南京大学政府管理学院2024级硕士生

在这次难得的课程访谈机会中,我有幸采访到了南京大学备受瞩目的优秀学长周熙宜。这次采访不仅让我深入了解了他的成长经历和学习心得,更让我从中汲取了宝贵的经验和深刻的感悟。

周熙宜的成长历程充满了挑战与坚持。从他的讲述中,我得知他从小就展现了对知识的渴望和对梦想的执着追求。无论是在学业上还是在课外活动中,他都始终保持着高度的热情和不懈的努力。这种持之以恒的精神,让我深感敬佩。周熙宜在遇到困难时从不轻言放弃,而是选择勇敢面对,积极寻找解决问题的方法,在"2.5个战场"上仿佛是一个永不倦怠的战斗机器。这种坚韧不拔的品质,正是我在学习和生活中所缺乏的,也是我今后需要努力培养的方向。

采访过程中,周熙宜的谦逊和真诚给我留下了深刻的印象。他并没有因为自己的优秀而自满或高傲,而且非常愿意分享自己的学习经验和心得学长写了好几本反思本。他提到,成功的背后是无数次的失败和反思,是不断尝试和不断修正的过程。这让我意识到,优秀并不是一蹴而就的,而是需要付出大量的努力和汗水。同时,周熙宜还强调了时间管理和目标设定的重要性,他认为只有合理规划时间,明确自己的目标,才能更高效地学习和生活。

这次采访对我来说是一次宝贵的学习经历。通过与周熙宜的交流,我不仅了解到了他的成长故事和学习方法,更重要的是,我学到了他身上那种坚韧不拔、谦逊真诚、乐于分享的品质。这些品质将激励我在今后的学习和生活中更加努力、更加坚定。

未来,我将以周熙宜为榜样,努力提升自己的学习能力和综合素质。我相信,只要我保持对知识的热爱和对梦想的执着追求,就一定能够走出一条属于自己的成功之路。同时,我也希望能够有机会再次与周熙宜交流,向优秀前辈请教学习和生活中的各种问题,持续进步。

——马金戈　南京大学外国语学院2024级硕士生

作为课程的一部分,本次访谈作业对我而言,不仅仅是一项课程访谈机会,更是一场关于自我认知与成长的深刻探索。通过与周熙宜学长的访谈,我得以在一个更加具体和直接的层面上感知到个人成长的动力与路径。这不仅让我对课程中所学的理论有了更深的理解,也让我从学长的经历中获得了许多宝贵的启示,尤其是在自我管理、长期规划和个人哲学等方面。

学长的"野孩子"哲学深深触动了我。这种哲学不仅仅是一种成长方式的选择,更是一种关于自我实现的深刻反思。他谈到,不愿做乖孩子,也不愿做坏孩子,而是选择成为一个"野孩子",以自由的心态去应对成长中的各种挑战。对我来说,这不仅仅是一个成长观念的转变,更是一种对个人独立性和自由的坚守。在这个充满压力与期望的世界里,学长让我意识到,保持独立思考和判断的能力,才能在多重社会标签与框架中找到自己真正的道路。这一理念让我深刻意识到,无论是个人发展还是未来职业生涯规划,都需要站稳自己的脚跟,拒绝随波逐流。

访谈中学长提到的"每月反思一遍"的习惯,也让我对自我反思和长期规划的重要性有了更深的体会。学长从12岁起便开始规划自己的未来,并通过不断的反思调整自己的方向与目标,这种习惯成了他应对成长迷茫与挑战的支柱。对我来说,学长不仅是一个值得效仿的典范,更是一面镜子,提醒我在日常学习与生活中,不断审视自己,规划未来。这种持续的自我反思与规划,不仅能帮助我保持清晰的目标,也能让我在面对不确定的前景时,拥有一份内心的笃定。更为重要的是,完成本次访谈作业的过程,让我开始更加清楚地认识到自己在沟通与表达方面的不足。通过这次访谈,我学会了如何在对话中更好地引导话题,如何抓住关键点,并深入挖掘学长经验中的深层次信息。这一过程中,我的思维能力和沟通技巧得到了显著提升,而这些收获无疑会在未来的学习与职业生涯中发挥重要作用。

总的来说,这次访谈作业不仅让我深化了对课程理论的理解,还促使我在实践中提升了自我管理与思维的能力。学长的成长经历,给了我许多启发,使我对个人成长有了更加清晰的认知。同时,这次访谈也让我更加坚定了要通过自我反思、长远规划以及不断挑战自我,去追求卓越的信念。这不仅仅是一项课程任务的完成,更是一场思想的洗礼与自我的升华。

——金姝含　南京大学政府管理学院2024级硕士生

习近平总书记勉励广大青年,"以奋斗姿态激扬青春,不负时代,不负年华""要在实现民族复兴的赛道上奋勇争先"。在深入阅读周熙宜学长的访谈逐字稿后,我被他的经历和深刻见解所启发,感觉到学长真的是非常奋进!下面我从启发与感悟两方面来阐述我本次访谈地感想。

在启发方面,一是要坚持学习与自我提升。周熙宜学长的学术旅程,从迷茫到卓越的蜕变,启示我们学习不仅是知识的积累,更是自我提升的旅程。他强调认真听每一节课、做好每一份笔记、复习好每一场考试的重要性,这些基本的学习习惯,构成了学术成功的基石。无论在哪个阶段,我们都要持续学习和自我提升,不断寻找适合自己的学习方法。无论是在学术上还是职业发展上,学长都展现了对国际政治的深厚兴趣和明确的方向感。这告诉我们,我们应该追寻自己真正热爱的领域,并为之设定清晰的目标,这样才能在面对挑战时保持动力和专注。三是要有决策与执行力,周熙宜学长在学生工作中的经历,展现了他在决策和执行上的智慧。他强调在决策时不能盲目行动,在执行时不能犹豫不决。在任何领导角色中,都需要有清晰的思路和果断的行动力。四是坚持终身学习与自我反思,周熙宜学长对阅读的热爱和对知识的渴求,体现了他的终身学习理念。他通过不断学习和自我反思,提升了自己的学术和领导能力。这启示我们,无论在哪个领域,都要保持好奇心和学习的热情,不断反思和进步。

总的来说,周熙宜学长的经历和思考为我们提供了宝贵的启示。他的故事鼓励我们追求卓越、明确目标、管理时间、追随兴趣、勇于决策、面对挑战、终身学习,并不断自我反思。这些启示将伴随我们在未来的学习、工作和生活中,帮助我们成为更好的自己。

就感悟而言,作为一名政府管理学院的学生,访谈既是学术研究中的一项基本技能,更是一种深入探索和理解人物故事的重要途径。在过去的本科学习中,我对访谈方法的接触虽多,却往往缺乏全面而深刻的实践体验。那些零星的访谈实践,往往局限于个人的单打独斗,访谈对象的选择也较为单一。然而,随着本科四年的学术积累,当我再次握起访谈这把钥匙,我对它有了全新的认识和感受。首先,这次访谈的出发点并非科研任务,而是纯粹地为了探索一个人的成长轨迹。我们的目标始终明确:挖掘周熙宜学长的成长故事,揭示那些成就背后动人心弦的细节,并将其生动地呈现出来。每个人的生命历程都是独一无二的宝藏,而周熙宜学长的故事,正是我们小组八位同学共同努力的成果。通过访谈,我们不仅让学长的形象从模糊的"乖孩子"标签中走出,更让他从一个遥不可及的"传说"变得鲜活可感,栩栩如生地站在我们面前。其次,这次访谈是我们八人小组的集体作品。在过去,我也参与过不少小组作业,但八人规模的合作尚属首次,这不仅是对组长能力的挑战,更是锻炼领导力的绝佳机会。在小组合作中,如何有效地分配任务、协调成员意见，一直是考验组长智慧的问题。在这次访谈中，我们通过精心的分工，将八位同学分为三个小组，分别负责资料收集、访谈提纲撰写、实际访谈和文稿撰写。组长和两位副组长各司其职，确保每个成员都能在访谈中发挥作用，同时保证整个项目的顺利进行。最后，这次访谈是对记录价值的深刻诠释。在深入了解周熙宜学长的日常学习和工作细节后，我更加确信，如果没有我们的访谈，那些珍贵的故事可能缺乏足够的关注。我们所做的，不仅是记录，更是让这些故事得以传播。哪怕只有少数读者从中获得启发，这次访谈便有了它独特的价值和意义。

通过这次访谈，我深刻体会到了团队合作的力量，以及记录和分享故事的重要性。这些经历不仅丰富了我的学术访谈能力，更让我对访谈有了更深的情感和理解。在未来的日子里，我将带着这次访谈的感悟，继续在学术的道路上探索和前行。

——王启森　南京大学政府管理学院2024级硕士生

回顾和周熙宜学长的访谈记录，我收获了诸多实用且深刻的启发。学长独特的"野孩子"哲学，是对传统教育观念的勇敢突破。他没有被"乖孩子"的标签束缚，也未走向叛逆的极端，在宽松的家庭氛围中，凭借自由的思考与自我管理，开辟出属于自己的独特道路。这种不随波逐流、独立探索的精神，正是在如今同质化倾向严重的时代中难能可贵的。

学长在任务管理与学习探索中展现的坚韧自律也令人赞叹。他的"做好2.5件事"的工作理念也启发了我很多，人的精力毕竟是有限的，摸清楚自己的能力上限，探索最合适自己的处事之道非常重要。

无论是学术钻研，还是学生工作，他都以极高的标准要求自己，将长期规划执行得有条不紊。面对压力与挑战，他坚守目标、注重细节，用行动诠释着坚持与努力的力量。周熙宜学长用自身经历诠释了何为优秀，相信他的宝贵经验可以指引我们在成长之路上奋勇前行。

——李亮　南京大学政府管理学院2024级硕士生

2024年12月2日，我有幸参与了对周熙宜学长的一次深度访谈。这次访谈不仅是一次学术交流的机会，更是一场关于成长、选择和坚持的心灵对话。从最初了解到周熙宜学长在学生工作上的杰出表现，到后来得知他在学术研究领域的深刻见解，我的好奇心逐渐被激发出来。而在这次面对面的交流中，我发现周熙宜学长远不止于这些表面的成就：他有着更为丰富的内心世界以及对未来充满思考的态度。

时间管理与自律精神的深远影响。当谈到如何平衡学习与学生工作的压力时，周熙宜学长分享了他的个人经验。他说："每天从宿舍走到国际关系学院需要7分40秒左右，这段时间足够让我整理好心情准备上课。"这看似简单的一句话背后，蕴含着他对每一天每一刻都精心规划的理念。正是这种严格的时间管理和高度自律让周熙宜能够在繁忙的日程中始终保持高效状态。通过这次访谈，我意识到良好的习惯养成对于实现目标的重要性，并决心在未来的学习生活中尝试建立类似的规则来提高自己的效率。

专业认同和个人兴趣的关系。"如果一个人选择了自己不喜欢的专业，那么即使将来赚再多的钱也会感到空虚。"这句话深深触动了我的心弦。在当今社会，"就业前景"往往成为许多人在选择专业时考虑的重要因素之一，但周熙宜学长的观点提醒我们：真正的满足感来自内心的热爱而非外界的认可。他提到，在面对"人文生活无用论"的质疑时，自己从未动摇过对所选专业的信心。相反，随着知识结构的不断完善，他对世界的理解也变得更加深刻。这段话不仅改变了我对专业的看法，更让我重新思考了人生的意义所在——找到那份能让自己全身心投入的事情，并为之不懈奋斗。

跨学科思维的重要性。周熙宜学长强调了经济学中的经济人假设与政治学中有限理性人假设相结合的重要性。"当我们面对不同类型的对象时，应该采取不同的策略：与君子讲道理，与小人谈利益。"这样的思维方式不仅适用于处理人际关系,更可以在解决复杂的社会问题时提供全新的视角。此外,他还提到了中美经贸摩擦背后的经济学逻辑,指出在全球化背景下,理解和分析国际关系需要综合考虑政治、经济等多个方面因素。这使我对未来的学习有了新的认识:不仅要深耕于本专业领域,还要积极拓展其他相关学科的知识面,培养跨界思考的能力。

审慎决策与果断执行。在讨论如何应对目标无法达成的情况时,周熙宜学长特别强调了"审慎决策"和"果断执行"。他建议我们在设定目标前要充分评估可能遇到的风险,并准备好应对方案;而在实际行动中,则应充满信心地推进计划。这种思维方式有助于我们在复杂多变的社会环境中保持冷静头脑,做出明智的选择。同时,学长还分享了自己在担任多个职务期间的经历,说明了合理分配时间和资源的重要性。这使我明白了,无论是在个人发展还是团队合作中,都需要具备清晰的目标意识和高效的执行力。

阅读的重要性。最后,周熙宜学长反复提及读书的重要性。"一本书读完后,我会记录下阅读时间和心得批注。"这样的习惯不仅帮助他积累丰富的理论基础,也为实际应用提供坚实的支持。在当今信息碎片化的时代背景下,周熙宜学长坚持深入阅读的态度值得我们每个人学习。他提到,通过广泛涉猎各类书籍,可以拓宽视野、增长见识,更重要的是能够培养独立思考的能力。这对我未来的阅读计划产生了深远影响:不再局限于课本知识,而是更加注重经典作品和社会热点话题的研究,以期获得更全面的成长。今年,我加入了学院青年学习社读书会。

在访谈过程中,周熙宜学长还分享了他对大学生活的感悟。他认为,大学是一个探索自我、发现兴趣的阶段,不应该仅仅局限于课堂内的学习。参加社团活动、志愿服务等社会实践都是宝贵的经历,它们可以帮助我们更好地了解社会需求,增强社会责任感。此外,学长还提到,在选择是否继续深造时,应该根据自身的实际情况进行权衡。如果已经明确了自己的职业方向并且具备相应的能力,那么尽早进入职场积累经验也是一种不错的选择。这些观点为正处于迷茫期的我指明了方向,让我认识到大学不仅是获取知识的地方,更是塑造人格、规划未来的重要时期。

通过这次访谈,我不仅收获了许多宝贵的经验和启示,更重要的是,它促使我开始反思自己的生活方式和未来规划。周熙宜学长的故事告诉我,成功并非偶然,而是源于持续不断的努力和正确的价值观导向。在未来的学习和工作中,我将努力践行从访谈中学到的道理:珍惜每一分每一秒,用心经营每一天;坚持追求自己真正热爱的事物,勇敢面对困难;培养跨学科思维能力,提升解决问题的水平;保持谨慎而果断的态度,确保每一个决策都能带来正面的影响;最重要的是,永远不要停止阅读的脚步,因为那是通向无限可能的大门钥匙。

这次访谈不仅仅是一次简单的问答交流,更像是一场心灵之旅,让我看到了一个年轻人如何通过智慧和勇气,在纷繁复杂的世界里走出属于自己的道路。希望未来也能像周熙宜学长一样,坚定信念,勇往直前,创造出属于自己的精彩人生篇章。

——姚文沛　南京大学马克思主义学院2024级硕士生

我在课上听到可以参与访谈以后就第一时间报名了。年度人物的学科背景丰富,文科理科和工科都有,其中包括三位学长和三位学姐。根据自己的专业和之前对学长的了解,选择了周熙宜学长这一组。当时,每个同学都可以报三个志愿,我很幸运地通过第一志愿入选。在参与周熙宜学长访谈的准备工作时,虽然我最终没能切身实地去参与访谈工作,但从搜集到的资料与最后返回的照片与访谈记录中,我还是深刻地感受到了周学长的个人魅力。周学长不仅学术成就斐然,而且在人生的各个方面都展现了非凡的责任感与使命感,他的成长经历、学术成果、社会实践以及过往事迹,都给我留下了极其深刻的印象,让我明白"栋梁"二字真正的含义。

周学长的学术成就无疑是令人钦佩的，他以卓越的成绩连续三年获得专业第一，并获得了南京大学栋梁特等奖学金、国家奖学金等多项荣誉。更令人敬佩的是，在获得诸多荣誉后，他并不满足于仅仅在课堂上取得好成绩，而是积极参与科研活动，深入思考社会问题。他参与的课题体现了他在国际关系和政治认同领域的研究潜力，而他基于政治认同理论的科研成果获得了"挑战杯"省级一等奖。这些学术成就不仅反映了他扎实的学术功底，也展现了他对学术研究的热爱与追求。

周学长的成就也并不仅仅停留在学术领域，通过他参与的社会实践内容，我看到了他对社会的责任感与对基层民众的关注。他在校期间积极参与了十余项社会实践，作为基层研究会培训部部长，还组织策划了"未来管理菁英高级研习班"；在参与苏州市优秀实习生评选时，展现了出色的组织和领导能力；他曾亲身参与湖北疫情防控工作，加入当地政府的宣传队，传播防疫知识并撰写防疫观察报告；他还曾在中共武进区委组织部实习；作为南大团委组织部副部长，负责管理600余个团支部的基层工作。这些经历不仅展现了他卓越的组织能力，也体现了他作为一名青年学子的使命感与家国情怀。

青年兴则国家兴，青年强则国家强，青年一代有理想、有本领、有担当，国家就有前途，民族就有希望。总的来说，周熙宜学长不仅仅是一个优秀的学生，更是一个有责任、有担当的栋梁之才！我能感受到他身上的力量！他的多项学术成就与丰富的社会实践经验，都让我深刻认识到，只有具备扎实的学术能力和广阔的社会视野，才能真正为社会发展贡献力量。周学长的事迹不仅让我感到钦佩，也激励着我在今后的学习与生活中，努力做到德才兼备，回馈社会。

——吕嘉鑫　南京大学政府管理学院2024级硕士生

吴秋怡老师为大家提供了与榜样人物直接交流对话的宝贵机会，以一种不同于其他思政课的结课方式帮助我们将抽象的理论知识与具体的实践案例相结合，直观地看到理论在现实中的生动体现。我想吴秋怡老师想传达的或许是，通过"小我"看"大我"，榜样人物的成长历程和奋斗故事，往往蕴含着对新时代中国特色社会主义理论的深刻理解和践行，他们的经历能够为同学们提供鲜活的范例，带来更直观、更持久、更深刻的激励作用。作为一名社科专业的学生，我也曾以访谈的形式和许多受访者打过交道，亲身体会到访谈从准备工作到中间过程，再到后期总结，每个环节都能够锻炼自己的综合能力。这次的榜样人物专访，我觉得其本质更像是"渴望看见与被看见"。我参与访谈的出发点不仅是认识优秀的前辈，而是试图进入一种更加真诚的对话状态，与被采访者形成一个输出的整体，共同向更多的读者呈现存在、散发善意和力量。

  于我而言，参与周熙宜学长访谈的过程本身就是一次深刻的教育体验。在与榜样人物的直接交流与专访文稿撰写中，通过"五位一体"学习法、反思习惯等方面，我不仅感受到了榜样的力量和闪光点，更是了解到其所作选择中蕴含的理想信念与思维逻辑，从而更加清晰地认识到自己的人生方向和目标，激发自己的内在动力。

  也许在这个时代，克服焦虑、减少内耗最好的方式，是走近真实的个体，看见具体的生活。感谢吴秋怡老师提供这次宝贵的访谈机会，让我更加深刻地认识到，新时代中国特色社会主义理论并非遥不可及，而是可以通过每一个普通人的努力在实践中得以体现和践行，因此我们度过的每一天都是有意义的。往后的日子里，我会时刻提醒自己，将个人的成长与国家的发展紧密结合，为实现中华民族伟大复兴的中国梦贡献自己的力量。

——刘胜蕊　南京大学政府管理学院2024级硕士生

  有幸阅读了吴秋怡老师指导下的学生榜样访谈记录，展卷之际，仿佛看见一株新竹在晨雾中拔地而起，年轻的根系深深扎于现实土壤，枝叶却始终追寻着精神苍穹。从"野孩子"到"全能选手"，学弟学妹以诚挚笔触镌刻周熙宜的成长轨迹,让我深刻体悟到:真正的成长,既需要仰望星空的眼界,更离不开扎根大地的谦卑。

其一,人当跬步千里,以细流之姿奔赴广阔江海。访谈记录中的"五位一体"学习法和"2.5个'战场'"的理念令我耳目一新。学弟"敢闯""敢干"跳出舒适圈的行动力,恰如《荀子》"不积跬步无以至千里"的当代演绎。这让我想起敦煌藏经洞中无名画工的习作稿,千年之后我们依然能从那些重叠的线条里,看见艺术圣殿是如何从最简单的横竖撇捺中生长出来。正如陆游"纸上得来终觉浅,绝知此事要躬行"的警示,真正的成长永远是在掌握了正确的方法后在具体细微的践行中显现。

其二,力求朝乾夕惕,以终身学习抗衡时空熵增。在"卷与不卷"的困惑与"卷又卷不动,躺又躺不平"迷茫横行的当前,学弟找准了自己人生的方向,培养了独立思考的习惯,稳定了既"求真务实"又"敢闯敢干"的自我定位。这让我想起朱熹"问渠那得清如许"的理学精魂,更与顾炎武"君子之学,死而后已"的训诫隔空对话。学弟言语间提出的"三条防线"深刻诠释了"终身学习"的理念,为持续不断的行动力和长远的全面发展奠定了良好的基础。

其三,为人当见贤思齐,以他人烛火点亮心心灯。访谈记录中学弟提到了"散养式父母"、姚远导师、令他心生敬仰的吴秋怡学姐以及他学习生涯中重要的转折点——与全区第一名学生的日常相遇。这些温暖而具体的师友形象,这些平凡却璀璨的微光,正是《围炉夜话》所言"观朝夕之行事,可卜终身之成就"的最佳诠释。这让我想起苏轼"庐山烟雨浙江潮"的顿悟——伟大从来不在远方,榜样就生长在离我们最近的生活里。

合卷远眺,春风中的柳枝正在阳光下编织新的绿意。这篇以"青春奋进"为主题的访谈给予我们最珍贵的启示,或许正在于它印证了中华优秀传统文化中那个永恒的成长范式:以他人为镜可以正心性,以微末为基可以筑广厦,以不息为本可以越关山。期待我们年轻人能够继续保持这种"曾识乾坤大,犹怜草木青"的生命姿态,在未来的长路上,既能如辛弃疾"我见青山多妩媚"般与万物对话,亦能践行阳明"知行合一"的求索精神,让成长永远处于"进行时"。

——张翔　南京大学马克思主义学院2023级博士研究生

仔细研读周熙宜的访谈故事后,让我有了很大感触,他的成长故事就像是一本当代青年启示录,展现了一个关于自我认知与生命成长的深邃命题,解答了许多当代年轻人对于成长的疑惑。特别是关于目标与规划、个性与坚毅和环境与选择的论述,结合自身的成长轨迹,让我产生了极大的共鸣,使我对前方的道路又有了更清晰更深刻的认知。

周熙宜的成长故事让我深刻意识到,清晰的规划与持久的坚持是突破迷茫的利剑。他的"五位一体"学习法将大学生活拆解为可执行的目标模块——从课堂学习到社会实践,每一个模块都有明确的优先级。这种目标导向的思维让我反思:过去自己常常因为事务繁杂而焦虑,却从未像他一样将目标拆解并排序。他连续四年专业第一的成绩、跨文化交流的经历、学术论文的发表,无不印证了一个朴素的真理:确立方向后日复一日的深耕,终会在时间里沉淀出答案。

周熙宜最触动我的,是他既脚踏实地又敢闯敢试的平衡智慧。他像传统意义上的"好学生"一样深耕专业,拿下40多项荣誉,却又保持着"野孩子"的自由灵魂:写小说、练跆拳道、跨国交换,探索学术与职场的不同可能。这种既遵循规则又打破框架的成长姿态,打破了"优秀必须牺牲个性"的偏见。他让我看到,真正的榜样不是复制别人的轨迹,而是像他那样——在成为选调生、做学术、央企求职等多条道路间主动探索,最终找到与自己价值观共振的方向。正如他从与学霸结伴上学中抓住机遇,从疫情耽误的交换计划中开辟新路,他的故事告诉我们:环境从来不是枷锁,关键是如何在现实条件中创造可能性。

周熙宜的成长密码,是一个南大优秀学子将目标感、自律性与开放性融合的范本。他让我相信,面对人生的选择题时,重要的不是寻找"正确答案",而是像他那样——用规划抵御焦虑,用坚持打磨实力,用探索拓宽边界。当我们抱怨"内卷"与"躺平"的二元困境时,不妨学学他的"2.5个战场"哲学:既不全盘接受系统的规训,也不彻底逃离竞争的压力,而是在动态平衡中走出适合自己的第三条路。这或许就是给我们这一代最好的启示:成长没有标准答案,但认真活过的人,终会写下属于自己的解题思路!加油!

——顾成宇　武汉理工大学船海与能源动力学院2024级博士生

访谈逐字稿（部分）

时间：2024年11月12日、2024年12月1日、2024年12月13日

访谈形式：线下访谈

访谈对象简介：

周熙宜，男，汉族，中共党员，国际关系学院国际政治专业2022级硕士研究生。曾任南京大学团委副书记（学生）、社管部部长、组织部副部长等职。曾连续四年排名专业第一，赴牛津大学、香港大学、德克萨斯州大学（奥斯汀分校）访学交换，并获得南京大学—约翰斯·霍普金斯大学中美文化研究中心国际经济学方向辅修证书。以第一作者身份发表关于区域国别学研究和气候政治研究的论文两篇。先后赴新华社、中国三峡集团等地实习。获国家奖学金、挑战杯红色专项全国特等奖、江苏省优秀学生干部、江苏省优秀毕业生、南京大学栋梁特等奖学金等40余项校级及以上荣誉。

采访人：

夏雨欣：南京大学马克思主义学院2024级硕士研究生

史珏诚：南京大学马克思主义学院2024级硕士研究生

邱美月：南京大学地理与海洋科学学院2024级硕士生

何聪甦：南京大学马克思主义学院2024级硕士生

王芸妮：南京大学教育研究院2024级硕士生

姚文沛：南京大学马克思主义学院2024级硕士生
马金戈：南京大学外国语学院2024级硕士生
刘胜蕊：南京大学政府管理学院2024级硕士生
李亮：南京大学政府管理学院2024级硕士生
金姝含：南京大学政府管理学院2024级硕士生
刘阮卿：南京大学马克思主义学院2022级本科生

提问： 我们想请教学长，在过往的学习生涯中，您取得了许多大大小小的成就。您觉得在这些学习成就中，哪一件最让您有成就感，或者最具代表性呢？

回答： 如果放在本科阶段，应该是我做了大几百万字的笔记。本科刚上大一的时候，我不太会学习。虽然爱学习，但不爱上课：不是在宿舍睡觉，而是去图书馆看书。大一时因为方法不对，专业课成绩很差。从大一下开始，我总结了如何提高专业课成绩，方法很简单，就是上好每节课、做好每份笔记、复习好每场考试。从大一下开始，我每门课都坐教室第一排，到课程结束时基本能做出十万字左右的笔记，期末可以打印成一本书。当时不少同学都在等我的笔记。还有个趣事，我做笔记用了自己设计的符号，比如用书名号两边加数字代表概念，这本不是通用符号体系，但别人用我的笔记，也跟着用了，被我标准化了。所以本科的这些笔记，是我学习方面最有成就感之处。研究生阶段，我写了一篇关于江苏特色的论文。很感谢王逸舟教授的耐心指导，以及姚老师、赵老师、孙老师的建议，这是我读研在学习方面取得的最大成绩。

提问： 您刚进大一有过迷茫期，从迷茫到坚定学习专业课，再到研究生时期热爱专业课，您经历了怎样的心路历程呢？

回答： 有几个关键节点。第一个是到南大第一天，很幸运遇到同地方的湖北老乡学姐，她也是国际政治专业，比我高一届。第一天晚上她邀请我去吃烧烤，花几个小时给我讲大二学生对南大的探索，像给了我一个"学习+生活"全方位大礼包。她让我一夜之间了解了大一新生可能要花半年甚至一年才能探索清楚的事。第二件事是有一天我骑共享单车在学校逛，到图书馆楼下看到很多人，发现是南京大学栋梁奖学金答辩。我听了大概四五个人答辩，发现他们都先说政治方面好，再说学术厉害，最后讲校园文化生活多彩。我把他们的关键词列下来，发现学生工作、专业课成绩、学习、交换、志愿者等词重复率高。大一寒假，我总结形成了大学第一个理论成果，优化了这几个点，让我知道大学该做什么、不该做什么，以及做事的先后顺序，对我帮助很大。

提问：也就是学长刚上大学就基本确立了本科要做的事。

回答：真的很巧合，如果那天晚上我不骑哈罗单车逛校园，就不会知道栋梁奖学金；如果没有同乡学姐指路，也不会得到这些信息。

提问：想请教学长，当初在大类里为何选择这个专业呢？

回答：我很早就知道国际政治，从小就想学，来南大后都没去听其他专业宣讲。因为我很坚定，小时候特别喜欢看CCTV4的《海峡两岸》，这对我的职业选择和未来方向产生重大影响，觉得政治有意思，还爱看《军情直播间》，对国际政治、国际军事很感兴趣，所以很早就确定学国际政治，大一专业分流就报了这个专业。

提问：我想请教学长，您从小对人文社科就有比较深厚的爱好。在您学习成长过程中，是否受到社会上常说的"人文社科无用论"，比如认为它属于服务业这类观点的影响？您又是如何确认自己对本专业的兴趣和专业认同的呢？

回答：我兴趣很早就有了，刚才也说过。但我的专业认同其实是到研二才建立起来的。在这之前很长一段时间，我对专业的认同都源于自己的热爱，真的是热爱。有句话叫"情人眼里出西施"，因为我喜欢这个专业，就想把它做到最好。哪怕这个专业找工作不太好，工资不高，我也觉得没关系，别人说工资低什么的，我不在乎，我喜欢就行。我本科是政治学、军事学、历史学学得比较好,社会学、心理学也有一点基础。但20世纪末以来的经济学以及占据整个人文社科里很大一块的新技术领域,我此前毫无知识储备。后来我去辅修了经济学,把经济学知识结构补上来后,突然就感觉到人文社科魅力之处了。当在对人工智能等各个主要技术领域的了解都达到一定程度后,对整个世界的洞察一下子就有了。我现在明显感觉,和一年前没去中美中心学经济学的时候相比,我眼中的世界更丰富了。所以我觉得,不是人文社科没用,而是很多时候我们没有学好、悟透人文社科的知识。

提问: 学长您学习人文社科至少有七年了,您觉得最大的收获是什么?它带给您最大的益处是什么?

回答: 一个益处就是对社会的洞察力。现在我经常能感觉到,面对同样一个问题,我和爸妈看到时,我能很快反应出更多东西,这是爸妈也能感觉到的。

提问: 学长在这个学习的过程中,您一直以来都非常优秀。按照很多同学的印象,像学习成绩这么优秀的同学,是不是应该继续读博、做科研?学长您是怎么选择的呢?

回答: 对于这个问题,坦诚来说我在本科的时候纠结过是否要在国内继续读博士。身边也会有老师和同学关心我是否继续读博士。从2020年开始,在南京大学,博士要读四年,自己感觉有点久。我在这个问题上纠结了好几年,读完博士,可能还要审慎选择职业道路,这也是一个考量。毕竟博士要读四年,心里有些打鼓。

我唯一一次职业规划上的纠结是在研一的时候。那时我已满足南大学生考选调的全部条件,学生干部做到校团副书记,还取得省优干、国家奖学金这些荣誉称号,挑战杯全国特等奖也拿到了,已经基本达到了一个南大学生考选调所能够拥有的最好条件了。当时我考虑的是,一个是央企国企的海外部门,一个是深造读博,两条路都能走,但我不清楚这两条路究竟如何,就想先了解一下再做决定,不然日后可能会美化没走过的路。

如果去央企、国企的海外部门,我反思自身有四个短板。一是缺少学术成果,研一还没论文;二是语言能力,不确定能否达到工作语言水平;三是缺经济学知识结构;四是缺国企部门实习经历。于是我用研一、研二两年时间解决这些问题,去中美中心花一年时间接受全英文授课的经济学课程培养,研二跟老师发表一篇区域国别领域的文章,研一寒假去三峡集团实习,暑假去新华社实习。补齐短板后,选调和央企国企的简历投递同步进行。后来很多企业给了正向反馈,但 offer 集中在十月、十一月底,和我报名的选调考试时间冲突,只能无奈放弃。至于读博我很早就放弃了,可能我还是有很强的实践偏好吧,希望尽快能将所学运用于实际的工作当中。

提问: 学长,您在这么久的专业学习中,您觉得有什么比较宝贵或者独特的经验,一定要分享给大家?

回答: 一定是多看书。多看书是最重要的。最近每次回老家,我都会拖两箱书回去。大致上,我可以给你们看一下相关图片。我的书既不放在宿舍,也不放家里,而是放在一个仓库里。基本上所有的书我都看过,每个箱子后面有批注,每一页的第一面我会写什么时候开始看第一遍、什么时候看第二遍、主要的问题是什么、自己的思考是什么。总之,我的回答就是一定要多看书。多看书之后,原本写不出的内容也能写出来了,这其实是非常重要的一点。老师上课讲的很多精彩观点,也不是凭空想象的,是从各种书里吸取来的。

提问: 学长在这么多个领域都有这么出色的成果,请问学长是怎么平衡自己的时间的呢?

回答: 要去找自己的能量极限,找到自己的"2.5 个战场"。这个概念从哪来的? 我之前看印度总参谋长写的一个报告,里面提到印度目标是要打赢 2.5 线战争。这里说的 2.5 线战争,指的是在西藏高原方向打赢中国人民解放军,在巴基斯坦方向打赢巴基斯坦军队,同时还要镇压国内可能来自底层引发的问题,所以叫 2.5 个战场。后来我发现自己大概也有 2.5 个战场,就是能同时打赢学生工作这场"战争",打赢学习这场"战争"。剩下"0.5",只能用来搞搞志愿服务、社会实践这类强度相对不太大的事,没办法开辟第三个战场。可以寻找适合自己的能量场。比如,我不可能在做前两者的同时,又去写论文、搞学术。

周蕴晗

文明其脑破旧念，野蛮其体立新标

在当今社会，体育生常常被贴上固有的标签。人们习惯性地将他们与"头脑简单，四肢发达""上课睡觉，不认真听讲""特立独行，生活混乱"等刻板印象相联系。似乎，体育生注定只能在体育场上挥洒汗水，无法在学术的殿堂里占一席之地。

在这场与常规思维的较量中，周蕴晗作为一名健美操运动员，却以实际行动打破社会的刻板印象，展现出体育与学术并行不悖的可能。她的体育生涯，始于对健美操的"初恋"，她也凭借过人的天赋与毅力，获得了卓越的成绩；她的学术生涯，同样没有因为体育训练的忙碌而停滞，她通过对学术的专注和精细的时间管理，收获了丰富的科研成果。

周蕴晗的故事为我们展示了一个全新的命题——体育与学术，智力与体力，完全可以交融并进，共同绽放出属于自己的光彩。

一、虚假沉淀？天赋加努力的升级之路！

不同于网络视频中那些常常自我标榜"沉淀"，却略显浮夸做作的"体育生"，周蕴晗作为一名健美操运动员，用体育生涯中取得的瞩目成就，真实且深刻地诠释了什么是真正的自我提升与锤炼。她获评健美操国家级运动健将（国内最高运动等级），代表南京大学在全国健美操、啦啦操锦标赛高水平组中夺得冠军两次、亚军一次、季军一次，获省冠军五次，刷新了南京大学在这两个运动项目上的历史最佳成绩。她还曾凭借其优异的体育和学习成绩，获得南京大学 2023 年度栋梁特等奖学金，并被评为 2023 年南京大学学生年度人物。充满活力、积极向上的周蕴晗，凭借对健美操的无限热情、卓越的天赋和坚韧的毅力，开拓出了一条闪耀而独特的体育升级之路。

2008 年，小学一年级的周蕴晗因体质较弱，开始练习健美操，没想到这一"偶然"的选择，让她与健美操结下至今长达十八年的深厚缘分。这项运动不仅成为她生活中不可或缺的一部分，更逐渐发展为了她终身追求的事业。她曾在采访中打趣道:"小时候经常开玩笑说,健美操就是我的初恋。这是我第一次感觉到深深地喜欢一样东西,喜欢一个项目。"周蕴晗与健美操的遇见,无疑是十分幸运的事。小时候,周蕴晗也曾尝试过画画和古筝等兴趣爱好,天生活泼好动的她却难以静下心来专注于这些事物。然而,这种性格与健美操的动态特性不谋而合。周蕴晗当时并不知晓,她在健美操方面确实有天赋。小学练习一年后,她便赢得了江苏省女单冠军。这个初期的成绩给予了她极大的鼓励和回报,也让她更加愿意投入时间与精力。此后,她更是连续十年蝉联省冠军。2016年南京大学四组团体育馆举办的那届比赛中,她与搭档一起夺得了混双冠军。或许,命运的齿轮就在那时悄然转动,尽管当时她并未意识到,自己将在南京大学度过研究生生涯。

在中山东路体校一周三次、每次两小时的高强度训练,已经成了周蕴晗童年中不可或缺的一部分。但她努力在学业与兴趣爱好中找寻平衡,以数学满分、中考总分653的高分考入南京市金陵中学。选择金陵中学,又是周蕴晗的另一份幸运。她曾经写道:"我与南大的故事开始于去年的盛夏,但或许在我坐在金陵中学的教室里,抬头凝望不远处的北大楼时,命运的齿轮就已经转动了。"近些年来,许多学校为了高考成绩开始追逐学习"衡水模式",金陵中学却将"三全育人""三生教育"贯彻到底,用事实证明成绩和体育是可以相互促进的。金陵中学具有享誉全国的高水平体育队,现在也引入了智能体测,并且组织了许多趣味活动来增强学生体质。入校之后,周蕴晗和队员们一起利用课余时间努力训练,拿到了诸多奖项,自己也顺利成了国家一级运动员。可是比起这些荣誉,在这里形成的健全人格、团队精神更加裨益终生。

每一个辉煌瞬间的背后,都隐藏了无数的艰辛和付出,周蕴晗自然也不例外。在高三之前,周蕴晗并非一名专业体育生。而成为体育生后,如何平衡高强度训练与繁重的学业,成了她和队友们面临的核心问题。特别是在每周三次训练的频率下学业负担尤为沉重。许多队友因学业压力等原因逐渐放弃了训练,但周蕴晗始终没有轻言放弃,无论面临何种困难和阻碍,哪怕是雷电交加、风雨如注,她都会坚定地走进训练场。正是这种坚定的信念和不懈的努力,使她最终在健美操领域取得了卓越的成绩。她也常常思考,究竟是因为热爱,还是因为努力,才让自己在健美操的道路上走得如此远?她的刻苦训练与对健美操的热爱难以分割,难以评判哪一方更为重要。或许,正是这两者的相辅相成,再加上出色的天赋,各种因素交织在一起,使她能够在困难时刻突破自我,始终未曾停下对健美操的追求。

尝试与突破是连接梦想与现实的重要桥梁,帮助周蕴晗在体育之路上越走越宽广。高三那年,周蕴晗决定尝试参加高水平运动员集训和比赛,希望借助这样的途径缓解高考压力。由于学业负担较重,她对这一尝试抱有轻松的心态,认为自己不过是"普通人中练得还可以"的水平。然而,凭借着出色的状态和不凡的表现,她在11月的全国健美操冠军赛女单项目中脱颖而出,并一举获得"国家一级运动员"称号。回顾这段经历,周蕴晗认为,"天时地利人和"是她成功的关键因素。毕竟,在竞技体育中,比赛的结果往往受到许多偶然因素的影响。"所以我觉得这真的是天时地利人和,当然自己要努力,但谁不努力呢?大家都在这里,竞技体育中,一场比赛有可能发挥出色,也有可能失误。"而付出最大的努力,是为了尽量降低失误的概率。她的努力与机遇最终交织,带来了名副其实的成绩。经过国家一级运动员证书办理以及国家体育总局材料认证等烦琐流程后,周蕴晗最终赶上了3月的同济大学特招,顺利进入这所名校的经济管理学院深造。

进入同济大学后,周蕴晗始终保持对健美操的热爱。尽管她本科专业是市场营销学,拥有广阔的职业发展前景,但她始终没有动摇自己对健美操的追求。大一那年,她再次参加全国健美操冠军赛。凭借暑假到11月期间的集中练习和异于常人的肌肉复苏能力,她以第二名的成绩获得"国家级运动健将"称号。相比于周蕴晗之前慢慢积累再去参赛的想法,事实证明在大一参赛并争取名次是正确的选择。她坦言:"2018年取得'健将'称号后,2020年初受大环境影响,后续比赛几乎没法举行。所以,当时我意识到,真的要把事情赶在前面做,谁都预料不到后面会发生什么事。"

大四阶段,周蕴晗凭借满绩点和优异的表现成功获得南京大学商学院和体育科学研究所的两个保研offer。尽管很多人建议她选择商学院,觉得商学院的学术氛围比体科所好,她还是毫不犹豫地选择了体育科学研究所。这一决定依然源自她对健美操的深厚热爱以及清晰的职业规划——她早已明确,自己最向往的生活与健美操紧密相连。进入研究生阶段后,周蕴晗依然不忘对健美操的执着,继续坚持训练两年,为学校争得诸多荣誉。

如今,作为研三学生的周蕴晗虽然不再参与比赛,但她仍在行业中从事各种活动,她的体育生涯依然充满活力与激情。她在多家企业和学校开设健身塑形课程,并指导南京市各中小学的啦啦操社团,创编青少年脊柱健康操示范套路。在高中时期,周蕴晗已经开始了职业生涯的思考,这些年来也一直都在朝着这个方向努力。未来,她计划在高校从事教职工作,继续在健美操领域发光发热,助力全民健身和体育强国的建设。她深知,兴趣与事业已经完美契合,这也是许多人憧憬的理想人生。

回顾大学时光,周蕴晗并不惧怕牺牲和艰辛。为了追求自己的体育梦想,她曾放弃了许多社交和娱乐活动,专注于自己的"主线任务"。尽管已在健美操领域取得了显著成就,她始终抱有沉稳的心态,秉持"求知若渴,虚心若愚"的态度,持续学习,不断进步。正是热爱、天赋与努力的共同作用,让周蕴晗的体育生涯不断升华,展现丰富多彩且引人注目的历程,也彻底打破了人们对体育生的固有偏见。

二、不善学习？学业科研双丰收！

当人们谈起体育生的学习情况，脑海里总是会自动浮现出一群在课堂上呼呼大睡的学生、一堆没做完的作业、一沓满是红色批改的试卷……然而，周蕴晗却打破了体育生不善学习的刻板印象。在学习的道路上，她力求"又快又好"，最终赢得学业、科研的双丰收。

周蕴晗从小就养成了良好的学习习惯，日积月累，水滴石穿，这让她在学业上始终保持着优异的成绩。她的母亲是一位小学老师，总是关心着班里的孩子们，希望他们能够做得又快又好。母亲的言传身教下，周蕴晗从小便树立了"又快又好"的学习标准。她如同凿壁偷光的匡衡一般，只要能多学一点、多练一点，就会很开心、很满足。她如饥似渴地攫取着知识，在其中品味出了甘甜味道。在高三之前，周蕴晗和文化生一样，为了心中的高远目标而备战高考。坐在金陵中学明亮的教室里，一抬头，就能看到不远处的北大楼，那里承载着多少梦想与期待；低下头，她就会再次投入紧张而艰难的学习之中。作为体育生，她也没有忘记要成为一个品德好、学习好、气质好、技术好的"四好运动员"。她坚信，体育生不仅要"四肢发达"，更要"头脑聪慧"。

虽然作为体育生，周蕴晗需要花费更多的时间在训练上，但她从未放松对文化课的学习。在同济大学读本科时，尽管训练占据了她一半的时间，但她仍然争分夺秒，每天都挤出时间用来学习。学好经济管理专业并不简单，高数、概率论、线性代数，每一门课程都需要付出巨大的努力。她坦言，自己并不擅长数学类、计算机类课程，但她仍然拼尽全力，即使不知道学到什么程度能满绩，也愿意相信努力不会被辜负，力争把每一个知识点都掌握、每一个任务都做得"又快又好"。最终，她如愿以偿地取得了"95分"满绩的成绩。在大一的时候，她就确定了将来要保研的道路，这份决心的实现离不开她日复一日的刻苦努力。进入南京大学后，周蕴晗选择了她热爱的"体育教育与训练学"专业，并为此倾注了所有的热情与力量。

在硕士21门课程中，她有18门课程达到了95分，专业排名第一，用无可争议的绝对实力打破了同学们对体育生的固有认知。回顾她的学习道路，周蕴晗从来不甘落后，始终保持着一颗求知若渴的初心，她永远在课堂上发奋学习、积极踊跃，在训练之外不忘增强理论知识的储备，阅读了李力研《野蛮的文明》、赫伯特·斯宾塞《体育运动社会学》等著作，加深对体育深层文化内涵的理解。

进入南京大学后，面对科研的新挑战，周蕴晗勇于尝试、勤于探索，从0到1，取得了丰硕的科研成果。起初，她也是一个初涉学术的"小学生"，但"退缩"却从不是她的作风，她要"又快又好"地完成这项任务。在体科所，同学们更加关注实训，学术氛围并不浓厚，但周蕴晗坚持初心，关注校内校外、国内国际的学术信息，独自活跃于各类学术论坛。这是因为她的心中有更广阔的天地，她想走出南京大学的校园，和他人比一比，看看自己的学术能力在整个体育行业内处于怎样的水平。她不愿守在一亩三分地中，看不见外面世界的变化与辽阔。第一次参加学术论坛留给她的印象尤为深刻，这增添了她的信心，激发了她的兴趣，从此她便无所畏惧地、志气高昂地开展了更多的学术实践。

不过，要产出一篇高质量的论文也并不容易，她的尝试和探索很勇敢，却也离不开严谨的学习和深刻的思考。经管学里的"三环模型"概念给了她很大的启发，这是指三个紧密相连的圆环，分别指向三个问题，也就是："我热爱什么""我擅长什么""这个社会需要什么"。秉持着这样的理念，周蕴晗决定结合客观条件和主观兴趣寻找选题方向。在第十三届全国体育科学大会上，她又关注到"元宇宙"的热点，和基于GIS研究城市体育空间分布与"场景营城"路径。这是一个很新颖、很有趣的话题，周蕴晗利用了自己高中学习到的地理知识，也考虑到了日常和朋友们的交流启发，采用了人工智能和统计学相结合的方式图文并茂地呈现研究过程,这也是她所喜欢和接受的研究方式。这是一种方法主义吗？周蕴晗也会这样反思,担心自己的研究只是借用了新颖的手段、结合了新潮的热点。但其实并非如此,这恰恰是一种对社会热点和学术创新的敏锐,把它们运用到自己的研究中也是一种重要的能力。对于体育生活和教学中的问题,可能人人都可以看到,但如何整合自己的能力、资源来合理地解决这个问题,却并不是人人都可以做到的。当然,在学术的写作上,她也需要不停地删删改改,经历了漫长而又痛苦的过程。她的"元宇宙"的文章就是对毕业论文的精简,同时又增加了很多新的思考与认识。这种思考是紧跟着时代的潮流与步伐的,因为每一个时间段都会涌现出新的热点与问题。她认为,体育是重实践的学科,体育学术也更注重以实践为基础,可是,更深刻的理论分析和更高远的研究视野也是不可或缺的。周蕴晗虽然初涉学术,却有着自己独特的思考,能够找到问题的合适切入点,在初期的磨砺之后,她取得了1项著作出版、4项课题参与、4篇论文录用、8次专题报告等学术成果。

那么,是什么让周蕴晗一直保持着学习的动力,在每一段人生的征程中都要做到"又好又快"呢？是赤诚的热爱。这种热爱不仅在于运动训练本身,还在于理论学习和学术开拓。她把健美操作为矢志不渝的志向,作为国家健将级运动员,屡获殊荣、成绩满满。在南京大学体育研究所,她愿意挥洒汗水、勤奋耕耘,将体育的实践与理论相结合,思考将前沿技术用于体育行业中,赋能体育培训,让更多的人科学地认识体育,爱上体育。最终实现以小带大,以竞技体育带动群众体育,让运动成为更多人的生活新方式。推动体育产业多元协同发展,以体之强健,济国之盛年。初心不改,蓄力奋进,在第二届"南雍青年学术论坛"上,周蕴晗用技术赋能体培行业,运用SWOT矩阵分析法为啦啦操俱乐部的发展提出战略性建议。这是她将自己的体育训练拔高到理论层面,用自己的长处响应社会需求。她的选择和努力,不仅使她在体育领域内取得了优异的成绩,也在学术科研上充分展现了自己的才华。

我们常常把体育生和文化生区别开来,殊不知,每一种成功的背后都离不开挥洒的汗水。要成为一名优秀的体育生,亦要付出我们无法想象的努力。周蕴晗不仅仅是更高、更快、更强的体育生,在学习的道路上,她也永远力求"又快又好",永远怀着对知识的渴求和对梦想的坚持,她用自己的实际行动证明,体育生也可以是学业、科研的双丰收者。

三、生活混乱？高效时间管理术！

"生活混乱,不学无术"似乎是体育生撕不掉的标签。人们往往认为他们生活不拘小节,作息不规律,并将大量时间耗费于娱乐消遣活动。然而,周蕴晗却能合理地管理时间,彻底颠覆了这一刻板印象,展现体育生有条不紊、精确高效的独特生活方式。

在她的世界里,生活宛如一台精准运行的时钟,有条不紊,掌握着自己的人生节奏。本科期间,她每天都会提前一天精心规划好次日的生活时间表,时间间隔精确至30分钟,精细而严谨,甚至连饮食也被纳入了详细精准的规划当中。前一晚,她便会细心安排第二天的每一餐,从主食到配菜,从饮品到水果,无一遗漏。因为对时间和饮食的精确安排,是运动员高效生活的重要一环。

清晨5：45,闹钟一准时响起,周蕴晗就迅速起身,以饱满的精神状态迎接新的一天。6：30,开始持续一小时的晨跑与力量练习,让身体机能得到充分激活。7：30至8：00,是享受早餐的时光。早餐过后,若是有课,便会全神贯注地投入到课堂当中,若是没课,也会准时抵达教室进行自习。11：30,午餐时间来临,在补充身体能量的同时,她也会适当放松身心,安排半个小时左右的午睡,让大脑和身体得到充分的休憩。午睡醒来,她又会投入到两个小时左右的高效学习中。15：30至18：30则是雷打不动的训练时间,也是一天中最重要的训练时间。训练结束后,18：30至19：30便是晚餐时间,为了保持身体的轻盈与活力,晚餐通常以水果、酸奶等富含营养且易于消化的食物为主。就这样，周蕴晗日复一日地遵循着早睡早起的作息规律，坚持着规律且自控的饮食习惯，贯彻着高强度、高效率的自我提升计划。她的生活节奏恰似天空中悠然飘荡的行云，自然而流畅，始终洋溢着青春的活力与朝气。

在追求高度充实且自律的生活之路上，周蕴晗放弃了许多娱乐和睡眠时间。她本来有很多机会和室友围坐在一起，共享悠闲又快乐的晚餐，但为了追求卓越的自己，她只能无奈地放弃，甚至连一些自己颇感兴趣、满怀期待的活动，也不得不忍痛割爱，错过了一个又一个的享乐生活。然而，在这一路的坚守中，她一直默念着"我保持着求知若渴，虚心若愚的态度"这句话。这既是自己的人生志向，也是对自我的鞭策与激励，恰似一位在知识与成长的漫漫征途中执着探寻的行者。她的每一滴辛勤汗水、每一次艰难抉择后的付出，都如同播撒在肥沃土壤中的种子，生根发芽，最终收获了累累硕果。对于这些璀璨夺目的成就，她感到发自内心的开心，这也是她持续奋进、永不言弃的动力源泉。

人生仿若一场充满挑战与机遇的漫长旅程，各个阶段皆有其独特的主线任务亟待完成。在生活的十字路口，人们常常会陷入选择的泥沼，焦虑与迷茫如影随形。多少忙碌的身影穿梭，看似马不停蹄、分秒必争，然而最终的成效却微乎其微。究其根源，或许正是未能梳理出每个阶段的主要任务所在。关于这一点，周蕴晗说："一旦主线任务达成，我就觉得自己有资格了，我拥有选择的权利了。我觉得是一定要达成一些这个目标才会有这个选择权，不然就是忙完这个忙那个，都没有忙好，就会很焦灼。"是啊，在不同的人生阶段，我们犹如在波涛汹涌的大海中航行的船只，唯有精准地把握并出色地完成主要任务，方能如同握紧船舵一般，牢牢掌控人生的航向，驶向成功的彼岸。周蕴晗始终坚定不移地朝着目标前行，这种执着让她很少内耗，专注于当下的主要任务，这种坚定感令人钦佩。

高效学习，按时训练，你可能以为周蕴晗像一台机器，循规蹈矩地重复着每日的计划。但是,她仍有出彩的"惊喜"送给我们,展现出她追求创新、超越自我的精神。她不仅仅完成体育训练,用实践证明体魄,也投身于体育的学术领域中。周蕴晗以独特的姿态演绎着科研与体育实践的精彩融合,将体育这种不可或缺的生活项目科学化,将自己体悟到的体育之美传播给更多的人。

结语

从体育、学术到生活,周蕴晗用行动深刻诠释了"文明其脑,野蛮其体"的真正含义,证明了体育与学术并非对立,而是可以交相辉映。面对社会上对体育生的固有偏见,周蕴晗抱有十分积极的态度:"既然有了刻板印象,那我就不断去冲击它,打破它。其实这样给大家带来的冲击力会更大,就好像《甄嬛传》中皇帝的一句话——'你还有什么惊喜是朕不知道的'。"她认为,自己并非要去改变整个群体的形象,而是通过个人的努力,打破体育与学术、体力与智力看似无法并行的界限,开辟出一条全新的人生道路。因此,周蕴晗很早便有了清晰的人生规划:"我其实很早就明白了自己向往的生活状态,并且已经了解了达到这种状态的充要条件。我要做的就很简单,就是去满足这样的条件。"

正是这种不断自我挑战、勇于突破的精神,使得周蕴晗的成功格外耀眼。她的经历让我们打破了对体育生的刻板印象,看到了体育生鲜为人知的另一面,也深刻揭示了真正的成功来源于对自我潜力的深度挖掘和对外界偏见的勇敢突破。周蕴晗的故事让我们坚信,体育与智慧的结合能够创造独一无二的光辉,而这一光辉将激励更多人超越固有的框架,去发现并成就独属于自己的闪耀人生。

访谈感想

十分有幸在进入研究生阶段的第一个学期就能选到吴秋怡老师任教的思政课。吴老师讲述的思政课跳脱出了片面关心宏大叙事所引致的和学生接触到的现实生活的脱节,别出心裁地选择以"访谈身边的优秀学长学姐"作为小切口,为我们研一新生和栋梁人物的交谈搭建了桥梁。这一课堂创新不仅使思政课变得更加生动活泼,而且也帮助我们更好见贤思齐,汲取榜样的力量!

我们小组选择的访谈对象是南京大学体育科学研究所2022级硕士研究生周蕴晗学姐。通过前期的资料收集,我们了解到周蕴晗学姐在体育与学业两方面都颇有建树,如何实现平衡与优秀是我们十分想在学姐身上学习到的奥秘。2024年11月12日,携着冬日的暖阳,吴秋怡老师带领我们访谈小组在南京大学国际会议中心311包间开展了对周蕴晗学姐的线下访谈。

也许是我们小组的运气实在是好,访谈现场还有两个意想不到的惊喜等着我们。一个是访谈当天恰巧是周蕴晗学姐的生日,学姐和我们分享了生日蛋糕;第二个惊喜是周蕴晗学姐还带来了她的好友——周熙宜学长——2021年度南京大学栋梁特等奖学金获得者,也是访谈活动的访谈对象之一。能一次见到两位优秀的栋梁模范,我们小组倍感幸运和荣幸。吴秋怡老师也夸赞我们小组运气着实好,能同时访谈两位不同专业的"六边形战士"。在愉快融洽的氛围中,访谈开始了。

周蕴晗学姐对于有关"作息规律"问题的第一个回答,就着实震撼到了我们。"我是顶级J人(一种善于提前做规划的人格)。在本科阶段特别是大一大二时会提前一晚规划好第二天要完成的所有事项，一般会精准到半小时以内，甚至有时我会边走边啃玉米，以充分利用时间。另外我在本科阶段还要兼顾到我的体育训练，所以我坚持每天早上5：45起床，风雨无阻，持续了两年。"现在正在码字的我回想起周蕴晗学姐当时从容中带着一点自豪的回答仍然感到无限的震撼和钦佩。我相信大家都有"披星戴月"赶车出游的经历。但是当我们把早起的动机替换成体育训练或者学习，并要在一天之中尝试高度规律、紧凑的生活，我相信能坚持一周的同学都寥寥无几，更何谈坚持两年。在听完周蕴晗学姐对这个问题的回答后，我们小组对她为何能成为栋梁模范已经有了七七八八的答案。当对时间的极致把握和高度的自律这两项特质汇聚到一个人身上时，如果他（她）仍然不成功，那可能就要归因于天时和命运了。

随后吴秋怡老师询问了周蕴晗学姐从接触健美操这项体育运动到成为国家级体育健将之间一路"打怪升级"的经历。学姐的回答完美地体现了"天赋"和"努力"之间的良性循环。"我是小学一年级开始接触健美操，当时是身体不太好，初衷是能强身健体。也没想到在努力训练中逐渐发现了自己在这一方面的天赋。天赋和努力结合帮助我连续十年间获得了健美操比赛的冠军，我发现健美操能带给我不一样的成就感，对我来说是高回报比的运动项目，于是逐渐成为终身挚爱。"周蕴晗学姐因为机缘巧合接触到健美操，并且发现了自己在这方面的出众天赋，然后在用汗水兑现天赋的过程中得到了令人瞩目的成绩。这或许对我们发现并培养自己的终身爱好提供了切实可行的借鉴思路。即要善于发现爱好带给自身的愉悦和满足感，进而在两者的驱动下更好地发展自身的爱好。

在接下来的访谈中，我们小组就学业与运动的平衡、生涯规划、面对逆境的处理以及价值观等多个维度向周蕴晗学姐提出了关心的问题，周蕴晗学姐也一一耐心为我们解答。其中在对于生涯规划的回答中，周蕴晗学姐说自己在刚迈入研究生阶段时完全没有感到迷茫，因为她早在高中和本科阶段就弄清楚了自己想要从事什么样的职业、想要度过怎样的一生。在明确的目标指引下，周蕴晗学姐在每个求学的阶段都为自己设定了清晰的目标，这也是我们研一新生要尽快在学习生活中摸清楚的。"知道自己想要什么，先集中自己的全部精力来获得想要的，再把精力放在其他的事情上。"在发现和解决自己的主要矛盾中走出对生活的迷茫。

最后，我们访谈小组为周蕴晗学姐设计了一个开放性问题——假如时光能够倒流，你会对从前的自己说些什么？下面是周蕴晗学姐对此问题的完整回答："小乖，你真的很棒，做你想做的事情吧！人生没有白走的路，对错都算数，我完完全全相信且支持你的决定！没有遗憾与后悔，因为已经竭尽全力。"是啊，我们每一个人的人生不都是在自己的一个一个决定中走出来的吗？也许这些决定在事后看来有好有坏，但我们在做出决定时的勇敢和在接受其所带来的因果时的坦然，正是我们一次次成长蜕变的最好见证。愿我们都能勇敢往前走！

将计划做在前面，将自律带在身边，将天赋放在后面，学姐用自己的行动诠释着这句话。访谈从中午十二点持续到下午两点半，小组成员在学长和学姐的分享下都收获满满。希望我们可以把从栋梁模范身上汲取的力量内化于心，外化于行，在每一个全新的日子里都能追求更好的自己。

——史珏诚　南京大学马克思主义学院2024级硕士生

作为一名研一学生，我面临着许多的困惑和压力，也会面对未来感到迷茫和焦虑。因此了解到有这样的访谈机会我就毫不犹豫报名了。我希望去听学姐分享她的经历和感受，去和学姐面对面交流自己的想法与困惑，并从中汲取一些推动自己向未来前进的力量。

最令我印象深刻的是，学姐说自己在高中时就已经设想好了自己未来的职业和人生规划，而我到现在都还在努力探寻这个问题的答案。学姐对这个问题的解释也并不是泛泛而谈，而是结合了自己的经历和经验,也告诉了我们一个做判断和决定的技巧——通过"三环模型"来推理。很少有人能够得到100%满意的工作,那么我们要做的就是根据自己的情况和意愿尽早制定好一个可达到的目标,然后脚踏实地一步步向这个目标迈进。你擅长的领域是什么？你对什么充满热情？这个社会需要什么？这三个问题答案的交集或许就是我未来的目标。和学姐交流之后我迅速反思自己的犹豫和踌躇,发现自己总是想要的太多,反而什么也抓不住,学姐的建议让我豁然开朗,也进一步坚定了心中的目标。

此外,我更被学姐的热爱和自律深深震撼,运动和学习两条道路都布满荆棘、万般不易,而学姐在讲述自己一路走来时却总是带着笑,仿佛那些汗水都化作了她眼中的星光,照亮了她前行的每一步。原来闪闪发光的人,真的能给予其他人感动和希望。

非常感谢吴老师能够提供这样宝贵的机会给我们,我们也会带着老师和学姐的鼓励和帮助,在南京大学度过不让自己后悔的研究生生涯。

——夏雨欣　南京大学马克思主义学院2024级硕士生

今天见到蕴晗学姐、熙宜学长的分享,我最大的感受就是：不仅仅要看见表面优秀的人取得的荣誉,更要看到其成功背后的付出。已经很久没有被他人如此震撼到了,感觉心情都不一样了,真的很由衷地敬佩学长学姐们,但是这不是一种要完全模仿着学长学姐走过的路的心情,是吸收一些合适自己、能够做到的经验,毕竟我觉得我本身不是这样的人,我真心做不到这样。

我觉得这次访谈真的很有意义,我以前有过一种想法(当然在访谈前就已改变),我总是会想如果我也做到他们那样,我就可以获得那些荣誉,却往往轻视了别人背后的努力。随着年纪渐长,越来越了解自己的特质后,就会对别人的成就心服口服,也越来越谦虚,可以学习别人身上的亮点。我觉得对我目前来说,学姐谈到的两个方面对我非常有启发意义。其一,结合自己的特质,做自己喜欢的,更容易坚持、更容易出成果；

而且需要有效率地完成工作。其二，区分主线任务和支线任务，主线任务做好就行，支线任务是锦上添花。我经常感觉自己有清晰的目标，但是很容易受到他人的影响，就需要别人为我分享一些经验，才可以稳定我的心态。

——邱美月　南京大学地理与海洋科学学院2024级硕士生

　　我参与访谈的初衷是对口述史的兴趣，我想要具体地了解并参与口述资料的生成。我认为间接的文字所营造的情景，远不如亲身经历带来的震撼与深刻。其次就是我想要认识这些优秀的学长学姐，优秀的他们必然有过人之处，值得我们学习借鉴。

　　访谈开始之初，我们都很拘束，在吴秋怡老师的带动下，我们逐渐熟络起来，进入了愉悦的访谈状态。在访谈中，周蕴晗学姐娓娓道来，我们则处于不断被震惊，恢复，再被震惊的状态，现场"哇"声一片。学姐出色的冠军履历，优秀的学分绩点，令我十分钦佩。学姐仅训练一年就拿到了江苏省健美操女单冠军，在我为学姐的天赋而惊叹时，学姐十数年如一日兼顾训练与学习则更令我心生敬佩。学姐在大学之前，一直是将健美操当作爱好来学习的，在高考前才决定通过体考进入心仪的大学。体育训练十分辛苦与疲惫，风雨无阻的坚持亦是需要毅力与恒心，而在这样的压力下，不落后学业，更为辛苦。也就是从这一刻开始，我意识到学姐确实有出色的天赋，但是坚韧与毅力才是她成功的重要因素。

　　我特别关注到一点，就是学姐以及学姐的朋友周熙宜学长都有每日的日程规划表，会精准到每日的饮食，他们会严格的遵守规划表。合理的安排时间，能够减少碎片化的时间，从而更加集中的完成学习或者训练。自律、有规划，这是我一直所缺少的。虽然我会进行简单的计划，但是往往都太过空泛、灵活性太强，在缺少监督时，结果便是推拖到明日，明日复明日。直到截止日期来临，才惊觉时间不够，想要做的往往没有时间，最后只能粗略地完成，留下很多遗憾。不仅如此，这样的状态太过散漫，以致精神面貌也随之懒散，没有学姐身上那种青年人的蓬勃朝气。我想，我要好好运动、好好规划，虽然我可能无法像学姐那样优秀，但是我可以改变自己的精神，改变现在的自己，成为更加理想的自己。

我们的最后一个问题是，学姐在会影响到现在和不会影响到现在两种情况下回到自己刚入学的时候，会对自己分别说什么？我深深地记得，学姐面带微笑坚定地说：没有什么要说的，我对自己过去的决定与选择至今依然赞同。是的，做好选择就向前吧，不要去美化没有选择的那条路，我相信，努力会让我的选择一路生花。来不及犹豫，来不及后悔，时光匆匆如白驹过隙，青春正美好，当是奋斗时！

——何聪甦　南京大学马克思主义学院 2024 级硕士生

起初，我参与访谈的目的非常简单，一是刚步入研究生阶段，从本科"与他人相处"转向逐步探索"与自己相处"的模式。在这样的过程中，我有过打鸡血的时刻，也有过迷茫与徘徊，因此，秋怡老师在课上提出这样一个项目的时候，我心向往之。二是最近的专业课程作业需要访谈，而我又缺乏访谈经验，因此想借此次机会"取取经"。

这次对蕴晗学姐的访谈也着实让我感触良多，如果要让我用一句话来谈谈对蕴晗学姐的认识，那便是"川不辞盈，纷华不染"。河海不择细流才得以浩瀚。蕴晗学姐在访谈中常常说到"自己的运气很好，在这儿的谁不努力？"，但如此的志向与卓绝的努力又有几人能做到？无数个五点的日出、精确到每一分钟的安排、一顿顿边走边吃的早饭，都是蕴晗姐为自己的目标而做出的努力。纷华不染，面对纷扰世界仍保持内心的澄明与独立，坚持热爱所热爱的，正是我本场访谈下来最大的感想。虽然蕴晗姐在过程中会提到自己做很多事情都喜欢有双保险，但她依旧坚持自己最初的热爱，也就是未来要从事体育相关的职业，哪怕这条路会比其他路更加难走。

在访谈结束后，我向蕴晗学姐表达我的迷茫与徘徊时，她说的一句话让我深受启发:"攀登的路途注定孤独,对的人会站在你的前程里。"学姐用这样温暖而坚定的语言鼓舞了初入研途的我,纤纤不绝林薄成,涓涓不止江河生。

——王芸妮　南京大学教育研究院2024级硕士生

一个人的视野和经历是有限的,因此我们往往会陷入当局者迷的困境中。对于刚刚上研究生的我而言,很好奇什么样的人是优秀的,我应该怎样成为其中的一员呢?此外,我也相信愿意参与访谈的同学是相对积极的同学,希望能够结识其中一部分同学。

时隔四年,再次选了吴老师的课。幸运的是,在老师安排的契机下,我和周蕴晗学姐以及周熙宜学长有了私下的交流机会并成了好朋友。两位同学都是在各自领域上发光发热的人,他们的经历对我也有很多值得借鉴的地方。

在这次对周蕴晗学姐采访过程中印象最深的有两点。首先是她身上的诚实和魄力。她无论是对自己还是对我,没有什么架子,也不会内耗,面临同时有许多事情的时候往往能够抓住主要矛盾,并且又好又快地完成。说起来似乎不难,可是许多人在面临选择的时候难以做到坚定,在面临压力的时候难以做到高效。我看过她的日程表以后也很感慨,我学习的时间可能不比她少,但是我做得不够好,因为不够高效,因为每天专心致志的时间只有学习时间的一半。她的时间利用就比我成熟很多很多,这也让我反思应当如何高效利用时间。

其次是关于刻板印象的问题,其实这个问题是我当时想出来的。当谈起专业、爱好等时,会面临许多别人的偏见。例如,在外提到理科生就是"直男直女",提到文科生就是"不靠谱",这让我很多时候不会主动提到这些,但避免麻烦的同时也会失去一些机会,因此我特别想知道她是否有考虑过这些。周蕴晗学姐说:"既然有刻板印象,那么就是有一个杆儿在这里,那我不断去打破它或者是冲击它,其实给你们的这个震撼冲击力会更大,而不是说你本来就应该生成一个这么好的人。"这样正面的回答很有趣,我也开始反思自己,如果自己的一些属性和喜好被别人不理解,我能不能做到用坚定的力量去打破他人的刻板印象?毕竟,如果自己不敢接受自己的专业和爱好,那还能谈得上热爱吗?

周蕴晗学姐身上的坚定、热爱和魄力是非常吸引我的地方,我也很开心能和她成为好朋友,希望我也能改变一点点,再多一点点耐心,多一点点定力,多一点点魄力,那未来的我一定会成为现在的我所想象不到的样子吧。

——潘云逸　南京大学大气科学学院2024级硕士生

在吴秋怡老师的课程中,我选择"三选一"之访谈作为结课作业,旨在通过实践深化理论理解,同时关注社会议题。在一众优秀的访谈对象中,周蕴晗的故事吸引了我,她作为体育生突破了多重身份限制,挑战了社会对"体育生"的刻板印象。访谈是质性研究的重要方法,能还原被标签掩盖的真实人生。选择周蕴晗,是希望以她的经历反映体育生群体的复杂性。在查阅相关资料时,周蕴晗对"文明其脑,野蛮其体"的诠释让我印象深刻,她用专注和热爱自然消解外界质疑,展现了个体能动性的强大力量。

初期,我们陷入"平衡学术性与故事性"的困境。通过几次小组讨论,我们以"时间线"串联她的体育生涯、学术探索与生活管理,形成层次分明的叙事结构。完成访谈后,我对打破"刻板印象"有了更立体的认知。周蕴晗的故事证明,偏见源于信息片面性,深度对话能填补认知沟壑。她的时间管理术和跨界探索颠覆了传统形象,也让我反思自身对"成功路径"的狭隘想象。此外,访谈中锻炼的沟通技巧和批判性思维,将成为我未来发展的宝贵财富。这次访谈不仅是一次课程实践,更是一场自我启蒙之旅。它让我明白,真正的学习是通过行动与对话,在他人故事中照见自己的局限与可能。正如周蕴晗所说:"人生没有标准答案,但要有直面偏见的勇气。"这种勇气,正是教育赋予我们的珍贵礼物。

——华诗怡　南京大学马克思主义学院2024级硕士生

没有一份汗水不会被回报,在我们昏昏欲睡奔赴早八的时候,周学姐已经进行了两个多小时的学习了,当我们漫步在校园里嬉戏打闹的时候,周学姐已经开始了精确到30分钟的计划安排了,在我们在食堂犹豫选哪个饭吃的时候,周学姐已经抱着玉米边啃边与习题对抗了。时间就像海绵里的水,只要愿意挤,总还是有的。

在旁听这场采访之前,我一直觉得大学生活应该都差不多,每天七点多从床上爬起来,抱怨几句早八,然后啃着包子走向教室,专业课好好听讲,认真完成作业,选修课完成一些自己的事情,回宿舍就打打游戏、刷刷视频,有假期就和朋友们一起出去玩。

这或许是大部分大学生的生活,我从来没有想过,有人的大学生活过得和我的高中一样,每天五点多起床去跑操,跑完去教室开始一天的学习,用餐时间大概就40分钟左右,一整天没有多余的事情,只是学习。不同的是,我们是在老师的压力下进行的,周学姐依靠自己的规划,能早起,能有精确到半小时的计划,在我看来,"厉害"这个词完全不足以形容我的震撼。周学姐的本科学习习惯对我未来的考研学习计划有着极大的帮助,我可以制定每天的学习计划,合理的安排自己的作息,切断无用的社交,全身心地进入到自己的学习当中。

早期的规划是极其重要的,不仅是周学姐提到了"我从高中就知道我要做什么了",其他学长学姐也提到了"我从一开始就知道我想要什么"。明确自己的目标,它就能像夜幕下的北极星,让我们找到回家的方向。大二是我最迷茫的时候,没有一个明确的目标,不知道自己想要什么,"天坑""进厂""工资低""高分子有毒"……一系列的问题接踵而至,那段时间,我疯狂地加学长的联系方式,了解我想做什么,我能怎么做……后面也选择了"摆烂",认为"反正教的以后也用不到""书本知识终究只是理论""以后我实际操作的时候就能学会"。

高中的时候,我们只有一个目标,那就是考上大学。我们为此奋斗,为此挑灯夜读,但真正考上大学以后,却不知道自己每天忙什么。看到初高中同学有的已经结婚生子,有着一份可以让自己活下去的工作,我也会想:大学生的价值在哪儿?如果我不曾见过月亮,那么脚底下的六便士便是我毕生的向往。现在的我像极了"孔乙己",如果我没上过大学,那我可以去做收银员,去做服务员,去奶茶店打工,去餐厅刷盘子甚至去做工人……但我上过学,我不能让别人说,你上了个学毕业之后还不是跟我一样,更不能让父母每天不分昼夜地工作来挣钱供养我。可转念想,我读过书我不甘心,不是因为看不起这份工作,而是觉得这么多年的努力都白费了。听了对周蕴晗学姐的访谈,原来大学生活可以这么有奔头儿,这么丰富多彩,每学期给自己设定一个主线任务,就像升级打怪一样,每获取一分知识就会有一分的喜悦。虽然我已经大三了,绩点也不上不下。"哦~你就是周长赫呀,你的绩点刚好是咱们专业的中点。"老师的原话是这样的……但学姐给了我很大的启发,我要明白我要什么,我要明白我要怎么做才能得到我要的东西:找到一颗属于自己星星,然后一直向它前进。

"智勇双全,文体两开花"的学姐也有过不开心的经历……在访谈交流中,大家都提到了自己那束过季的洋桔梗,看到大家对待感情的态度,确实,我之前态度也有问题,我觉着"爱情没有学过地理"——引用一下初恋女友给我说过的话,我小心翼翼地呵护这份感情,也会在朋友圈发一下爱的记录。可,你逢人就炫耀的玫瑰枯萎了怎么办,在之前我还满心计划,我要考到她喜欢的城市,结果并不尽如人意。她在郑州,我在南京,没关系,我这么安慰自己,她也说"爱情没有学过地理",我们也隔三差五地打电话,一起看电视,可持续了半年,这束洋桔梗还是过季了,我陷入了深深的自我怀疑中:或许是我做的不够好?或许是我哪儿做错了？或许是我没有给她足够的安全感？到现在，听到学长真诚的分享，他想抽过去的自己一巴掌，太蠢了……我也好想抽自己一巴掌，自己怎么这么蠢。人生如列车，有人上车有人下车，我们应珍惜不期而至的惊喜，也接受突如其来的离别，感谢有过相逢。无论遇到谁，他们都是我们生命中的一部分，会教会我们一些东西。不要纠结于无法改变的事情，专注于自己的目标，保持对生活的热情。加油吧，面向更美好的未来。长风破浪会有时，直挂云帆济沧海。

路的尽头是什么呢？是考上大学？还是考上研究生？还是有车有房有编制？这一切从来没有答案，或许路本身就没有尽头，想要躺平又被推着走起来，想要卷又发现长路漫漫。又或许路的尽头还是路，如果我没有见过月亮，那么地上的六便士就是我的全部，可我见过了月亮，又怎么会轻易地为了脚下的六便士停下脚步？

——周长赫　南京林业大学理学院 2022 级本科生

刚刚步入研究生生活，我对未来充满迷茫，个人应该选择什么样的道路呢？父母也常常教导我要关心国家大事，可是，家国之梦该如何统一起来呢？对于人生和世界的不断思考，有时令我觉得阳光明媚灿烂，有时又令我觉得蹉跎了岁月，只止步于想，而未曾行动。吴秋怡老师的课堂丰富多彩、生动活泼、以小见大，把国家和社会的进步与我们生活的柴米油盐关联起来，老师也多次提到了自己采访的项目经历，让我很受启发。每一个人都是一本厚重的书，等待读者翻开、阅读、琢磨、铭记，而读者也在这样生动的学习中获得了人生的感悟，这可能是采访的一种意义和价值吧！因此，当我听到要组织同学们采访优秀的南大学子，我第一时间报名参加，同样作为南大学生的一员，我很想知道优秀的伙伴们是如何在这样天地广阔的校园里，走出一条独属于自己的鲜花满径的道路：顺应社会的潮流，结合自身的优势，做出对自己有意义、对社会有价值的事情。

我们小组采访的是周蕴晗学姐和周熙宜学长。之所以选择学姐，是因为作为文化生，我很想了解一名优秀的体育生是如何不断超越自我、实现卓越的。我也有幸也参与了采访问题的撰写，询问了自己感兴趣的有关热爱和未来规划的问题。当同伴们将逐字稿发到群里的时候，我马上阅读了。两万字，两小时，大家谈到了很多我想知道的以及我未曾想过的话题，学长学姐们将自己的心路历程毫无保留地分享出来，虽然只是通过文字形式，我仍能感受到当时热情欢快的气氛。读罢，我也情绪激昂，开始反思自己每天的日程安排，思考自己所热爱和擅长的东西，将生活当中的困难淡化，努力专注于每天的高效学习和娱乐。这又让我想起了本科老师赠予我的一句话——"风物长宜放眼量"，想起了初中班主任写给我的"海阔凭鱼跃，天高任鸟飞"。在期末有些倦怠紧张时，我也会想起学姐所说的"又快又好""主线任务"，我多么希望也能和学姐一样，执着努力于当下，只待结果水到渠成。

这次采访活动很有意义，收获颇丰，非常感谢吴秋怡老师的组织和同伴们的辛苦付出。

——王捷　南京大学文学院 2024 级硕士生

非常荣幸可以参与此次对周蕴晗学姐的访谈！我之前在学校的一些公众号看到过对优秀同学的采访，很想能亲自参与一次访谈，了解其中的具体流程和工作。同时这也是和优秀同学近距离交流的机会，我能够从他们的经历和感受中得到激励和更多前进的力量，为自己的未来规划汲取经验，因此当这次机会出现时我毫不犹豫地报了名。虽然很遗憾没有到访谈现场和学姐进行面对面的交流，不能切身体会到访谈活跃热烈的气氛，但我也阅读了背景资料，思考了想向学姐咨询的问题。也很高兴在逐字稿中看到学姐解答了我的疑问，得到了在应对逆境、生活节奏、学术研究和人生规划等方面的宝贵经验。

周蕴晗学姐文体兼优，既是国家级运动健将，又在学术领域取得了耀眼的成绩。她发挥专长,参与多项活动传播体育文化,是令我十分敬佩的青年楷模。在阅读梳理逐字稿和撰写文稿的过程中,我不止一次地被学姐充满活力的状态和积极奋进的精神所触动,尤其是学姐对每天的作息安排非常严格,对自己想要的东西和人生规划早早就确定下来,这给我留下特别深刻的印象。在满满的成就背后,我看到的是学姐对体育事业的热爱、坚持不懈的毅力和坚持自我的勇气。

我从这次访谈中收获颇丰,不仅参与了访谈工作,也提升了写文稿的能力,也近距离地接触到榜样,感受到学姐的人格魅力,相信这些对我的未来发展会有很大帮助。最后十分感谢吴秋怡老师提供的宝贵机会和小组成员们的共同努力,我以后会继续关注对优秀人物(无论是专业领域内的大家还是出众的同辈)的访谈,争取参与其中,丰富自己的阅历和精神世界。

——姜依含　南京大学文学院2024级硕士生

在我的师姐吴秋怡老师的邀请下,我有幸深入了解了"打破固化标签,将体育与学术交相辉映"的魅力周蕴晗。她用行动告诉我们,身体的极限可以突破,思想的边界也同样可以拓展。真正的强者从不局限于单一的赛道,而是能够在不同的舞台上熠熠生辉。周蕴晗作为运动员习得的自律、坚持和拼搏,以及作为学术人锤炼的思辨、创造和探索,共同诠释了一个"运动与智慧并重、体能与思维同行"的全面发展的综合教育样本。同时,她的成长经历也折射了一个更为深刻的教育本质,即竞技体育的精神内核与学术探索的价值取向深度融合,将塑造出一个更具韧性的复合型人才。"更高、更快、更强"与"又快又好"的交融,并辅之以"求知若渴,虚心若愚"的态度,如何不能使一个人真正达到身心俱强的理想状态呢?能有机会深入了解周蕴晗同学的成长故事,让我欣喜又动容!偶然之下与健美操的结缘,成就了她一生追求的事业,这中间除了一定程度的幸运,还饱含着她赤诚的热爱与日复一日的坚持。正是由于这些难得又可贵的态度和品质，才成就了能够拥有真正的自由和具象的幸福的周蕴晗。曾经我总是羡慕别人能够精准地找到喜欢并适合自己的职业，周蕴晗的故事仿佛让我找到了去获得理想职业的"钥匙"，那就是"热爱与坚持"！

——杨静　南京大学政府管理学院2021级博士生

  作为一名研三的学生，我面对未来的道路常常抱有悲观的想法，焦虑悲观和激昂奋斗同时交织在我的心头，但是在看完周蕴晗同学的分享之后，迷茫的心头好似点上了一盏指引方向的明灯，周蕴晗同学的正能量和高尚的人格深深触动了我的内心，让我遇到困难与挫折时能在心中感受到周蕴晗同学的鼓舞。

  世界上最难保持不变的，我想就是初心，由于自己的懈怠懒惰，曾经定下的目标或者志向早就如同垃圾一般被丢进废纸篓。但是当我听到周蕴晗同学自小的"初恋"就是健美操，并将其一直坚持到现在，在这么长时间之后，周蕴晗同学的内心还是如同当初第一次接触健美操时一样，喜欢它并且去贯彻它，实在是让人听完心中久久无法平静。我们总喜欢在问题被提出来后才会想着怎么解决问题，所以时常不知所措，对问题的答案充满迷茫，在求索之中让自己的生活充满了焦虑。但是周蕴晗同学的经历让我看到了另外一条道路，那就是寻找自己人生的答案，不论以后遇到什么样的问题，自己早已提前做好了规划，在高中时期已经规划好了自己人生的答案，并且一直秉持着自己的初心。

  我们为什么会对未来不满意，我想是因为不清楚自己真正想要什么。面对工作的选择，面对升学时对学校的抉择，我们常常犹豫不决，就像一个举棋不定的棋手，而这举棋不定的处境就是我们焦虑与迷茫的源头。周蕴晗同学面对南京大学商学院与体育科学研究院两份 offer 时，在朋友劝说商学院发展更好时也能坚定自己的想法，毅然决然地选择体育科学研究院，我想这就是知行合一，能够自己抉择自己人生的方向，做自己人生的舵手,让我又一次对周蕴晗同学产生了深深的敬意。

此外,我也为周蕴晗同学的自律和持之以恒深深感到震撼。学习本就辛苦,她还能长时间规律生活和坚持训练,这两条布满荆棘的道路只走一条都会让人满身伤痕、疲惫不堪。但是周蕴晗同学那颗昂扬和炙热的心,硬生生让这两条路都开出了鲜花。非常感谢周蕴晗同学的分享,优秀的人总是炙热的、温暖的、明亮的,周蕴晗同学的分享如同火焰的传递,在我的心中种下一颗火苗来温暖我、照亮我。

非常感谢吴老师能够提供这样宝贵的机会给我们,我们也会在吴老师和周蕴晗同学的鼓励和帮助下继续努力,在自己的人生里发光发热。

——吴洋洋　武汉理工大学船海与能源动力学院 2022 级研究生

访谈逐字稿（部分）

时间：2024 年 11 月 12 日
访谈形式：线下访谈

访谈对象简介：

周蕴晗，南京大学体育科学研究所 2022 级硕士研究生，健美操国家健将级运动员，2023 年南京大学年度人物。曾获体育类竞赛奖项百余项，代表学校先后斩获全国冠军 2 次、亚军 1 次、季军 1 次，获江苏省冠军 5 次，发表会议论文 4 篇（一作），在全国体育科学大会、FISU 世界大学生运动会等会议进行专题报告，获国际运动科学研讨会优秀报告奖、江苏省高校第三十五届体育科学论文报告会二等奖、"南雍青年学术论坛"一等奖、南京大学栋梁奖学金特等奖等奖励。

采访人：
吴秋怡：南京大学马克思主义学院助理研究员
夏雨欣：南京大学马克思主义学院 2024 级硕士研究生
史珏诚：南京大学马克思主义学院 2024 级硕士研究生
邱美月：南京大学地理与海洋科学学院 2024 级硕士生
何聪甦：南京大学马克思主义学院 2024 级硕士生
王芸妮：南京大学教育研究院 2024 级硕士生
刘阮卿：南京大学马克思主义学院 2022 级本科生

周长赫:南京林业大学理学院 2022 级本科生

提问:学姐您好,我们通过前期的背调了解到您既是国家级运动健将,然后又是专业成绩第一,可谓是"智勇双全,文体两开花",我们其实一直特别好奇您这种特别优秀学生的作息规律什么样的?我们想问一下学姐您平时是如何安排自己的作息,然后如何能保持这样每天的活力满满的状态呢?

回答:好,谢谢学弟的提问。关于这个问题我想到了一个词"时间管理大师"(褒义的用法),我的状态与这个词所描述的样子非常像。我将本科和硕士期间分开来讲吧。我们在座的有本科生也有硕士研究生,我觉得这两个阶段状态是很不一样的。我本科阶段的作息是相当规律的,因为我本身是一个顶级的 J 人(MBTI),然后我会前一天晚上列好一个时间表,然后时间安排精确到大概半点,就是每 30 分钟以及每顿吃什么。这里我按照我之前的时间规划表大致说一下。我一般是 5:45 起床,然后 6:30 到 7:30 我们会进行早训。

提问:训练很辛苦,又早起,您不会觉得精力跟不上吗?

回答:我晚上睡得比较早,然后早起早睡,精力就能跟得上。早上会晨跑,然后我会在健身房锻炼,进行一些基础的力量练习。这是我当运动员的时候,早训完 7:30 以后,7:30 到 8:00 吃早饭。我前一天晚上会把我第二天吃什么都想好,规划会精细到每顿吃什么。因为对于一个运动员来说不光是饮食控制,还要考虑时间,比如说我要点菜,食堂有没有能吃的菜,再比如说假设我只吃一个玉米,我就可以边走边吃。如果我要点外卖,我会提前点好,算好时间走到门口,刚好能取外卖就去下一个教室吃饭。吃完早饭,如果上午没有早课,会自己学习一会儿。因为对我们体育生来说当时压力还是比较大的,有高数、概率论、线代的一些课,所以就得自己多学习。中午 11:35,吃过午饭后一般会睡半个小时,不会睡太久,睡太久醒不过来。睡醒了以后会先再学习一会儿会。我们每天固定下午 3：30 到 6：30 是要训练的，3：30 之前可以自由学习。训练完以后，6：30 到 7：30 吃晚饭，一般是水果酸奶等。

  本科的时候是这样的，我不仅是顶级 J 人，我还是个 E 人。但是我在本科大一大二的时候基本上是零社交，很多活动没有什么机会去参加，也忙于学习和训练，包括跟室友们都很少一起吃饭。硕士期间就恰恰完全相反。我觉得这也是因为性质不一样了，可能大家做科研还是社交，这些事情更多充满不确定性。

  然后谈到活力满满，我觉得首先相对成功的人精力都格外旺盛一点（笑）。可能我精力可能天生就旺盛一点，但我觉得我的精力也是有限的，还是要做一些适当的舍弃。就像我当时舍弃社交、娱乐、睡觉等，然后获得我想要的那部分。还有一个方面就是心态，心态很重要。像我答辩的时候经常说一句话："我保持着求知若渴、虚心若愚的态度。"我觉得在干很多事情的时候，有进步有收获我就觉得很开心。就像我小的时候就有一种凿壁偷光的感觉，我感觉我学到了一点，我练到了一点，就发自内心地开心。然后包括现在也是，比如社交认识了新的朋友，或者今天羽毛球技术增长了一点，这些都会让我很开心。在这种良性循环下，我就越来越有活力。

  提问：学姐我们了解到您是健美操的国家级运动健将，并且多次取得过冠军称号。我们想问问您是因为什么机缘巧合接触到了这项运动，并且是有什么样的动力让您对这项运动保持如此长期的热爱，而且还获得如此优异的成绩。然后它现在对您来说是不是意义非常重大的一项爱好？

  回答：好的。我是小学一年级时正式开始练健美操的，到现在应该差不多十八年了。其实我小时候身体一般，练健美操的初衷就是强身健体，就是为了找一项体育运动去锻炼。然后一直坚持到现在，成了我生活中的一部分。小时候经常开玩笑说，健美操就是我的初恋。这是我第一次感觉到深深地喜欢一样东西，喜欢一个项目。

我在想是什么动力让我能一直坚持下来,让我保持对健美操长期的热爱。小的时候大家可能都会涉足很多的兴趣爱好,有的爱好走着走着可能就断了。但是我能一直坚持健美操可能是跟我个人性格有关,我也曾学过画画、古筝等,但是由于我本身是一个比较活泼好动的性格,所以与健美操的特性还是比较相符。还有一点,但我不确定它的重要程度,就是可能我在这一方面算是稍微有一点天赋的,练了一年后,我就拿到了我第一个江苏省女单冠军。我自己也经常在想这两者之间的关系,究竟是因为我喜欢,还是因为努力。因为我练得也比较刻苦,自身也乐在其中,所以我练得好,还是因为我确实有天赋,这二者应该是相互作用的。然后我可能会更多地考虑付出回报比,我发现在接触一个项目的初期,如果我的付出回报比较高,我就更愿意为之努力。各种因素互相造就了现在我能一直坚持这个爱好,这么多年从来没有间断过。

我在高三之前都是跟大家一样,是正常地读书,不是体育特长生。成为体育生后正常学习的压力还挺大的,我身边很多的队友们就都可能放弃了,我们一周是训练三次,也不是很多。但是他们可能因为学业等各方面就练得少了,慢慢地就放下了。但我是不管响雷闪电还是风吹雨打,都一定要去的。坚持到现在,健美操就成了我的专业了,我肯定是会终身从事这一专业的。我觉得我很幸运,我的兴趣、爱好、特长和我以后的事业是非常吻合的。

提问:你如何平衡你的爱好跟你的学习呢?因为我们大部分都是研究生,研究生经常会面临一些导师的任务、课程的论文以及汇报等事情堆在一起的问题。然后我又很喜欢户外运动,比如徒步等,但是我感觉在周末的时候,想要分配充足的时间给自己的爱好是很难的。再加上我本身是一个不是很像学姐那么极度的自律的人,我就感觉时间要么只能给爱好,要么只能给学习。我就想问您是怎么平衡爱好和学习的?

回答:我觉得我和大家之间还是有一点差异的,我们体育行业更重实践一点,可能有的科研也是去做实践,我知道你们如果做科研的话,一定是停不下来的。需要花一个很长时间去进入状态，进入状态以后再花很长时间去做它。这个状态切换应该是比较难的。上午徒步，然后下午就全神贯注投入科研，这是比较困难的。大家都会说就劳逸结合，出去运动，换一换脑子可能会事半功倍。但是我觉得没有这么简单，这个脑子不是说换过去就能换过去，说换回来就能换回来的。所以说我觉得可以听听熙宜怎么说。我之前也跟他聊过，像他就是每天会有固定的健身和有氧运动的时间，而且不是一周，是一天两练。我原本以为是一周两练，后来知道是一天两练，我也很佩服他。因为我也在探索，我是每天会有固定的运动时间。

提问：学姐下面这个问题是关于刻板印象的，就是这两年社会上出现了对体育生的一个刻板印象，就是可能会觉得他们是不是不爱学习或者怎么样，您怎么看待这种贴标签式的现象？您觉得从您的角度看，如何回应这样一个标签？

回答：这个问题问得很好，一般访谈很少会出现，我觉得这问题很有意思，我想先听听听大家口中对体育生的刻板印象。（同学们一一回答）大家让我回应回应。其实我觉得我没有什么要回应的，因为我也只能代表我自己，就是没办法对体育生这一个群体去做出回应。在我们行业内大家有一些人是比较敏感的，会觉得体育生就是那种可能体院出来的，从小就不太懂事，然后成为高水平运动员，再以这种方式进入高校这样子。有些人会说，你是运动员什么的，但是我对于这些名称，包括对于所有的刻板印象，我一直是抱着我很愿意听、很欢迎的这么一个态度。为什么呢？《甄嬛传》大家看过吧，就是"你还有多少惊喜是朕不知道的"，我会很喜欢这种感觉。大家既然有了一个刻板印象，那么就是有一个杆儿在这里，那我不断去打破它或者是冲击它，其实给你们的这个震撼冲击力会更大。而不是说你本来就应该生成一个这么好的人，你刚好符合了我的预期。所以对这个刻板印象我持一个非常积极的态度。然后我相信大家对我可能也不是很刻板，会有一些新的主观印象。我觉得这样挺好的,所以我就是不太在乎这些。

提问:学姐,因为我们知道就是你已经在南京青年学术论坛获得过一等奖,还有发表一些关于元宇宙技术拓展运动线上空间和成都城区的体育空间分布研究的成果。想问一下学姐你是怎样找到这样的一个研究议题的?还有对于我们研一的同学,想找到自己的研究中一个专注的点,能不能给我们一些建议?

回答:我觉得其实让我跟大家聊学术有点班门弄斧。这个是实话,因为我们体育行业整体学术氛围不是特别浓厚,然后大家的基础也没有那么好。所以说我这个方面肯定是要向你们学习的。但是还是聊一聊我自己的感受。就是我本科时候经管有个概念叫三环模型,就是三个环。翻译过来就是,我喜欢什么,我擅长什么,这个社会需要什么。我觉得这三点要结合起来去想一下,一定要结合这个客观的条件和主观的兴趣去开展。就是要结合起来。然后像我的这两篇文章,第一个其实元宇宙方面是我的这个爱好,啦啦操就是体育教育这方面的。为什么要和元宇宙结合?实话实说,我是会想去抓住一点研究热点,可能你去迎合热点潮流,文章会更抓眼球一点,比如地理空间刚好用到了GIS。

因为高中我选的是物理和地理,是理科,在地理方面更熟悉一些。包括我也有几个朋友,因为高中都是选的物地科目,大家之后都在做这方面,然后跟他们交流得比较多,大家都觉得这个方面还挺不错。而且我写文章更喜欢那种图文并茂式的,有数据支撑。而过于文科的文章全是文字,我本身也没有那么擅长。当时就是这样子,其实我有的时候也在想,就是我这样会不会算有一点方法主义。比如说像GIS那种方式,还有一些结合一些人工智能,然后加一些统计学的知识。

但我后来想了一下,提出问题十分重要。都有很多问题,就让大家提体育方面问题,我觉得绝对可以说很多。但是提出问题以后还是要想一下,就是解决这个问题的一个合理性。就是我有没有这样的一个能力和资源,以及我说的话能不能让大家信服。所以我觉得一定要结合自己现有的一个能力去开展研究。凝练科学问题是非常重要的事情，可能来自于文献的阅读，也可能来自于实践的观察。在读研时期，可以多读经典研究来提升自身的研究能力。

大家都是初涉学术领域，我也是初涉。我觉得前期如果你的效率比较高，有一些看得到的成果，对于你整个后期学术兴趣和信心的培养是很重要的。其实跟我练健美操一样，我练了一年就拿冠军。如果说我练十年也没有成果，即使我再热爱，我还是什么都看不到。我觉得肯定是会受打击的。所以我觉得前期哪怕是一些小的成果都很重要。

我是属于自己会比较关注学术信息的。因为体科所没有这样的氛围，所以一直都是我自己在参加各个论坛，就是校内校外、国内国际的这些东西自己去关注。因为我会想看一看，我这个学术能力在整个体育行业，哪怕是所有的学术行业是一个什么样的水平，我一定要往外走才能看得到。如果只是在自己这个一亩三分地，我也不知道我自己怎么样。所以说前期也是有一些小小的这种成果。然后我就感觉我还是可以稍微去做一点，给自己增添一点信心。所以我觉得找的时候找对方向还是很重要。

提问：请问学姐在写第一篇论文的时候，是怎么写出来的？我觉得从 0 到 1 这个过程，很难。

回答：是，但是大家都是研究生，本科毕业论文都写过。大家本科期间会写小论文，就肯定会多少写一点。那你不都是已经写过第一篇了吗？就是硕士觉得不太一样，是要发表出去的感觉，跟你平时写的那种不太一样。是的，但是我元宇宙的那篇，就是结合我的毕业论文进行精简、提炼，然后一直改，就是都很痛苦，不断改然后还要抓紧时间。因为你每一个时间段，它对你这个主题的倾向性也不同。这个其实我也觉得很难，我也不擅长学术。

提问：我来问下一个问题，就是关于活动的。学姐您在大学的时光中参加了很多的课外活动,请问您最初参加这些活动是什么原因?而且这些活动给您带来了什么样的启发,或者说有哪一些觉得自己得到了成长?如果您遇到了一个非常有价值和意义的活动,但是在这个时间段可能会发现有一些学习上或者其他的一些冲突,您会怎么样协调和处理?

回答: 如果说学生工作,我本科时候也是学院学生会的主席团主席。我们还是以参加比赛为主,比赛应该不能算是活动那种。然后活动就是一些什么校庆,类似这样的表演肯定是有的。但是我感觉表演也算在我的主业里,因为这个体育方面是跳健美操,就是大大小小的表演,感觉活动不是很多,但是也可以聊一下我的想法。

那我先回应一下,这个如果有冲突的话,我觉得是这样的,就是我一般是先弄清自己的主线任务,主线任务就是,每个阶段都有主线任务,"亲爱的玩家不要在支线任务上过多的停留"。像本科就是保研和健将这两件事情。但其实保研也需要我这个运动成绩的加成,所以还是得训练。但是我当时就很卷了,我们课全排满。但可能不太一样,我们本科可以自己选课,就是你哪怕把后面课都往前提都行。我大二基本上修完了所有的课。

我当时大二结束就应该确定可以保研,然后整个压力就小了很多。之后又疫情在家,我跟我妈开玩笑,因为我妈是小学老师。我说是不是我从小在你的教育下,就是那种"我们看哪个小朋友做得又快又好"的氛围。我从小就这样,然后我到现在还这样,包括学业、婚恋以及其它的事情,我就希望我能做得又快又好,我妈妈生我也生得比较早。然后我会觉得像我硕士期间,我给自己定的主线任务就是找一个好工作和一个好对象。就只有这两件事情是主要的,其他所有的什么奖学金和学术我会觉得是锦上添花,我会努力。但是如果没有也没有关系,就这两个主线更重要,因为我想早点安定下来,我会很安心,然后可以一步一步来。

当时是这么觉得,一旦主线任务达成,我就有更我就觉得自己有资格了,我就有选择的可能性了。我不管是去参加活动,还是去怎么样,都可以。所以说其实我硕士期间活动也还蛮多的。比如说我也去了不少地方旅游,也交了不少朋友。我觉得一定是要达成一些目标才会有这个选择权,不然就会很焦灼。

浇花浇根,育人育心

——跨学段大中小学思政育人的教学创新实践

习近平总书记指出:"我们建设教育强国的目的,就是培养一代又一代德智体美劳全面发展的社会主义建设者和接班人,培养一代又一代在社会主义现代化建设中可堪大用、能担重任的栋梁之才,确保党的事业和社会主义现代化强国建设后继有人。浇花浇根,育人育心。要坚持不懈用新时代中国特色社会主义思想铸魂育人,着力加强社会主义核心价值观教育,引导学生树立坚定的理想信念,永远听党话、跟党走,矢志奉献国家和人民。要坚持改革创新,推进大中小学思想政治教育一体化建设,提高思政课的针对性和吸引力。"

结合不同学段学生的兴趣偏好、认知风格、学习速度、能力倾向和需求愿望,来自大中小学的思政老师们进行了适配的教学创新实践,取得了丰硕的成果。已有研究表明,幼儿园和小学阶段重在培养学生的道德情感、初中阶段重在打牢学生的思想基础、高中阶段重在提升学生的政治素养、大学阶段重在增强学生的使命担当。与历史同向、与祖国同行、与人民同在,成就出彩人生。

由于篇幅的限制,本书第二部分精心辑录了在江苏省、上海市、浙江省、四川省等不同地区的部分课堂实录。这些覆盖学前教育至高等教育的全学段实录,既包含幼儿园的游戏化课程创新,也包括大学教育的研究型课堂实践。这些生动鲜活的课堂样本,构建起兼具感染力与思想性的表达体系,暗合"故事唤醒认知-榜样塑造人格-教育成就生命"的深层育人逻辑,既是大中小思想政治教育一体化建设进程中的创新尝试,也可以为教师和教育研究者提供可触摸的实践坐标,提供教学创新实践的更多可能性。

活力与梦想的舞者：跟着健美操运动员蹦跶出奇迹
——托育园教学创新课程课堂实录

时间：2025年4月9日

地点：南京市南外附属托育园全体学生

活动缘起：对于学龄前儿童，如何通过创设丰富的教育环境，强化情感体验，培养其积极主动、不怕困难、敢于探究、乐于想象的学习品质，始终是教学的重要议题。皮亚杰将儿童的认知发展划分为四个阶段，每个阶段都有其独特的特点和发展任务，需要教育者去解锁儿童的成长密码。在儿童发展敏感期的黄金阶段，如何将教育目标具象化为可触摸的生命体验？

此次南外附属托育园的全校主题活动，以《活力与梦想的舞者：跟着健美操运动员蹦跶出奇迹》为主题，邀请南京大学极具代表性的杰出学子、健美操国家级运动健将周蕴晗，通过榜样引领、运动体验和情感互动，全方位地促进幼儿在身体、品德、情感和艺术等方面的发展，为南外附属幼儿园托育园的孩子们的未来成长种下了梦想和活力的种子。

一、课堂导入：蹦蹦跳跳开启活力课堂

课堂伊始，南外附属托育园的园长妈妈吴老师介绍了今天活动的主旨，希望能够引导小朋友们将抽象的学习目标转化为可感知、可参与和可延续的互动实践。等园长介绍活动主旨之后，南外附属托育园托二班的杨老师手持卡通手偶，用抑扬顿挫的语调吸引了全场目光："小朋友们，今天我们托育园来了一位神秘嘉宾，你们猜猜，她是谁？"小朋友们纷

纷回头观察今天的来宾。

托二班的小雨小朋友高高地举起了手:"是啦啦操姐姐!我今天从家里带了口哨。我要给啦啦操姐姐加油!"

"没错,小雨小朋友真棒!我们将在姐姐的带领下,变成一群会魔法的小朋友!"杨老师蹲下身,模仿小兔子蹦跳的动作:"猜猜看,哪种小动物蹦得最高?哪种动物蹦得最可爱?"小朋友们争先恐后地举手:"袋鼠!""青蛙!""猴子!"教室里顿时充满欢声笑语。

接着,杨老师播放了一段混剪视频:袋鼠弹跳、羚羊腾跃、海豚跃出水面……画面最后定格在一群健美操运动员凌空劈叉的镜头,说道:"今天我们要认识的是一项充满活力和美感的运动——健美操!而这位特别厉害的姐姐,她不仅是健美操国家健将级运动员,还是南京大学的硕士研究生呢!让我们跟坐在教室后面的姐姐打个招呼!"小朋友纷纷回过头,挥舞着一双双小手。"在这之前,"杨老师继续说:"我们先请另一位神秘嘉宾缪老师,给我们讲讲南京大学那些厉害的哥哥姐姐们的故事,他们的精神就像一座座高高的山,等着我们去攀登哦!"

二、课堂实录第一部分:南大哥哥姐姐的登山之路

缪老师走上讲台,背景屏幕浮现出一座座可爱的小山,山顶上画了一颗闪闪发光的星星。缪老师笑着问道:"宝贝们,你们有爬过山吗?"小朋友们异口同声:"爬过!""你们都爬过什么山呀?"缪老师接着问。孩子们争先恐后举手。

瑞瑞虎小朋友说"我爬过栖霞山!"

边边小朋友说"我也爬过,爬的是紫金山!"

小雨小朋友说"我每个月都会跟着爸爸妈妈去爬山!"

缪老师总结道:"哇,大家好厉害呀,都爬过好多山呀。今天缪老师要给大家讲的故事,题目就叫作《你应是你自己的那座山》。这本书的主

编是南京大学的吴秋怡老师,副主编是刘阮卿同学。两位作者今天也到了现场,让我们掌声欢迎!在南京大学,有很多哥哥姐姐就像这座山一样,虽然攀登的路上有很多困难,但他们都勇敢地坚持了下来,最终到达了自己的山顶。"

接着,缪老师向孩子们展示南大哥哥姐姐的奋斗经历。第一位是"最美大学生"刘敏:"你们是不是前段时间开展了消防演习?火灾非常危险。刘敏姐姐遇到了什么呢?她遇到了和火灾一样危险的事情——地震。这是刘敏姐姐的照片,她在小时候遭遇了地震,失去了一条腿。可是你们看,她的笑容多么灿烂!她没有因为身体的残疾而放弃,而是像小勇士一样,重新回到学校,努力学习。"

跳跳小朋友说"哇,姐姐好厉害!"

创创小朋友说"她的腿受伤了,怎么走路呀?"

小朋友们纷纷发出惊叹和疑问。缪老师耐心地解释:"刘敏姐姐安装了假肢,刚开始走路的时候肯定很疼很困难,但她就像小树苗一样,不管遇到多大的风雨,都努力生长。她告诉自己,身体的残疾不是终点,而是新的起点。"

第二位是一位戴着眼镜在实验室做实验的哥哥:"这是王玉瑞哥哥,他在新能源领域可厉害了,发表了很多重要的论文。但你们知道吗?他说自己刚开始做科研的时候,就像在爬一座没有路的野山,每一步都要自己探索。"

九邑小朋友说"王玉瑞哥哥是不是很聪明?"

孩子们歪着小脑袋,眼中充满了好奇。缪老师摸摸孩子的头,说:"对呀,王玉瑞哥哥很聪明。他说,聪明和努力同样重要,但更重要的是要有一颗不怕困难、勇于探索的心。就像我们学走路一样,刚开始会摔跤,但只要坚持下去,就能走得又稳又快。"

第三位是退伍大学生李伯胜:"刚到部队时,李伯胜哥哥每天都要面对高强度的体能训练,跑步、俯卧撑、负重行军……虽然他体型瘦小,但心里却住着一个'大英雄'。每天别人休息时,他偷偷加练;别人喊累时,他咬牙坚持。渐渐地,他的体能越来越好,动作越来越标准,旅长爷爷夸他是'神炮手',这可是特别厉害的称号呢!宝贝们,你们觉得是什么让他这么厉害呀?"

"是勇气!""是喜欢!""是坚持!"孩子们纷纷抢着回答。缪老师点头:"对呀,李伯胜哥哥的心里有一团火,那是对祖国的爱,对责任的担当。就像你们现在努力吃饭长身体、认真学本领,将来也能成为保护祖国的小卫士哦!"

三个榜样故事讲完,缪老师看着孩子们亮晶晶的眼睛,轻轻说:"这些哥哥姐姐都曾和我们一样,遇到过困难、迷茫,但他们心里都有一座山,一座叫作'坚持''勇敢''热爱'的山。他们一步一步往上爬,终于看到了山顶的风景。让我们也一起慢慢攀登,成为自己的小英雄吧好不好!"

孩子们异口同声地回答:"好!"

三、课堂实录第二部分:蕴晗姐姐的舞衣魔法

"小朋友们,你们平时喜欢运动吗?你们喜欢哪些运动呢像跑步、跳绳、踢球。这些都是很棒的运动。今天呀,我们会认识一种特别好看、特别有活力的运动,那就是健美操!说到健美操,就不得不提到那些超级厉害又漂亮的健美操运动员啦。她们的动作非常灵活,就像动画片里的超级英雄一样,充满了力量和魅力。在赛场上,他们跟着好听的音乐,做出各种各样优美又帅气的动作,可迷人啦!接下来,让我们用最热烈的掌声欢迎周蕴晗姐姐!让姐姐带领我们一起走进健美操运动员的奇妙世界吧!"杨老师话音刚落,周蕴晗穿着鲜艳的健美操服,带着阳光般的笑容走上讲台。

周蕴晗蹲下来,和孩子们一一打招呼:"小朋友们好呀!我是蕴晗姐

姐，很高兴今天能和大家一起走进健美操的世界。"用通俗易懂的语言简单介绍过健美操后，她拿出一个精美的袋子说："今天姐姐带来了很多套小时候的比赛服，给大家看一看，摸一摸，好不好？"

"想！"孩子们异口同声地回答。

"那我考验一下大家，姐姐每拿出一套，大家抢答是什么颜色，哪位小朋友最先说出来，我们就把它给哪位小朋友！"边说周蕴晗边从盒子中拿出第一套健美操服，立刻得到了瑞瑞虎小朋友的积极响应。

那是一件可爱的连体服，上面点缀着亮晶晶的水钻："这是我小时候第一次参加比赛穿的衣服，那时候我才6岁，第一次站在舞台上，心里特别紧张，但是看到台下老师和爸爸妈妈鼓励的眼神，我就告诉自己，一定要好好表现。"瑞瑞虎小朋友充满好奇地摸着漂亮的比赛服，笑容非常灿烂。

接着，她又拿出第二套蓝色的健美操服，衣服上有中国风的龙纹："这件是我参加全国比赛时穿的，那个时候训练特别辛苦，每天都要练习很多高难度的动作，有时候累得想哭，但一想到自己的梦想，就咬咬牙坚持下来了。"小悠小朋友开心地接过比赛服。

最后，她拿出一套橙色的带有大学标志的健美操服："这是我在大学读书时参加比赛穿的，穿上它，我觉得自己不仅代表着自己，还代表着学校。每一次穿上这些衣服，我都感觉自己充满了力量，就像要去征服一座高山一样。"土豆小朋友非常喜欢，爱不释手。

孩子们一边抢答，一边瞪大眼睛，好奇地看着、摸着、传递着这些漂亮的健美操服："蕴晗姐姐，这些衣服都好漂亮呀！"

周蕴晗笑着说："其实呀，健美操不仅好看，还能让我们的身体变得更强壮、更灵活。姐姐接下来就要教大家一段健美操！"杨老师将提前准备好的五颜六色的花球分发给每位孩子："现在大家拿好花球，跟着老师们排队到外面的操场上，准备跟着姐姐一起跳舞吧！"

四、课堂实录第三部分：户外活力秀

在杨老师、陈老师、顾老师等班级老师们的带领下，孩子们来到了户外的活动场地上，这里准备好了彩色的丝带和小铃铛。

"宝贝们，现在我们要组建一支小小健美操队啦！我们一起围成一个半圆，然后大家跟着姐姐学习几个简单的健美操动作，最后我们来比赛，看看哪个小组表现得最棒！"周蕴晗欢快地说道。

孩子们兴奋地分成了几个小组，选好了小队长。周蕴晗耐心地教大家动作："双手叉腰，右脚向前一步，膝盖弯曲，然后左手向上举，像小花开放一样，脸上要带着笑容哦！"

孩子们跟着姐姐的节奏认真地练习，一开始还有些跟不上，但在姐姐和老师们的鼓励下，渐渐找到了感觉。"瑞瑞虎的笑容真甜，就像小太阳一样！""小雨，你的动作真标准！""边边跳得真认真！""小悠动作非常标准！"听到表扬，孩子们练得更起劲了。

练习结束后，比赛开始了。每个小组依次上台展示，孩子们挥舞着丝带，跟着音乐的节奏做出整齐的动作，虽然有些小组的动作还不够熟练，但每个人都充满了活力和热情。最后，周蕴晗给每个小组都颁发了"活力小明星"的贴纸，孩子们拿着贴纸，脸上洋溢着自豪的笑容。

结束之际，杨老师进行了活动总结："宝宝们，刚才健美操姐姐跳得好不好呀？你最喜欢哪一个动作？姐姐跳得那么好，是不是和运动会上的我们一样努力呀？如果想把健美操学好那一定是要付出更多的努力，希望我们的小朋友也能像美丽的健美操姐姐一样，认真参加幼儿园的户外锻炼。在春天里长高高哦！"

五、课堂实录第四部分：童心献礼

课程的尾声，孩子们用最纯真的方式向榜样表达谢意。他们将亲手制作的张贴画和花束一一送到主编吴秋怡老师和国家健将周蕴晗姐姐手中。托一班的两位代表为吴秋怡老师送上了鲜花和手工品。托二班的两位代表为周蕴晗姐姐送上了鲜花和手工品。画上，是和周蕴晗姐姐衣服颜色一致的飘舞的紫藤花，和孩子们用剪纸制作的蝴蝶，非常精美。一位小女孩说："这是会飞的周姐姐，姐姐像蝴蝶一样美！"两位嘉宾深受感动。

最后，大家一起合影留念，本堂课程圆满结束。合影时，孩子们簇拥在两位嘉宾身旁，每个小朋友都手举着两个闪亮的花球。这一镜头定格下的温馨画面，或许也是梦想在童年里悄然生根的瞬间。

六、教育意义分析：让每个起舞的日子，都成为孩子未来人生交响诗中那个明亮的起始音符

在儿童生命韵律的启蒙诗行里，健美操恰似跃动的多棱水晶，将力与美的光谱折射进稚嫩的心灵原野。健美操这项运动在幼儿教育场域中绽放出独特的育人光华——当孩童们跟随节拍舒展肢体时，他们不仅在塑造着美好的肌肉记忆，更在搭建着对运动美学的原始认知。本次"活力与梦想的舞者：跟着健美操运动员蹦跶出奇迹"教学创新课程，通过榜样引领、运动体验和情感互动等形式，促进了孩子们身心的全面协调发展，紧密贴合了幼儿园教育目标，具有多方面的深远教育意义。

南京大学优秀学子们的奋斗故事，将榜样教育融入幼儿心灵。这些真实的榜样故事，以生动形象的方式向幼儿传递了"坚持就是胜利""困难不可怕，勇敢面对就能克服"等积极价值观，帮助幼儿初步建立正确的

人生观和世界观,激发他们内心的正能量,培养坚韧不拔的品格。此次活动也获得了托育园家长们的喜爱。土豆妈妈留言:"宝宝们的托班生活好丰富!宝宝们一起用稚嫩的小手制作的色彩缤纷的手作《紫藤花》《春之花》好棒呀!"边边妈妈留言:"这样的学习机会非常宝贵,可以感受健美操魅力,可以培养运动的爱好。上学期的非遗传承人朱新年进校园和这学期的国家健将周蕴晗进校园,边边都非常开心!"

正如蒙台梭利所言:"动作是智力的具象诗歌。"健美操运动融合了力量、美感和节奏感,其在幼儿阶段的教学和体验,不仅促进了孩子们身体机能的发展,还让他们在音乐和动作的结合中感受艺术的魅力,培养了对美的感知和表达能力,彰显了"五育并举"的融合教育观。

此外,课程抓住幼儿直观形象思维的特点,从趣味引入的动感舞蹈,到生动讲述的榜样故事,再到健美操服的展示和户外实践体验,通过丰富的互动形式和情感体验,激发了幼儿的学习兴趣,为幼儿的全面发展奠定了坚实的基础。

主题活动主持人: 杨政老师、缪晨泽老师

主题活动主持人简介: 杨政,毕业于南京师范大学学前教育专业,是一名光荣的中国共产党党员。目前于南外附属托育园担任在职教师,拥有长达15年丰富的幼教工作经验。杨老师始终怀揣着一颗炽热的爱心与纯真的童心,不仅深耕国内幼教领域,还曾远赴国外幼儿园担任义工,积累了多元的教育理念与实践经验。在工作中,杨老师展现了卓越的家长沟通能力与团队协作精神,与家长和同事保持着良好且密切的关系,携手助力幼儿的茁壮成长。凭借着深厚的专业知识储备和丰富的教学经验,杨老师尤为注重幼儿的全面发展,擅长依据每个幼儿的独特特点与个性化需求,精心制定专属教学计划,深受幼儿喜爱与家长的广泛认可。

双师协作之"大思政课"研究者: 缪晨泽,南京大学硕士研究生,现就

读于马克思主义学院,研究方向为青年思想政治教育、中国语言文学,曾在《中国校园文学》发表小说作品,担任南京市五四百年系列社会实践活动东南大学人文学院负责人,多次获东南大学课程专项奖学金;参与项目获第十九届挑战杯揭榜挂帅专项赛全国一等奖。

逆风飞翔：给翅膀插上抗挫的勇气
——三年级主题班会课堂实录

时间：2025年4月2日

地点：丽水市庆元县实验小学301班

活动缘起：当今社会物质条件优渥，许多孩子在家庭中受长辈过度保护，缺乏面对挫折的机会与经验，抗挫能力较弱。学校教育虽重视知识传授，但挫折教育的系统引导相对不足。加之部分长辈溺爱，受"升学第一"教育观念影响较大。近年来，一些中小学生稍遇挫折便消极悲观，甚至出现了一些过激行为。

我所任教的三年级孩子，作为从低年级向高年级的过渡期，正处于身心快速发展且逐步适应更复杂学习与社交环境的关键期。面对学习难度提升（如数学从简单计算转向复杂应用题、语文作文要求提高）、人际交往矛盾（如小组合作分歧、竞选班干部失利）等挫折时，易产生自卑、逃避等消极心理，影响学习积极性与自信心，不利于他们的长期成长。因此，针对三年级学生开展挫折教育，帮助其树立正确的挫折观、培养坚韧品质，是顺应其成长需求、弥补教育环节缺失的重要举措，对学生长远发展具有不可忽视的意义。吴秋怡老师主编的《你应是你自己的那座山》一书给了我很大启发，相信此书中的榜样人物能带给孩子们力量。

一、开场游戏："蛋"的进化

老师以游戏引入。"亲爱的同学们，今天我们要上一节特别有意义的主题班队课。在开始上课之前，先请大家放松心情，我们先来玩一个小游戏:'蛋'的进化。"

老师讲解游戏规则。开始时,大家都处在"蛋"的状态,然后,每两人一组,进行猜拳,赢的升为"小鸡",输的继续在"蛋"的状态。接着,赢了的队员再两两一组,进行猜拳,赢了的升为"小鸟",输了的回到"蛋"的状态,和同样处在"蛋"状态的队员猜拳……依此类推,直到连赢五次,经历完从"蛋—小鸡—小鸟—猴—人"的"五部曲",才算胜利,胜者均获学校的特色奖励币——"尚雅币"一张。

游戏后,主持人访问从"猴"变"人"那一关猜输后被打回"蛋"的同学的心情。

学生回答:只差一步就可以成功了,可是到最后却又得从头再来,真有种前功尽弃的感觉。有的人放弃了,有的人却不甘心,继续迎接挑战……

老师问,这游戏象征什么呢?学生们纷纷发言,老师引导答案:象征着人生的曲折、坎坷。

老师小结:正如这个游戏的进化过程,很多时候,当我们付出很多努力,却不得不从头再来时,你是否依然有勇气继续向前?这时候,我们是不是会想:要是我也像哪吒、孙悟空他们一样无所不能就好了!

过渡:在孩子们的心目中,你最想成为哪一位神话人物呢?同学们回答:哪吒、孙悟空、红孩儿、牛魔王等等。今天,老师就请到了一位神话人物,请看大屏幕!

二、环节二:挫折小侦探:发现挫折"小怪兽"

1. 趣味互动导入

播放《西游记》孙悟空三借芭蕉扇的动画片段,画面定格在孙悟空被火焰山阻挡时。

老师:"同学们,在刚才的视频中,孙悟空遇到了什么困难?如果是你,会怎么办?"

学生:"他被大火挡住了去路,肯定很着急!"

学生:"我觉得他会找铁扇公主借扇子,就像动画片里那样!"

2. 联系生活,揭示主题

师:"大家说得对!孙悟空虽然很厉害,但在唐僧师徒四人去西天取经时,也遇到很多挫折,像被妖怪抓走、被师傅误解等等。这些挫折就像"小怪兽"一样,阻挡着师徒四人取经的脚步。那么,在现实生活中,你们遇到像"小怪兽"一样阻挡你进步的挫折了吗?

学生:考试没考好就是挫折。

学生:和好朋友吵架了,心里很难过,这也是挫折。

学生:像上次,我去参加校园"五十佳"评比,却只有二等奖,我很不开心。

老师:大家说得对,挫折就是我们在做事情时遇到的困难、失败或者不顺心的事情。

3. 揭示班会主题

该怎么面对这些挫折呢?今天这节课,我们就来学习怎样打败这些挫折"小怪兽"!

三、环节三:资料学习:跟着姐姐学打"小怪兽"

1. 材料引入

孩子们,我们要怎么打败"小怪兽"呢?咱们跟着一位姐姐来学习。

出示材料一:她,是南京大学首位获得"中国大学生年度人物"荣誉的学生,是2017南京大学年度人物之一。前国家领导人温家宝总理曾经这样评价刘敏:"你有不可征服的灵魂,任何艰难困苦都不能让你低头,你已经用自己的"双腿"站立起来了,面向光明的未来,永远不会倒下。"

出示刘敏的照片。同学们,这就是南京大学的刘敏姐姐,她是不是很厉害?其实,一路走来,刘敏姐姐也遇到了很多挫折"小怪兽"。

引入刘敏的成长故事。重点描述她的"地震经历、返校之路、大学生活"三个阶段的故事。

2. 四人小组互动讨论:

老师:一路走来,刘敏姐姐遇到了哪些挫折"小怪兽"呢?她是怎么打败这些"小怪兽"的?

同学们小组讨论,合作完成抗挫"宝典手册":

刘敏姐姐遇到的"小怪兽"(挫折):＿＿＿＿＿＿＿＿＿＿＿＿＿＿＿

打败它的"武器"(战胜挫折的方法):＿＿＿＿＿＿＿＿＿＿＿＿＿

3. 教师小结

每一个"小怪兽"都是成长的勋章,现在你们的宝典里,也和刘敏姐姐一样,已经装满了勇气和力量!可以开启打怪之旅啦!

四、环节四:完善抗挫宝典:合作打败"小怪兽"

1. 呈现课前调查结果

老师:(展示调查图表)同学们,之前老师给大家做了一个小调查,现在我们来看看,我们班同学遇到最多的挫折有哪些呢?大家来看调查结果:"作业完成得不理想、和同学闹矛盾、体育运动达不到要求"等是我们班同学遇到较多的挫折。

学生:(点头)对,我作业没有完成好就很不开心。

学生:我也和同学闹过矛盾,不知道怎么办。

学生:我是因为跑步跑不动,一分钟跳绳个数很少而不高兴。

2. 谈论本班学生遭遇最多的几次挫折

老师:那我们先来说说"作业完成得不理想"这个挫折。大家遇到这个情况时,心里是怎么想的呢?

学生:我会觉得自己是不是不够聪明。

学生:我会很难过,担心爸爸妈妈批评我。

学生:相比刘敏姐姐遇到的挫折,咱们这点挫折就显得很小很小啦!

3. 小组合作学习

怎样战胜"小怪兽"?现在请同学们分成小组,针对这些常见的挫折,讨论一下解决方法,然后写到抗挫"宝典手册"当中去。

(学生分组讨论,老师巡视指导)

全班交流:小组代表:我们组说作业完成得不好,就认真分析错题,多练习。

老师:是啊,一次作业完成得不好不代表以后都完成得不好。我们可以找到不足,争取下次进步。再来说说和同学闹矛盾,该怎么解决呢?

小组代表:和同学闹矛盾,要学会宽容,主动和解。

学生补充:可以互相道歉。

学生补充:可以好好沟通,说说自己的想法。

老师小结:看来,面对挫折"小怪兽",我们都很有信解决,想到的方法都很实用。原来,挫折并不可怕啊!

五、环节五:帮帮团行动:助她战胜"小怪兽"

听说咱们班的同学有了抗挫"宝典手册",有一位叫李晓娟的同学向我们求助来啦!你们愿意帮助她吗?学生:愿意!

1. 出示一封求助信

老师:(展示求助信内容)同学们,谁来读读李晓娟的同学的求助信,看看她遇到了什么事情。

学生(读信):"我最近很烦恼,学习上有好多题不会做,考试也没考好,和好朋友也因为一点小事吵架了,爸爸妈妈也不理解我,我该怎么办?"

2. 找一找信中李晓娟遭遇了哪些挫折

学生：她学习遇到困难，考试没考好，还和好朋友吵架了，爸爸妈妈也不理解她。

老师：对，那我们赶紧开动脑筋想办法，看看应该怎么帮助李晓娟呢？

3. 讨论如何帮助李晓娟

学生：学习不会做的题，可以问老师和同学，多练习。

学生：和好朋友吵架，就主动道歉，说清楚自己不是故意的。

学生：父母不理解我们的时候，我们要多和父母沟通、探讨，和父母换位思考，好的想法争取说服父母，不合适的想法，也应该听取父母的意见。

老师：大家都是热心肠的好孩子，帮助别人解决挫折，打败"小怪兽"，其实也是对自己的一次提升，以后我们遇到类似的问题，也能更好地应对。

六、环节六：微笑加油站：挫折我不怕

1. 活动升华

播放歌曲《阳光总在风雨后》，师生共唱，一起传递积极心态。学生谈收获，制作"微笑鼓励卡"学生写下对自己或对同学的鼓励话语。最后，集体宣誓，强化战胜挫折的信念。

老师：同学们，今天我们聊了很多挫折和解决方法。大家看，挫折和失败在人生的道路上不可避免，但是不管挫折多大，只要我们有好的方法，微笑着面对，再大的挫折我们都不怕。

跟着老师来宣誓言：小挫折，像怪兽，笑一笑，想一想，战胜它，我最棒！

2. 布置"挫折树"成长计划

老师:在教师后面的墙上,布置一棵"挫折树",以后每克服一次困难,就写一篇"胜利叶子"贴上去,看看咱们的成长树有多么茂盛!

3. 教师总结

老师总结:同学们,我们的人生不可能一帆风顺,生活和学习中遇到的挫折,就像天上的乌云,虽然暂时遮住了太阳,但只要我们翅膀插上抗挫的"勇气",坦然接受它,正确认识它,就能继续前行!今后,老师希望你们能勇敢地面对挫折,做一个积极向上、充满自信的好孩子!今天的班队课就到这里,同学们再见!

七、教育意义分析

本次主题班会通过开场游戏、视频展播、小组讨论、故事分享等多样化形式,以南京大学刘敏同学的励志经历为切入点,引导三年级学生正确认识挫折,并掌握应对策略。活动中,刘敏面对人生困境时展现的自我接纳、迎难而上、坚守理想的品质,以及她以普通学生的身份持续追求卓越的精神,深深触动了学生,为班会注入了情感共鸣与行动示范。

活动初期,学生对挫折普遍存在畏惧心理。通过刘敏的真实故事,同学们在互动交流中逐渐理解挫折的普遍性与成长价值,并主动探讨"接纳情绪""分解目标""寻求支持"等具体方法,最终实现了从"被动逃避"到"主动应对"的转变。这一过程不仅激发了学生的抗挫勇气,更帮助他们建立起"直面挑战"的积极心态,为小学中段学生的心理成长提供了关键支持。

本次班会的核心立意——"你应是你自己的那座山。",旨在推动学生从"依赖外部评价"转向"构建内在动力体系"。通过适度的挫折体验与引导反思,学生逐步积累心理韧性、自我效能感等终身受益的心理资本。值得注意的是,科学的挫折教育需家校协同:家长可通过设计阶梯式挑战场景(如生活任务、兴趣探索),让孩子在"尝试—受挫—调整—突破"的循环中锤炼人格,最终实现从"被动保护"到"自主成长"的跨越,为未来发展奠定坚实基础。

班会主持人:陈林芬

陈林芬老师简介:本科学历,一级教师,现任教庆元县实验小学语文教师兼班主任。她秉承"为了孩子一切"的理念,始终用爱心管理班级。她常说,教师的天职是教书育人。她注重管理育人,环境育人,用榜样引导学生端正学习态度。

从教以来,曾先后荣获丽水市德育能手、县教坛新秀、县优秀班主任、县明星班主任等。曾获得县级主题班队课课堂评比一等奖;"道德与法治"课堂教学评比县级一等奖,市级二等奖;曾获得班主任基本功大赛县级一等奖,市级一等奖;微课市级一等奖;公开课、教育教学论文、案例等作品多次在各级评比中获奖。《有多少浪费本可避免》入选浙江省小学道德与法治优秀教学设计。

慧识自己

——七年级主题班会课堂实录

时间:2025年3月27日

地点:丽水市庆元县蔚文学校704班

活动缘起:在教育这条充满挑战与希望的漫漫长路上,我从未停止思索,究竟该如何为学生们点亮前行的明灯,引领他们在成长的道路上稳健地迈出每一步。在副主编刘阮卿同学的推荐下,我阅读了南京大学马克思主义学院吴秋怡老师主编的《你应是你自己的那座山》。翻开这本书,就如同开启了一扇通往南雍学子热血青春世界的大门。书中在困境中顽强拼搏、在挫折里奋勇向前的故事,深深触动着我。

身为一名在中学教育一线默默耕耘多年的教师,书中的励志篇章让我深受感动。更令我欣喜的是,吴老师所倡导的"大中小思政一体化"育人理念,与我内心深处对学生思想教育的追求不谋而合。在日常教学与生活中,我时刻关注着七年级学生的成长动态。我发现,这个阶段的部分学生在自我认知方面陷入了困境,有的同学因过度自卑,总是对自己的能力充满怀疑,不敢大胆展现自我;而有的同学则盲目自信,难以清晰地认识到自己的不足之处。

为了帮助这些学生走出认知误区,引导他们正确认识自我,挖掘潜藏在自身的无限潜力,我精心设计了"慧识自己"主题班会。在班会中,我采用丰富多样的形式,让学生们在轻松愉快的氛围中深入探索自己的内心世界,从而实现自我成长,为他们未来的学习和生活筑牢坚实的根基。

本次班会旨在通过一系列活动,帮助七年级学生深入理解正确认识自己的意义,掌握正确认识自己的方法,增强认识自我、完善自我的意识,从而更好地发挥潜能,做更好的自己。下文为课堂实录及教育意义剖析。

一、课堂导入:游戏与演绎开启探索之旅

课堂伊始,老师说道:"同学们,今天我们先来玩一个有趣的游戏——掌声响起来。大家来猜一猜,1 分钟自己最快能拍手多少次呢?把你心中的数字大声说出来!"同学们的热情瞬间被点燃,教室里充满了此起彼伏的猜测声。游戏结束后,老师巧妙地引出话题:"大家发现了吗?很多同学猜测的数字和实际拍手次数有差距,这说明我们对自己的了解可能还不够全面。没关系,其实一些在我们印象中无比坚强、能干的人,在刚开始对自己认识也不全面,接下来,让我们一起走进江苏省最美大学生,南京大学李伯胜学长的军旅之路与科研之路。"

介绍完李伯胜学长的经历后,老师提问:"同学们,李伯胜是怎样看自己的?他对自己的认识有没有什么转变。"一位同学说:"李伯胜学长在刚上大学时很迷茫,不知道自己要做什么、能做什么,但是从部队回来后,他就决定为祖国研发高科技了。"教师出示板书:慧聚焦。"同学们,李伯胜经历了挫折后又重新找到了目标,你们知道为什么吗?"教室里立刻热闹起来,同学们纷纷举手发言。有的同学说:"他不害怕失败,他明白只有失败过才能成功。"还有的同学说:"他清楚自己的实力,没有放弃。"老师认真听完同学们的回答,总结道:"大家说得都很对。李伯胜学长正是因为正确认识了自己,才能在困难面前不退缩,重新找回状态。"

二、课堂实录第一部分：自我探索与他人眼中的我

（一）发现自己的优点

老师微笑着说："正确认识自己，才能取得进步。那么同学们，你了解自己吗？让我们打开发现自己之窗吧。现在，让我们一起'慧体验'吧。请大家在小树叶上写下自己的优点，给大家 2 分钟时间哦，别忘了在最后写上自己的姓名。"同学们拿起笔，认真地思考着，不一会儿，一张张写满优点的小树叶就诞生了。

"接下来，让我们一起种下我们的优点树。"老师把一棵大树的轮廓贴在黑板上，同学们依次把自己的小树叶贴在树上，一棵五彩斑斓的优点树呈现在大家眼前。老师随机抽取了几份小树叶，大声念出上面的优点："乐观开朗、画画很棒、乐于助人……同学们猜猜是谁的优点？这些优点都闪闪发光！大家发现了吗，我们每个人都有独特的闪光点。"

（二）寻找他人的优点

"除了自己的优点，我们还要学会发现他人的优点。在刚刚写优点过程中，有的同学写不出来，难道这位同学没有优点吗？现在，请大家来说一说，这位同学的优点有哪些。"同学们纷纷举手发言："他数学特别好，每次我有不会的题问他，他都耐心给我讲。""他跑步可快了，运动会上为班级争了光！"教室里充满了赞扬声，同学们的脸上洋溢着开心的笑容。

（三）正视自己的不足

"人无完人，我们在拥有优点的同时，也会有一些不足。下面，我们通过抽奖的形式，随机抽取几份不足，并一起想想解决措施。"老师拿出一个抽奖箱，里面放着写有同学们不足的纸条。抽到纸条的同学有些不好意思地站起来，念出不足，其他同学则积极地出谋划策。"我总是粗心大意，考试的时候经常因为粗心丢分。""你可以准备一个错题本，把每次

因为粗心做错的题整理上去,经常复习,提醒自己。"在大家的帮助下,同学们对自己的不足有了更清晰的认识,也找到了改进的方向。

三、课堂实录第二部分:榜样力量与潜能发掘

老师在大屏幕上展示了刘敏的照片,问道:"同学们,看看这张照片,她存在什么样的不足呢?大家预测一下她的未来生活可能会怎么样?"同学们看着照片,小声地议论着,有的同学皱起了眉头,觉得刘敏的生活可能会很艰难。

接着,老师播放了刘敏的视频。视频中,刘敏虽然没有右腿,但她凭借着顽强的毅力和乐观的心态,上了南京大学法学院,还积极投身于社会公益,激励着无数人。视频播放结束后,老师提问:"刘敏的现状如何?为什么她会获得成功?"同学们陷入了沉思,随后纷纷举手发言。"刘敏现在很成功,她用自己的经历鼓励了很多人。""她成功是因为她勇敢地接受了自己的缺点,还不断激发自己的潜能。"老师点点头:"没错,刘敏的故事告诉我们,要慧发掘,每个人都有无限的潜能,只要我们正确认识自己,勇敢面对不足,就能发掘潜能,创造奇迹。科学证明,我们的头脑远比天空更辽阔。相信只要大家有心,也能像刘敏一样,发挥自己的潜能!给自己一点掌声吧!"教室里响起了热烈的掌声,同学们的眼神中充满了自信和力量。

四、课堂实录第三部分:憧憬未来,书写梦想

老师展示了自己小时候的照片,分享了自己的亲身经历:"同学们,这是老师小时候的照片。那时候,老师也有很多梦想,也遇到过很多困难。但是,老师一直努力朝着梦想前进,不断认识自己、提升自己。现在,老师实现了自己的一些梦想,也在不断追求新的目标。你们呢?有

没有想过自己的未来？"

同学们听了老师的分享，深受触动，纷纷举起手来，分享自己对未来的憧憬。"我想成为一名医生，救死扶伤。""我以后要当画家，画出美丽的风景。""我希望能成为一名科学家，为祖国的科技发展做贡献。"老师认真地听着同学们的发言，鼓励道："大家的梦想都很美好！我们要慧分享，也要慧憧憬，请大家写一封信给未来的自己，请同学们把写好的信投入到未来信箱中，愿十年后我们能相聚一起，共同打开这段美好的回忆。"

五、课堂实录第四部分：课堂总结

课堂进入尾声，老师进行总结："同学们，今天我们通过慧聚焦、慧体验、慧发掘、慧分享、慧憧憬，慧识了自己。相信只要我们满怀憧憬，满怀自信，我们的未来'慧'变得更好！"

随后，老师布置了一项课后任务：制定一份专属自己的"初中二年小规划"，在规划中明确一个小小的目标，并列出具体的实现步骤。这份规划不仅仅是一份任务，更是大家成长路上的指南，它将见证大家的努力与蜕变，陪伴大家一步步走向更好的自己。

最后，全班同学一起进行诗朗诵《欣赏自己》，在激昂的朗诵声中，本次班会圆满结束。

六、教育意义分析

本次"慧识自己"主题班会通过游戏、演绎、视频、讨论、分享等多种形式，以南京大学两名优秀学子为例，成功地帮助七年级学生深入认识了自己，实现了多重教育目标。在活动过程中，李伯胜的故事激励着同学们从最初对自己认识的模糊，到逐渐清晰地了解自己的优点和不足，再到受到榜样力量的鼓舞,激发了发掘潜能的斗志,这一系列的转变对学生的成长具有深远的意义。

通过发现自己和他人的优点,学生们增强了自信心,学会了欣赏他人;在正视自己不足的过程中,培养了自我反思和改进的能力;刘敏的故事则让学生们深刻认识到,每个人都有无限的可能,只要正确认识自己,勇于挑战自我,就能突破困境,实现梦想,"你应是你自己的那座山"。这次班会为学生们在初中阶段的成长奠定了坚实的基础,引导他们树立正确的自我认知,为未来的发展注入了动力。

班会主持人:李佳圆

李佳圆老师简介:中共党员,省优秀毕业生,庆元县蔚文学校团委书记兼大队辅导员,自参加工作以来获丽水市德育新苗、市教坛新秀、市学科带头人、市成绩突出少先队辅导员、市优秀团员、市优秀指导老师、庆元县教坛新秀、优秀教师、优秀团干、十佳少先队辅导员等荣誉称号;教案曾获长三角地区法治教育优秀课程资源评比二等奖;在丽水市初中历史与社会、主题班会、地方课程课堂教学评比均获一等奖;擅长课堂教学及设计,多篇论文和课题在市县级获奖。在日常教学中,善于运用创新的教学方法激发学生的学习兴趣,提升学生的综合素质,深受学生喜爱和家长认可。

榜样引领成长，追梦砥砺前行

——八年级主题班会课堂实录

时间：2025年3月24日

地点：上海民办圣华紫竹双语学校2026届"追梦班"

活动缘起：初闻南京大学马克思主义学院吴秋怡老师所著《你应是你自己的那座山》，字里行间跃动着南雍学子们披荆斩棘的青春史诗。当观摩吴老师萃取著作菁华打造的"南雍启明·你应是你自己的那座山"——这堂面向南大学子的"形势与政策"开篇课，作为扎根中学教育一线的实践者，我既为书中的励志篇章所动容，更在吴老师"大中小思政一体化"的育人理念中寻得理念共鸣。由此生成的"榜样引领成长，追梦砥砺前行"八年级主题班会，恰是让少年追梦者与榜样们灵魂同频共振的教育实践。

在八年级学生的教育中，如何有效激发学生的内驱力，助力其构建积极正向、坚韧不拔的价值体系，始终是德育工作中的核心议题。此次班会，以"榜样引领成长，追梦砥砺前行"为主题，选取南京大学两位极具典型性的杰出学子——刘敏与王玉瑞的真实成长历程，借助榜样叙事、课堂互动以及心得分享等多元形式，深度挖掘"自我接纳"与"不懈坚持"的深刻内涵，为上海圣华紫竹双语"追梦班"的学生们呈上一场触及灵魂的思想启迪。下文为课堂实录及教育意义剖析。

一、课堂导入：从"山"的意象谈起

课堂伊始，老师在黑板上写下板书："你应是你自己的那座山"。随

后,老师环视四周并发问:"同学们,看到这句话,你们脑海中最先浮现出的想法是什么?它有着怎样的含义呢?"

教室里瞬间活跃,刘同学率先发言:"我觉得这句话的意思是我们要学会独立,不能总是依赖别人。"紧接着,班长程同学道:"我认为,这句话指我们遇到困难不能退缩,山不管经历多少风雨都不会倒下。"

老师认真地听完发言,总结道:"同学们说得非常好。山,在我们的认知里一直象征着坚韧不拔。而每个人在人生道路上,都要成为自己最坚实的支柱,去面对生活中的种种挑战。今天,我们将一同走进两位榜样的生活,看看他们是如何在充满坎坷与挫折的逆境中,一步一步成为自己的山;同时,他们的存在于我们而言,正是'高山仰止,景行行止',为我们做出了示范。"

二、课堂实录第一部分:榜样力量的展示

(一)刘敏的故事——接纳与重生

班长开始主持课件的播放,向同学们展示刘敏的坎坷经历。16岁本应是青春洋溢、充满梦想的年纪,而刘敏却在无情的地震中失去了她的右腿。然而,刘敏并没有被命运的重击打倒,在历经了身心的双重折磨后,她毅然选择重返校园,凭借着顽强的毅力和对知识的渴望,一路拼搏,最终考入了四川大学,并成功推免至南京大学,当选为"中国大学生年度人物"。

在同学们了解刘敏的生平事迹之后,老师重点讲述了两个令人印象深刻的片段。第一个片段是刘敏在帐篷中进行无麻醉截肢手术时的场景。当时,医疗条件极为艰苦,没有足够的麻醉药物,刘敏只能忍受着钻心的疼痛。老师带领大家思考:"同学们可以想象一下,没有任何麻醉的辅助,那是怎样的一种锥心之痛。可刘敏没有放弃,她硬是凭借着强大的意志力挺了过来。"有的同学面露不忍,有的同学不自觉地流露出了钦

佩的神色。第二个片段是刘敏在做好调查后直接向全球最大的假肢器具公司写自荐信,为自己争取到了当假肢模特的机会,实现了经济独立,并充分实现了自我价值。

王同学忍不住举手提问:"老师,她为什么能一直坚持?如果是我,可能早就放弃了。"这个问题引发了学生们的共鸣。老师引导学生们进行讨论:"大家认为支撑她的力量是什么呢?"同学们纷纷发表自己的看法。邹同学回答:"我觉得是家人的爱,在她最困难的时候,家人肯定一直陪伴在她身边,给她鼓励和支持。"李同学认为:"我觉得她骨子里就有一种不服输的精神,所以才会一直坚持。"老师补充道:"同学们说得都很对,刘敏的坚持源于她对自我价值的探寻。刘敏曾说:'了解是理解的开端,接纳是改变的开始。'她接纳了身体残缺这一残酷现实,但她拒绝被命运定义,而是不断地去寻找新的人生可能性。这种'自我接纳'不是消极地认命,而是在认清现实后,依然选择勇敢地奋斗,努力让自己的人生变得更加精彩。"同学们若有所思,似对"自我接纳"和"坚持"有了更深的理解。

(二)王玉瑞的故事——科研攀登与心态修炼

在刘敏的故事引发学生们的思考后,老师带领大家学习第二位榜样王玉瑞的案例。大屏幕上出现了王玉瑞在实验室专注工作的照片,以及他在学术会议上自信演讲的画面。老师向学生们介绍道:"王玉瑞,南京大学 2019 级直博生,在光伏领域取得了卓越的成就,在 Nature 发表了多篇论文。然而,令人惊讶的是,他却自称'能力一般',并且总是将自己的成果归功于团队合作与机遇。"

为了让同学们更好地了解王玉瑞的科研态度和人生理念,老师播放了一段王玉瑞爬山的视频。视频中,王玉瑞背着登山包,行走在蜿蜒的山间小道上。在王玉瑞看来,科研就像爬野山,没有现成的路,每一步都需要自己去探索、去开辟。走寻常人都不走的那条路,才能见到最美的风景。同学们被王玉瑞独特比喻所吸引,仿佛自己也跟随着榜样一起踏上了那充满挑战的科研之旅。

视频播放结束,梁同学提出:"老师,能发 Nature 的人肯定特别聪明、特别拼,不然怎么能取得这么大的成就呢?"老师补充道:"首先,努力奋斗是科研的基础,除此以外,正确的方向也很重要。王玉瑞曾经提到过一个'炒菜理论'——别人炒 100 锅菜,他能识别哪 50 锅是不需要炒的,这就是他高效科研的秘诀。我们在学习过程中,也要避免'自我感动式'的努力,把时间精力用在刀刃上。"钟同学不禁感慨:"原来成功不是靠天赋或者花时间就够的,正确选择、聪明头脑和踏实努力都缺一不可。"

老师点头赞同,并借机提问:"如果你们在学习上遇到瓶颈,会如何调整心态?"同学们踊跃分享自己的经验。孙同学说:"我会选择去运动,跑步或者打篮球,让自己出一身汗,这样压力就会小很多。"黄同学道:"我会和朋友倾诉,把心里的烦恼说出来,听听他们的建议,心情就会好很多。"

老师总结道:"王玉瑞用徒步和游泳来缓解科研压力,这充分说明劳逸结合与积极的心态的重要性。在追求目标的道路上,我们不仅要有勇往直前的决心,还要懂得适时调整自己,保持良好的心态,这样才能走得更远。通过刘敏和王玉瑞这两位榜样可以看出,他们正在自己慢慢成长为一座座'山';而我们在向山仰望的过程中,也是自我成长的过程,希望未来我们也能克服万难,成为自己的那座'山'。"

三、课堂实录第二部分:微话剧《向阳而生》

为了进一步深化学生对榜样故事的理解,激发他们内心深处的情感共鸣,老师发起了一场即兴微话剧。老师先补充了一个关于刘敏的背景故事,当年轻的刘敏已经开始有"得过且过"的心态时,恩师陈老师教导她不要为错误找借口,激发她走出了混沌和迷惘。

随后,学生们按照自己的学习小组,分别扮演地震后的刘敏、劝她放弃学业的亲戚、严格要求她的"陈老师"等角色。表演开始前,老师鼓励他们发挥自己的想象力,尽可能真实地演绎出角色的情感和内心世界。

表演正式开始,扮演刘敏的杨同学坐在椅上,低着头,身体微微颤抖。饰演亲戚的吕同学则满脸焦急,苦口婆心地劝说着:"敏敏啊,你都这样了,还费这么大劲读书干啥!能活着已经是老天的恩赐了!以后就靠家里人照顾你吧。"而扮演陈老师的陆同学则一脸严肃,走到刘敏面前,坚定地道:"我不会给你特殊待遇,因为你不需要怜悯!将来如果外界不再关注你,你该怎么办?要知道,你和其他同学一样,有着无限的潜力!"这一幕十分精彩,引发了全班同学的热烈掌声。

表演结束后,老师提问道:"同学们,如果你们是陈老师,会如何帮助刘敏?"学生们纷纷举手发言。陈同学回答:"我会不停地告诉她,你和别人没啥不同,只是需要更多时间去适应和恢复。"马同学说:"我会鼓励她参加各种校园活动,比如打乒乓球,让她重新找回自信。"李同学道:"我会分享一些榜样们克服困难的故事,让她知道自己并不孤单,只要坚持,就一定能成功。"老师总结:"同学们说得都非常好。真正的尊重不是同情,而是相信对方的潜力。刘敏的老师正是用'严格要求'和鼓励,让她重新找回了自信,勇敢地面对生活。"

这场微话剧提高了学生的课堂参与度,使学生们更加深刻地理解了刘敏在面对困境时的内心挣扎,以及他人的支持和鼓励对她的重要性,从榜样身上汲取到精神力量。

四、课堂实录第三部分:课堂互动之"我与'山'的对话"

在讨论完两位榜样的故事后,老师组织了一场小小的互动讨论,依次分发便笺纸:"现在,请大家静下心来,想一想我们刚刚看到的、听到的内容,将自己的感想或者想对榜样们说的话整理一下,写在便笺纸上。"

学生们接过便笺纸奋笔疾书。现摘录如下：

"刘敏，您好！在了解到您的生平后我极为敬佩您，您在少年经历不幸，却选择了与常人不同的辛酸艰苦的一条路，克服万难，经历了许多常人无法理解的痛苦，终于在自己的生命的困局中亲手开出一条生路。您的事迹令我赞叹不已，我自愧绝无办法向您模仿，但我在您身上学到了'人定胜天'的道理。子祺Frank."

"王玉瑞，你发表Nature，但不因此而自大，而是谦逊内敛地说导师发挥巨大作用，自己并不在意此成就，别人同样也可以做到。这着实让我敬佩，同时你也是一位徒步爱好者，喜欢走陌生艰难的山路，这让我深受启发，我会在未来学习的道路上像你一般谦逊，如你一般探索未知艰难的道路，如你一般谦逊为人。希羽Aurora."

"刘敏：'风可以吹起一张白纸，却无法吹走一只蝴蝶，因为生命的力量在于不顺从'，首次觉得这句话会如此适用于一个人身上，命运对你我总是那么不公平，它可恶地夺走了您的腿，可却无法夺走您的意志，您的勇敢，您的梦想。您说您看到了病房中那更加弱小可悲却顽强的生命，我想说我看到了您，在'照片'里看到了装了假肢的腿，在文字中看到了手术的痛苦，可最先印入心中的是赤澄、明媚似阳光的笑脸，您用微笑战胜了痛苦，相信我也会用努力战胜不公，绽放绚烂的花。悦可。"

"每个人都拥有自己的前途和方向，而那些踏上了自己的方向，坚定前行的人，是最伟大的人。栩源Tara Jane."

五、课堂实录第四部分：课堂总结

课堂进入尾声，老师进行总结："人生就如同登山，真正的胜利不是仅仅抵达山顶，更重要的是在攀登的过程中，不断地超越自我，突破自己的极限。刘敏和王玉瑞，他们用自己的亲身经历告诉我们，无论遇到多大的困难，只要我们拥有坚定的信念、积极的心态和不懈的努力，就一定能够战胜困难,成为自己人生的主宰。"

随后,老师布置了课后任务:"以《我身边的榜样》为题撰写一篇周记,以便签纸上的内容为大纲,详细地记录或整理你身边的榜样或者今天这两位榜样带给你的触动和启发。同时,制定一份'追梦人月度成长计划',在计划中明确一个小小的目标,并列出具体的实现步骤。只要你们坚持不懈地朝着目标努力,一定能够在成长的道路上取得进步。"

最后,全班同学在老师的带领下,齐声朗读:"榜样的力量是无穷的!愿我们成为自己的那座山。"本节班会圆满结束。

六、教育意义分析

本次"榜样引领成长,追梦砥砺前行"班会通过真实案例、互动讨论与情感体验等多种形式,成功地实现了多重教育目标,帮助八年级学生塑造正确的人生观与价值观,对学生的成长和发展具有深远的教育意义。南大学子刘敏与王玉瑞,一为逆境求学典范,一为科研报国楷模,以他们的成长轨迹为叙事载体,打破了学生们心中"成功依赖天赋与外因"的刻板印象。

刘敏在命运骤变的至暗时刻,以自我接纳为盾、以不懈坚持为剑,于废墟之上重构人生,其跨越生理局限的每一步都镌刻着"吾将上下而求索"的精神印记;王玉瑞在攀登科研险峰的路途中,始终秉持"功不唐捐"的信念,以稳定心态为锚、以责任担当为帆,在团队协作中突破认知边界,用无数个实验室的晨昏印证了"志之所趋,无远弗届"。这些榜样的范例,将坚持的韧性、心态的坚定与责任的重量具象化为可触、可感的成长图谱,引导八年级学生建构"奋斗铸就精彩人生"的价值观。当榜样的精神力量渗入青春血脉,孩子们终将领悟:真正的成功永远垂青那些在逆境中淬炼品格、在挑战中勇于担当的奋斗者,"你应是你自己的那座山"。

班会主持人: 姜淼

姜淼老师简介: 南京大学文学博士、上海春申金字塔人才,研究方向为中国语言文学、中学语文教育,曾在《当代作家评论》《小说评论》《电影文学》等核心期刊发表论文若干,主持"'南京作家群'与南京'文学之都'"项目并顺利结项;参与论文获江苏省哲学社会科学界第十四届学术大会优秀论文一等奖。现就职于上海民办圣华紫竹双语学校,深耕教育一线,获闵行区优秀班主任、校十佳教师,教学论文被收录华东师范大学闵行基础教育集团《卓越教育研究》。

敬畏生命,绽放光彩

——八年级主题班会课堂实录

时间:2025年3月28日

地点:绵阳高新区火炬中学2023级12班

活动缘起:教育是一条漫长的道路,也是一个充满挑战的过程,作为一名资历尚浅的老师,我经常思考:如何在这漫漫征途中,用智慧与爱心,为学生们点亮前行的灯塔?很幸运,在《你应是你自己的那座山》这本书中我找到了答案。翻开这本书,里面自强不息的故事值得反复品味与深度挖掘。

作为一名思政教师,是"拔节孕穗期"的守护者,在多元思潮中为学生锚定信仰的坐标。八年级的学生开始对自己的身份和角色进行探索,思考自己是谁,想成为什么样的人,这可能涉及到性别角色、文化背景、兴趣爱好等方面的认知。当然,由于身体和生理上的变化,八年级学生可能经历情绪波动,可能会感到焦虑、易怒、情绪不稳定,同时也可能经历自我怀疑和自尊心波动。

为了帮助这些学生在面对困难和挑战时不过度依赖他人,而是学会依靠自己,我精心设计了"敬畏生命,绽放光彩"主题班会。在班会中,我采用多种形式,引发学生们对生命坚韧力量的思考与探索,让他们直观感受到生命本能的自强不息,从而实现自我成长的飞跃。

初中阶段是个人形成正确的世界观、人生观、价值观的重要时期。随着自我意识不断地发展,八年级学生已经自觉或不自觉地开始思考责任与担当的意义和价值。此次班会,以"敬畏生命,绽放光彩"为主题,通过分析刘敏的先进事迹,激励学生以刘敏为榜样,思考如何在平凡生活中实现生命的价值,激发学生对生活的热爱,用实际行动让生命绽放光彩。下文为课堂实录及教育意义剖析。

一、课堂导入:从视频中感悟生命的脆弱

课堂伊始,老师播放一段汶川地震的震撼视频,展现地震瞬间房屋倒塌、地动山摇的恐怖场景,以及救援人员争分夺秒抢救生命的画面,同时配上低沉压抑的背景音乐,营造出凝重的氛围。

视频播放完毕,老师目光温和地扫视全班,轻声问道:"同学们,看了这样的场景,你们有何感受?咱们班有谁亲身经历过地震,或者身边亲朋好友有过相关经历,来分享下自己的经历与感触吧。"教室里一时安静下来,片刻后,王同学缓缓起身,眼神深邃,似陷入回忆,讲述起自己曾亲历的一场小地震:当时他正伏案写作业,书桌突然微微晃动,起初以为是错觉没在意,可紧接着窗户玻璃"哐哐"作响、吊灯左右摇摆,强烈的恐惧瞬间将他笼罩,害怕房屋像视频里那样倒塌自己被埋废墟之下,慌乱中躲到桌子底下,双手紧抱头,身体不受控制地颤抖,那几十秒漫长如世纪,能清晰听见自己剧烈的心跳,每一下都似要冲破胸膛,震动平息后他小心翼翼爬出桌子,见家中仅物品震落并无大碍,悬着的心才稍安。他感慨回想起视频里房屋倒塌瞬间很难受,深感生命在大自然面前渺小脆弱,但看到救援人员争分夺秒搜救幸存者,那些被救出的人顽强活着,又感受到生命巨大的韧性,这让他明白生活中无论遭遇何种困难都不能放弃,生命远比想象中强大,王同学坐下后教室里顿时响起热烈的掌声。

陆续有几位同学都分享了自己的经历与感受。老师认真地听完发言,总结道:"谢谢同学们的分享。大家知道咱们四川位于板块交界处,地震活动比较频繁,更容易经常感受到大地的震动。这也是为什么我们定期进行防震演习的原因。幸运的是,目前大家经历的都是些小规模的

地震活动。当人的生命遭遇不可抗拒的自然灾害、人为的灾难、不可预知的意外时,我们会感受到生命的脆弱与艰难,但是在危险来临时,总有人会奋不顾身地选择'逆行'。在今天,我们将走进刘敏的生活,思考生命的价值。"

二、课堂实录第一部分:守护生命与积极面对生活

老师通过课件展示刘敏的故事——2008年5月12日汶川特大地震,北川中学学生刘敏在五楼教室上课,教学楼瞬间坍塌,她被埋废墟,双腿被压,黑暗、恐惧与疼痛交织,求生本能支撑她坚持30小时后获救。因医疗资源匮乏,她在无麻醉下截肢,术后严重内伤,经两个多月抢救才转危为安。出院回到北川中学,受手术、药物及心理创伤影响,成绩优异的她首次月考倒数,可她骨子里不服输,在老师同学鼓励下,一边练假肢克服不便,一边刻苦学习,一年后成绩突飞猛进,高二期末统考成为年级第四名,创造奇迹。

老师提问:"刘敏在废墟中被困30小时,黑暗、恐惧和疼痛缠身,是什么样的强大信念支撑她坚持下来的?"李同学认为:"是对生命的渴望。"老师继续发问:"从首次月考班级倒数到高二期末全市统考年级第四名,刘敏实现成绩逆袭,在这一年的努力过程中,她遇到的最大困难是什么,又是如何克服的?"同学们陷入了深深的思考,邓同学谈到:"刘敏在逆袭过程中,身体伤痛与心理创伤叠加影响学习,她通过自我激励、科学规划和积极求助来克服。"

老师总结:"被救出后,刘敏面临截肢和严重内伤等困境,但她没有放弃自己的生命和未来。在适应假肢的过程中,尽管身体不适且学习时间被压缩,她依然努力克服困难,这种坚韧不拔的精神是对生命不放弃的有力诠释,展现了生命的顽强与坚韧。"同学们纷纷点头认同。

三、课堂实录第二部分:奏响生命的激昂乐章

老师播放图片,展示刘敏之后的生活——凭借坚韧精神,刘敏考上四川大学,大学时刻苦学习,修得经济学与法学双学位。后来保研到南京大学,在各类竞赛中屡获佳绩,科研成果丰硕,担任学生干部并获40余项校级以上荣誉。她不忘感恩,投身公益,发起"全国大学生抗灾减灾灾后重建国际论坛",参与组建"中华康复工程基金会",赴中小学分享经历。与残奥冠军等挑战极限运动时,鼓励残障人士热爱生活。她签约奥托博克公司成为中国区形象大使。毕业后,刘敏考取选调生回乡,在四川省残疾人联合会工作,后挂职茶场村党总支副书记,认真负责地参与基层工作,体会到其对培养思考模式、服务人民的重要意义。

老师提问:"回顾刘敏从地震受灾者到优秀学子、公益先锋再到基层工作者的全过程,她的故事对于我们理解'敬畏生命,绽放光彩'这一主题,能提供哪些全面且深入的启示?"同学们纷纷举手发言。"刘敏的故事告诉我们,敬畏生命首先要珍惜生命,无论遭遇多大的困难和挫折,都不能放弃对生命的希望。""她投身公益事业,关心帮助受灾群众和孤残儿童,用实际行动践行了对他人生命的关爱。而绽放光彩则体现在她不断努力追求自我成长。""她的经历让我们明白,生命的光彩不仅在于个人的成功,更在于对社会的奉献。"

老师总结:"刘敏用自己的经历,完美诠释了'敬畏生命,绽放光彩'的深刻内涵。她的生命,因敬畏而坚韧,因坚韧而绽放出耀眼的光芒,激励着我们勇敢面对生活的挑战,珍惜生命,让生命之花灿烂开放。"

四、课堂实录第三部分:课堂互动之如果我是"她"

老师发放便签纸和笔,让学生思考并写下:如果我是刘敏,面对手

术、药物及心理创伤影响我会怎么做？之后又如何面对生活？

学生们埋下头奋笔疾书。现摘录如下：

"如果我是刘敏，面对生活巨变，我可能在很长一段时间自暴自弃，但是在之后，我会积极参加心理辅导课程，在专业心理咨询师的引导下，剖析内心创伤，学习有效的应对方法。"

"如果我是刘敏，我会积极尝试自我暗示，每日对着镜子告诉自己，我经历了生死考验，这只是暂时的难关，我有足够的力量战胜它。之后不断强化内心，勇敢地迎接生活的每一个新挑战。"

"如果我是刘敏，我会积极寻求他人的帮助，向身边的家人、老师和同学倾诉，认真倾听他们的建议，借助他们的力量走出阴霾。积极参加体育锻炼，比如尝试轮椅篮球等适合自己的运动项目，在运动中释放压力，重塑对生活的掌控感，以积极的行动书写属于自己的新生活篇章。"

老师总结："同学们，听了大家对于如果自己是刘敏会如何应对生活困境的精彩回答，老师深感欣慰。从大家的分享中，我们能看到面对生活巨变时，不同心态和应对方式的呈现。生活中难免会遇到各种困难，就像刘敏所面临的困境一样。但希望大家记住，不管遭遇什么，都要相信自己有克服困难的能力。可以允许自己有短暂的消沉，但更要学会运用今天大家所提到的方法，积极调整心态，勇敢地去拥抱生活，书写属于自己的精彩篇章。"

五、课堂实录第四部分：课堂总结

课堂进入尾声，老师对刘敏的先进事迹展开回顾："2008年，刘敏在汶川地震中遭遇了失去右腿的重大变故，这是她无法改变的残酷现实。但她没有被命运的阴霾笼罩，而是勇敢地接受了身体的残缺，把精力放在能改变的事情上。她坚定理想信念，凭借自强不息的精神，在学业上不断拼搏，取得显著进步，还投身公益，回馈社会。在充满不确定的世界里,刘敏以坚韧不拔的意志,找到了属于自己的那份确定性,书写出别样的人生篇章。"

随后,老师布置课后任务,语重心长地说:"每个人的生命都独一无二且价值非凡。当我们心怀对生命的敬畏,就要明白在生活中,有些事情我们无力改变,比如天灾人祸带来的创伤;但有些事情我们可以通过努力去扭转,像面对困难时的态度与行动。我们要学会接受不能改变的,改变能改变的,在世界的不确定中,坚定地锚定自己内心的方向,保持良好的判断力,避免鲁莽行事与不负责任的决策。同时,凭借无畏的勇气直面挑战,追寻更高的生命价值。请结合以下两种关于生命的观点,谈谈你对生命的理解,并认真记录在本子上。观点1:因为敬畏,所以无畏。观点2:心存敬畏,行有所止。"

最后,全班同学在老师的引领下庄严宣誓:"敬畏生命,珍视当下。我们尊重每一位师长的谆谆教导,珍惜与同学的真挚情谊。在校园里,友善互助,携手共进,共同成长。面对学习中的重重困难,我们将以积极进取的态度勇攀知识高峰,奋力实现自我成长。我们爱护校园里的一草一木,尊重每一个鲜活的小生命。要用青春的活力与热情,践行敬畏生命的誓言,让校园生活因敬畏生命而绽放出别样光彩,不负韶华,未来可期。"在激昂的誓言声中,本节以"敬畏生命,绽放光彩"为主题的班会圆满落幕。

六、教育意义分析

本次"敬畏生命,绽放光彩"主题班会通过真实案例、小组活动等形式,以南京大学优秀学子刘敏的先进人物事迹为例,成功地帮助八年级学生懂得敬畏生命,在面对学习和生活中的困难挫折时,以积极的态度应对,努力让生命绽放光彩,促使自己不断成长进步,实现了多重教育目标。

每个人都要成为自我人生的主导者，依靠自身力量去面对生活的挑战与机遇。从废墟中获救到重新站上讲台，从迷茫的运动员到坚定的求学者，从大学校园的优秀学子到选调生岗位上的实干者，刘敏的每一步都走得艰难，却又无比坚定。她没有被身体的残疾所束缚，反而将其转化为前进的动力，不断挑战自我，突破极限。她的故事生动诠释了"你应是你自己的那座山"，为青少年照亮了成长路上的迷雾，指明了前行的方向。

班会主持人：祝永秋

班会主持人简介：中共党员，成都理工大学马克思主义理论硕士，曾荣获湖南省优秀毕业生、四川省优秀毕业生、研究生国家奖学金等荣誉，研究方向为思想政治教育，在《思想政治课研究》《惠州学院学报》《淮北职业技术学院学报》等期刊发表论文若干，主持《高校课程思政教学质量评价体系实证研究》《红旗渠精神融入大中小学思政课教学内容一体化研究》项目并顺利结项，参与论文获西南大学第二届马克思主义教育思想研究青年论坛"马克思主义教育思想与教育现代化"优秀奖。现就职于绵阳高新区火炬中学，深耕教育一线，在绵阳高新区火炬中学"学为中心"课堂改革新老师研讨课活动中，课例获得一致好评。

双师协作之"大思政课"研究者黄芳芳老师简介：中共党员，东南大学博士，研究方向为政党政治、马克思主义中国化、思想政治教育，在《中央社会主义学院学报》《湖北行政学院学报》《马克思主义文化研究》等核心期刊发表论文若干，曾荣获"英才奖学金""优秀研究生骨干"等荣誉。科研上，主持参与了江苏省重点智库课题"全过程人民民主的'本土化'探索及'创造性'转化研究——以江苏基层民生实事项目人大代表票为例"、江苏省统战部理论政策研究课题"中国新型政党制度的内生性文化基因与文明特质研究"、东南大学中国特色社会主义发展研究院智库项目"推进全过程人民民主制度化、规范化、程序化协同机制研究"等项目并顺利结项;撰写的论文曾获第十届研究国际学术会议优秀论文、江苏省哲法史学类研究生"中国式现代化与长三角深度一体化"学术创新论坛优秀论文三等奖、"全过程人民民主与枫桥经验研究"研讨会优秀论文二等奖等。实践中,曾作为学生代表团参与接待温家宝总理访问南京大学;在学院宣传部和博士生宣讲团中,结合自身所学服务师生、服务基层,曾代表学校出差江苏昆山人社局、昆山花桥党群服务中心、贵州黔南布依族自治区都匀基层党组织等进行宣讲交流。

以奋斗为笔，绘中考华章

——九年级主题班会课实录

时间：2025年4月2日

地点：苏州市吴江区盛泽第二中学初三(7)班

活动缘起：在中考倒计时之际，初三学生普遍面临学习动力不足、方法低效、备考焦虑和对未来迷茫等问题。面对这些问题，我不由得思考如何在初三中考的冲刺阶段激励学生。这时候，南京大学马克思主义学院吴秋怡老师的《你应是你自己的那座山》给我深刻的启迪，书中介绍的南京大学优秀学子的成长学习历程，正是初中学生最应该学习的青年模范人物，他们身上的示范带动作用能让身处中考的初三学生在关键时刻立好志向，做出更好的人生选择！基于此，我选择书中南京大学优秀学生周熙宜和申珊齐的成长经历，开展一节学习榜样，励志中考的主题班会。旨在通过榜样的力量，激发学生的内驱力，传授科学备考方法。

本次班会以"榜样引领＋科学备考＋情感激励"为主线，通过情境体验、互动探究等形式，让学生在参与中感悟榜样的力量，明确备考方向。旨在达到一下目标：一是认知目标，了解周熙宜和申珊齐的学习经历，学习他们高效的学习方法和时间管理策略。二是情感目标，激发学生的奋斗热情，增强中考必胜的信心。三是行为目标，制定个性化的中考冲刺计划，落实每日学习任务。

一、课堂实录第一部分：榜样之光，点亮梦想（开场与引入）

老师：同学们，上课！今天，咱们将开启一场意义非凡的旅程，主题是"以奋斗为笔,绘中考华章"。大家都清楚,中考是我们人生中关键的转折点,它承载着我们的梦想与期望。在踏上这段充满挑战的征程之前,老师想先给大家介绍两位优秀的学长学姐,他们来自南京大学,用自己的奋斗故事书写了精彩的青春篇章。

先来说说周熙宜学长。在大一入学之初,他面对大学生活的诸多方面,也曾感到迷茫。有一天傍晚,他骑着单车在学校探索时,被图书馆楼下的人群吸引,原来是那一年的南京大学栋梁特等奖学金答辩现场。学长怀着好奇之心驻足观看,逐渐发现答辩者们在回答问题时都有着相似的"模式":先强调自己的政治意识,接着讲述课业成绩,再谈及学生工作,最后是校园文化活动。这一发现让学长深受启发,他深入思考并总结出大学生活的五个关键方面,即课堂学习、学术科研、学生工作、实践志愿、交流交换,并将其命名为"五位一体"学习法。利用这一学习方法,几年后他成为2021年栋梁特等奖学金得主。

接下来,我们再认识一下申珊齐学姐。她是南京大学环境学院的优秀博士研究生,但她的科研之路也不是一帆风顺的。一方面,由于是跨专业学生,她在实验技能上几乎是零基础,这使得她在生物相关实验中感受到巨大压力。另一方面,她选的研究方向在环境科学里比较冷门,尽管转专业带来了诸多挑战,但她从未后悔。她的规划简单而坚定:"既然选择了这个专业,就要热爱它,并在力所能及的范围内做到最好。"申珊齐是2020年栋梁特等奖学金得主。

二、课堂实录第二部分:"我的奋斗方程式"(课堂活动1)

结合周熙宜和申珊齐的学习经历和成果,让每位学生在下发的"奋斗指南"的第一部分写下:

1件坚持超过一年的事──→证明我有_____品质

1个最想攻克的短板──→采用_____具体方法(参考

周熙宜的"五位一体"学习法)

学生完成后,分成小组展示自己所写的内容,根据周熙宜学长和申珊齐学姐的榜样力量,再结合自己写下的学习品质和学习方法,讨论一下奋斗的含义,等会儿每个小组推选一名代表来分享。

小组 1 代表:我们小组觉得,奋斗就是像周熙宜学长一样,为了实现目标,不盲目,掌握学习方法。比如,我们要考上理想的高中,应该要根据自身的情况用正确的学习方法,不是说只要题海战术就可以了。

小组 2 代表:我们认为奋斗是一种积极向上的生活态度,就像申珊齐学姐的科研生活,一定要做好规划。就像我们现在处于复习关键时期,我们不能产生退却情绪,要热爱学习,在力所能及的范围内做到最好。

老师:大家说得都非常好!奋斗,是为了梦想全力以赴的行动,是面对困难时的坚韧不拔,是不断追求自我提升的过程。周熙宜学长和申珊齐学姐为我们树立了榜样,让我们看到了奋斗的力量和成果。接下来,让我们带着对奋斗的新认识,一起进入下一个环节。

三、课堂实录第二部分:"烦恼大倾诉"(课堂活动 2)

老师:同学们,在中考复习过程中,难免会遇到各种困难和挫折。接下来,咱们进行一个"烦恼大倾诉"活动。请大家把目前在学习和生活中遇到的困扰自己的问题写下来,放进盒子里。

老师:现在,我们随机抽取纸条,一起帮同学想办法解决这些烦恼。(邀请同学上台抽取纸条并朗读)

烦恼一:张同学:抽取纸条,念道"我总是记不住英语单词,感觉今天背了明天就忘,怎么办?"

老师:这个问题很多同学都有,大家有什么好办法吗?

严同学:可以用联想法记忆,还可以把单词写在便利贴上,贴在房间里显眼的地方，随时能看到，加深记忆。

老师：这些方法都很不错，记单词需要不断重复和运用。大家可以多尝试几种方法，找到最适合自己的。下一个问题。

烦恼二：郭同学："作业太多，每天写到很晚，都没时间复习和预习，好累啊。"

老师：这确实是个普遍的问题。咱们一起想想怎么提高学习效率，合理分配时间。

于同学：可以在课间休息的时候做一部分作业，这样晚上的压力就会小一些。

林同学：写作业前先列个清单，把作业按照难易程度排序，先做简单的，再做难的，这样能节省时间。

老师：大家的建议都很实用。合理规划时间，提高学习效率，就能更好地应对作业和学习任务。咱们再看一个问题。

烦恼三：曾同学："我最近总是很焦虑，担心考不上理想的高中，心情很烦躁，静不下心学习。"

老师：临近中考，焦虑是很正常的情绪。很多同学都会有这种感受。谁来分享一下自己缓解焦虑的方法？

王同学：我觉得运动可以缓解焦虑，比如跑步、跳绳，既可以进行体育中考锻炼，还能出一身汗，心情就会好很多。钱同学：听音乐也不错，我喜欢在学习累了或者心情不好的时候听一些舒缓的音乐，放松一下。

老师：这些方法都能帮助我们调节情绪。大家要明白，适度的焦虑可以转化为前进的动力，但过度焦虑就会影响学习和生活。我们要学会正视自己的情绪，通过合理的方式排解压力。

老师总结：大家在学习中遇到各种各样的烦恼困难，有时候会不知所措，这时候可以借鉴优秀的榜样，寻找到自己的成长密码，下一个"榜样力量"也许就是你自己了！

四、课堂实录第三部分:"学科提升大作战"(课堂活动3)

老师把中考的各个学科列在了这个表格里,每个小组选择一个学科,分析目前班级在这个学科上存在的问题,然后讨论出具体的提升策略。

小组3:(选择语文,代表发言)我们觉得班级语文的阅读理解和作文失分比较严重。我们的提升策略是每天做一篇阅读理解练习,做完后认真对照答案与同学探讨。

小组4:(选择数学,代表发言)数学的难题和压轴题是大家的短板。我们打算每天做一道难题,把解题思路和方法整理下来,定期去找老师交流探讨。

老师:各小组的分析很到位,策略也很具体。希望大家能把这些策略落实到日常学习中,共同提升我们的学科成绩。

五、课堂实录第四部分:携手奋斗,共铸辉煌(总结与激励)

老师:同学们,通过今天的班会,我们认识了优秀的周熙宜学长和申珊齐学姐,从他们身上汲取了奋斗的力量,明确了自己的中考目标,也探讨了实现目标的方法和应对困难的策略。榜样的力量是无穷的,他们为我们指引了方向。现在,让我们以周熙宜学长和申珊齐学姐为榜样,思考一下自己的中考目标。我们来开展一个活动,大家先在纸上写下自己理想的高中,以及为了考上这所高中,你在接下来的时间里打算怎么做。

学生写下当前的学习状态、中考目标、对未来自己的期望等内容,放入信封密封后投入"时光胶囊箱"。约定中考后开启,回顾自己的变化,激励当下努力奋进。

老师:大家都已经写下了自己对未来的期望,就让我们在毕业典礼那天开启。奋斗是一场漫长的旅程,在这个过程中,我们可能会遇到各种困难和挫折,但只要我们以榜样为引领,坚持不懈地努力,就一定能够实现自己的梦想。最后,让我们在"奋斗指南"上签下自己的名字,这代表着我们对自己的承诺,对中考的决心。

老师:同学们,这一张张承诺书,承载着我们的梦想和决心。从现在起,让我们携手共进,共同为中考而奋斗。在奋斗的道路上,我们不是孤单的,我们有老师的陪伴,有同学的支持。最后,让我们一起喊出奋斗口号,为自己加油鼓劲!"以奋斗为笔,绘中考华章,学榜样精神,铸青春辉煌!"

六、教学反思

本次初三班会课旨在激发学生的学习动力,增强备考信心。从班会中,展示南京大学优秀青年榜样周熙宜学长和申珊齐学姐的成功经验和奋斗故事时,学生们深受触动,讨论热烈,分享环节也积极踊跃,达到了情感共鸣、激发斗志的预期。

当南大优秀学子们将最真实的成功经验带给处于青春期的初三学子,也正是大中小学思政课一体化建设的一次实践。"青少年思想政治教育是一个持续的过程,要针对青少年成长的不同阶段,有针对性地开展思想政治教育。"班会课是思政课程内容的重要一部分,作为一线教师,能够将最新的思政课一体化的理念运用在教学实践中,不仅能促进自身的专业发展,更有利于实现教育促进学生发展的最终目标。

班会主持人:陆月月

班会主持人简介:中学历史教师,扎根初中历史教学一线,多次在苏州市素养大赛、苏州市基础教育论文比赛、苏州市教育学会论文、教学设计比赛、吴江区单元作业设计等比赛中获奖,多篇论文发表于省级期刊。坚持以做学生成长路上的引路人为出发点,陪伴学生一起奔赴美好的未来。

附：

我的中考奋斗指南

一、我的奋斗方程式

1件坚持超过一年的事──▶证明我有_____品质

1个最想攻克的短板──▶采用_____具体方法

二、我的烦恼大倾诉

我的烦恼？

1.

2.

收获的建议！

1.

2.

三、我的学科提升大作战

学科	薄弱环节	解决策略
语文		
数学		
英语		
物理		
化学		
历史		
道德法治		

签名：_____

南雍启明·你应是你自己的那座山

—— 南京外国语学校 2025 年团课实录

时间:2025 年 4 月 9 日

地点:南京外国语学校(南部新城校区)学术报告厅

活动缘起:2022 年 5 月,习近平总书记给南京大学留学归国青年学者回信,信中写道:"你们好!得知你们以李四光、程开甲等老一辈科学家为榜样,在海外学成后回国投身科教事业,在各自岗位上努力报效祖国、服务人民,取得丰硕成果,我感到很欣慰。值此南京大学建校 120 周年之际,谨向你们并向全校师生员工、广大校友致以热烈的祝贺和诚挚的问候!你们在信中表示,生逢伟大时代是人生之幸,留学归国青年要心系"国家事"、肩扛"国家责",这些话讲得很好。希望同志们大力弘扬留学报国的光荣传统,以报效国家、服务人民为自觉追求,在坚持立德树人、推动科技自立自强上再创佳绩,在坚定文化自信、讲好中国故事上争做表率,为全面建设社会主义现代化国家、实现中华民族伟大复兴的中国梦积极贡献智慧和力量!"

为鼓励广大学子以老一辈科学家为榜样,应南京外国语学校张老师邀请,到南京外国语学校(南部新城校区)为初高中学生们讲授主题团课"南雍启明·你应是你自己的那座山"。

一、心系"国家事"、肩扛"国家责":团课导入

在主题团课导入环节,南京外国语学校张老师为同学们介绍了习总书记回信内容,鼓励选择出国留学的南外学子们在日后学成以后,弘扬

留学报国的光荣传统。接着,南京大学马克思主义学院吴秋怡老师介绍了光明日报 2022 年 5 月 21 日头版文章《弘扬优良传统 担当强国使命——习近平总书记给南京大学留学归国青年回信在江苏引发热烈反响》和光明日报 2023 年 5 月 18 日第 8 版文章《矢志不渝弘扬留学报国传统》。

在这 100 多年的历史中,南大人以报效国家、服务人民为自觉追求,在全面学习、全面贯彻、全面落实重要回信精神上持续发力,激荡起不断升腾的奋进力量,扎根中国大地、熔铸南大风格,努力走出一条建设中国特色世界一流大学新路。

二、南雍启明科学家绘本丛书介绍:学习老一辈科学家们的精神

首先吴老师讲述了我国著名理论物理学家、两弹元勋程开甲的故事。程开甲 1918 年出生于江苏吴江,早年家庭遭遇变故、缺乏正确引导的他也曾逃学,在众多恩师的悉心教导与不断鼓励下,他立志发奋,考入浙江大学。抗战期间,他辗转多地开展学习研究,种种苦难更坚定了他的报国决心。此后,程开甲赴英留学,但见到国人在英遭受的种种歧视后,他毅然归国。他将毕生所学与满腔热忱都投入到新中国核事业中。晚年的程开甲进入国防科工委,开始新一轮的开拓创新。他在自传中写道,这辈子最大的幸福就是自己所做的一切,都和祖国紧紧地联系在一起,这份对国家、民族的责任感,为后人树立了光辉典范。

接着吴老师介绍了我国现代高等教育事业的先驱、"中国现代大学之父"郭秉文的故事。郭秉文 1879 年出生于上海,他从小立志、发奋读书。面对中国社会的境况,他毅然弃职赴美求学,先主修理科,后转学教育,成为中国第一位教育学博士。归国后,郭秉文在南高师着手推进教育改革,提出三育并举,强调四个平衡,促进教育平等。他秉持"广延名

师"理念，筹建国立东南大学与上海商科大学，创新学校领导体制。他认为知识无国籍，科学无国界，致力于带回国际教育经验，站在世界高度把握中国问题，推动中美文化交流互鉴。郭秉文犹如一座巍峨的灯塔，照亮了教育的漫漫征途，为中国高等教育发展做出不可磨灭的贡献。

接着吴老师讲述了我国近代杰出的文理大师顾毓琇的故事。顾毓琇1902出生于江苏无锡的书香世家，他先求学于清华大学，期间积极投身五四新文化运动，后赴美进入麻省理工学院学习电机工程，取得突破性成果。学成归国后，他专注大学教育，为国家科教发展倾注心血，开创了非线性控制理论的先河。顾毓琇也是具有极高造诣的诗人、戏剧家、音乐家和佛学家，他解码古代乐谱、翻译西方著作、创办上海戏剧专科学校，一生创作诗词近八千首。他真诚爱国，在抗战时不畏艰险，坚守教育阵地，研发防毒面具。他心系青年学子，在全国多所高校设立奖学金，并对南京大学的发展寄予殷切希望。

接着吴老师讲述了我国伟大的物理学家和教育家吴有训的故事。吴有训1897年出生于江西宜春，他自小聪颖好学，考入国立南京高等师范学校，后自学外语，被美国芝加哥大学物理系录取。在美国，他把满腔热血化为研修学问的韧劲，成为有史以来第一位以个人名义在现代物理学领域向西方学者的理论提出挑战的中国学者。毕业后，吴有训回国任教，广聘英才，编纂物理学杂志，建立中国第一个近代物理实验室。他忧国爱民，坚决拒绝国民党政府去台湾的"邀请"，毅然投身新中国科教事业。他注重因材施教，以身作则激励与保护进步学生，力促学生个个成才。几十年来，吴有训为培养人才，创立科学事业，从事社会主义建设，呕心沥血鞠躬尽瘁，对国家对人民作出了重大的贡献。

接着吴老师讲述了我国著名教育家和思想家陶行知的故事。陶行知1891年10月出生于安徽歙县，学生时期发奋用功，先后就读于金陵大学、哥伦比亚大学，主修教育学。学成归国后，陶行知努力推行教育改革，提倡教学合一、平民教育，带头积极创办"晓庄师范""山海工学团"

"育才学校"等平民学校,编写《平民千字课》,普及汉字教育,发起成立中国教育学会。作为一名爱国主义战士,抗日战争时期,陶行知奔走于国内外,联合文化教育界重要人士呼吁全国人民共同抗日,争取全世界各地华侨和国际友人对于中国抗日战争的支持。为实现自己的教育理想,他俯首甘为孺子牛,"捧着一颗心来,不带半根草去",堪称一位伟大无私、忧国忧民的教育大家。

接着吴老师讲述了我国杰出无机化学家和教育家戴安邦的故事。戴安邦1901年出生于江苏丹徒,他从小立下报效国家、振兴民族的志愿,努力学习,考入金陵大学学习农科,后改学化学。毕业后,他留校任教,开启了他的科研与教育之路。戴安邦积极参与和发起成立中国化学会,创办化学杂志,编写教材,推动我国化学学科的发展。他强调科研要解决实际问题,研究成果助力国家自然资源的开发与利用。他心系祖国,婉拒美国工作邀请,回国奉献。作为教育家,他深耕教坛,倡导启发式教学,培养了众多人才。戴安邦将科研、育人与国家发展紧密结合,用生命照亮了我国化学事业与教育之路。

最后,吴老师讲述了华裔物理学家吴健雄的故事。吴健雄1912年出生于江苏太仓浏河镇,她沉静好学,以优异的成绩考入苏州第二女子师范。毕业后她被保送至南京的中央大学,先是修读数学,一年后转到她最感兴趣的物理学。1936年,吴健雄赴美求学,在加州大学伯克利分校开始了她的原子核物理课程学习与实验,并在获得博士学位后又做了两年博士后。她解决了物理领域的诸多难题,不仅在制造原子弹的工作中发挥了重要作用,还验证了弱相互作用下的"宇称不守恒"定律与和 β 衰变中"向量流守恒"定律。吴健雄不仅是一位杰出的科学家,更是一位心系中华的爱国者,她十分关心祖国的科学事业,不仅为国内大型物理实验设备的筹建工作提出许多建议,还为祖国的人才培养提供大力支持。她在物理科学上的杰出贡献、她的爱国精神和崇高的品质,至今仍激励着我们。

三、你应是你自己的那座山：学习年轻一辈科学家们的精神

吴老师首先介绍了现代工程与应用科学学院 2019 级直博生王玉瑞，他以第一/共同第一作者身份在 Nature、Nature energy、Nature communication、Angew 等国际顶级期刊发表论文 8 篇；先后 4 次打破钙钛矿太阳电池效率的世界纪录。研究成果入选科技部"中国科学十大进展"、可再生能源协会"光伏领域重大科技进展"。曾获博士生国家奖学金、栋梁奖学金、国际光伏科学与工程会议 Best paper award、固体微结构国家重点实验室优秀成果奖等荣誉。作为一名资深的户外徒步爱好者，他常把科研比作攀登一座未经开发的野山：没有现成的路径，每一步都充满未知，但正是这种挑战与探索，让登顶时的风景格外壮丽。正是这种未知与挑战，让登顶的那一刻无比珍贵。吴老师也分享了王玉瑞博士对待科研和生活的态度，鼓励同学们勇攀科技的高峰，助力科技自立自强。

紧接着，吴老师介绍了南京大学天文与空间科学学院 2021 级直博生李伯胜。适逢国家号召大学生入伍，李伯胜用一腔热血说服父母，坚持要到最艰苦的野战部队服役。经历了军改装备换代，李伯胜深刻感受到科技在国防中的战略意义，树立了人生目标——"做祖国需要的科学家"。回到南京大学以后，李伯胜以军营作风攻坚克难，多门专业课获满分或者全院最高分，以专业第一的成绩毕业并推荐免试直博。李伯胜基于自己在部队时对卫星应用的体会，意识到卫星是国家大力发展的方向，再结合自己想做一些与实际应用相关这一想法，选择了专注于天体力学中航天器轨道力学这一小分支的导师。尽管这个方向的工作比较枯燥，每天要推导好几页纸的公式，主要工作就是和电脑打交道，写代码、跑程序，但他觉得非常有意义，便全身心地投入其中。

在两位青年学子的故事中，科学与理想以不同的姿态绽放出同样璀

璨的光芒。如果说王玉瑞在钙钛矿太阳电池领域的突破,展现了科研人"于无人处拓荒"的锐气,那么李伯胜从军营到天文学实验室的跨越,则诠释了"以家国情怀铸就学术使命"的深沉力量。前者在实验室里攀登新能源的险峰,用创新突破为碳中和愿景铺路;后者将卫星轨道的精密计算化作守护国土的"无形长城",把军旅生涯中淬炼的坚韧注入基础研究。他们虽身处不同领域,却共同印证了"顶天立地"的学术研究精神。

吴老师通过这两个典型的年轻一辈科学家们的生动案例,巧妙勾勒出新时代科研人的立体画像。真正的创新从来不是温室中的循规蹈矩,而是直面未知的勇气与十年磨一剑的定力。当光伏电池的世界纪录在千百次实验中刷新,当卫星轨道方程在浩繁推演中渐显清晰,两位青年用行动证明,科技自立自强既需要"从0到1"的原始创新魄力,也离不开"把冷板凳坐热"的坚守。这种精神共振,恰是南大"嚼得菜根,做得大事"传统的当代回响。

四、浇花浇根,育人育心:团课总结

习近平总书记指出"浇花浇根,育人育心。要坚持不懈用新时代中国特色社会主义思想铸魂育人,着力加强社会主义核心价值观教育,引导学生树立坚定的理想信念,永远听党话、跟党走,矢志奉献国家和人民。"

十余位科学家们的故事为南外的初高中生们照亮了将个人志趣融入国家需求的成长路径,也让科技强国的宏大叙事具象为青年一代可感可学的生动典范,引起了线上线下同学们的热烈讨论。以创新为楫,以实干为帆,共筑科技强国梦!

团课主讲嘉宾:吴秋怡

团课主讲嘉宾简介:吴秋怡,管理学博士,现为南京大学马克思主义学院教师,北京大学国内访问学者,主持国家社会科学基金、高校哲学社会科学研究一般项目等多项课题,在 CSSCI、SSCI 来源期刊和内参刊物发表论文 20 多篇,担任多家期刊审稿人,兼任南京大学公共政策研究院研究员、南京大学华智全球治理研究院研究员。主持南京大学第二批教师跨学科教学研究与实践项目、南京大学劳动教育特色项目,教学评价多次满分,入选江苏高校"青蓝工程"优秀教师团队。

成为自己生命中的那座山

——南京大学形势与政策课堂实录

时间：2025年4月10日

地点：南京大学择善楼114教室

活动缘起：当代大学生正处于一个充满机遇与挑战的时代。国家的发展需要更多有理想、有本领、有担当的青年力量，而个人的成长也需要在实现自我价值的同时，为社会的进步贡献自己的力量。但是，随着优绩主义浪潮的席卷，越来越多的大学生陷入自我怀疑的困境。他们过分关注个人成就的高低，将成功与否简单地与分数、排名、职业地位等挂钩，而忽视了个人成长的多元性和社会价值的多样性。这种功利化的价值观，不仅限制了大学生的视野，也让他们在面对挫折和挑战时容易陷入迷茫和焦虑。如何在优绩主义的浪潮中保持清醒，在自我怀疑中找到方向，成为当代大学生亟需解决的问题。

《你应是你自己的那座山》这本书正是为解决这一问题而创作的。它通过展现南京大学校友的真实故事，帮助大学生树立正确的榜样观和自我观。这些榜样并非遥不可及的"超人"，而是通过接纳不完美的自我、克服局限、追求卓越的真实个体。他们的故事告诉我们，使命担当不在于完美无缺，而在于面对困境时的坚韧与坚持；不在于标新立异，而在于将个人理想与社会责任紧密结合。

通过这堂课，我们希望同学们能够从榜样的故事中汲取力量，重新审视自己的人生目标和社会责任。无论是在学术领域、科研报国，还是在军旅奉献、公益服务中，每个人都可以找到属于自己的使命担当之路。正如书名所言，"你应是你自己的那座山"，每个人都可以通过自己的努力,攀登属于自己的高峰,书写属于自己的精彩篇章。

一、青年的使命担当:课堂导入

在课堂导入环节,老师通过一段视频带领同学们回顾了南京大学的悠久历史与精神传承。视频中展现了南大百年来的学术成就和社会贡献,从吴健雄、钱学森等老一辈学者的奋斗,到当代南大校友在各个领域的卓越表现,同学们深刻感受到南大"诚朴雄伟,励学敦行"的校训精神。从科研到军旅,从体育到公益,每一位校友都用自己的方式诠释了"使命担当"的深刻内涵。

随后,老师引用了习近平总书记的一段话:"青年强,则国家强。当代中国青年生逢其时,施展才干的舞台无比广阔,实现梦想的前景无比光明。"这句话不仅点明了课程的主题,也激发了同学们对自身使命的思考。

接着,老师向同学们介绍了南京大学闻羽老师主编的新书《奋进中的追光者:南京大学"学生励志模范"成长故事精选》。

紧接着,老师向同学们介绍了《你应是你自己的那座山》这本书的核心理念——"每个人都可以成为自己生命中的那座山"。通过这本书,同学们能够从南京大学校友的真实故事中汲取力量,找到属于自己的人生方向。

二、思政+音乐:榜样案例的深度学习

在榜样案例学习环节,老师介绍了书中六位南大校友的真实故事,他们分别是南京大学法学院刘敏、南京大学现代工程与应用科学学院王玉瑞、南京大学天文与空间科学学院李伯胜、南京大学环境学院申珊齐、南京大学国际关系学院周熙宜和南京大学体育科学研究所周蕴晗,通过

视频采访、图片展示和文字介绍相结合的方式,生动地呈现了他们在不同领域中的奋斗历程;既有傲人的成就,更有面对挫折的不屈精神。

在老师介绍完六位同学的成长路径后,每个同学领到了一张小纸条。老师希望每位同学可以回顾今天的课程内容,请每位同学任选三位印象深刻的学长学姐,写下欣赏他们哪些品质,记录下自己的评价与感悟。

在同学们思考阶段,老师为同学们循环播放了歌曲《希望你被这个世界爱着》。"亲爱的每个人都会难过,选哪条路都绕不过坎坷……希望你能被生活善待着,没有人去嘲笑你的独特。你要走的路会有花铺着,未来会变好哪怕慢慢的。"在温暖的歌声中,同学们记录下自己最真实的感受,具体内容见表1。

表1 同学们选择的学长学姐及其最打动自己的品质

刘敏	(1) 在经历灾难后仍努力生活(周同学); (2) 刘敏学姐坚韧不屈的品格给我很大感触,生理的病痛无法击溃她向上生长的意志(蔡同学); (3) 不仅仅是因为她的身残志坚,更多因为她"接纳"的品质。每个人在人生之中都不可避免遇到低谷,而并不是所有人都有面对低谷接纳自己的勇气,而这份接纳往往就是重启人生的第一步!也是最关键的一步(张同学); (4) 我曾经想过如果自己残疾了后会做什么,答案是躺平、或者是并不追求世俗意义上的成功。但刘敏并没有把自己当做一个不同的人,既没有避而不谈也没有歌颂苦难。而是将这个经历做作为自己生命的一部分(刘同学); (5) 钢铁意志,自强不息(何同学); (6) 对生活充满诗意和热爱,不屈不挠的意志(徐同学); (7) 身残志坚(张同学); (8) 超级坚强勇敢(未署名); (9) 身残志坚,特别勇敢,现在拥有的一切都值得(刘同学);

续表

刘敏	(10) 接纳自己(施同学); (11) 身残志坚,不畏难不畏挫折(周同学); (12) 身残志坚,令人感动(秦同学); (13) 有坚强的意志和非凡的勇气,敢于做出大胆的决定(何同学); (14) 身残志坚(刘同学); (15) 接受自己的不完整,从痛苦中重生后,依然热爱这个世界(唐同学); (16) 身残志坚,不向命运低头(未署名) (17) 有点忘记因为哪一点触动我,但她的精神力量一直激励至现在(黄同学); (18) 战胜自我,克服困难(戴同学); (19) 克服身体的局限,平复巨大的创伤,强大的毅力让我佩服(张同学); (20) 世界以痛吻我,我报之以歌(卢同学); (21) 面对苦难,向阳生长的一朵花(董同学); (22) 特别积极向上,感觉在身体残缺的情况下做出了这么多成果,没有自暴自弃,很厉害(刘同学); (23) "站起来"(杨同学); (24) 温暖又强大的敏敏大帅！每一次读她的文字,都给我大了一种"要相信自己"的鸡血,在最艰深的苦难之中,她成长为一位治愈自己更温暖世界的太阳(刘同学); (25) 最震撼,从来没被困难击败,一直积极探索人生可能(柳同学); (26) 很震撼,有超强的乐观与决心(李同学); (27) 坚韧的意志(王同学); (28) 身残志坚是永远会令我感动的品质(陈同学); (29) 身残志坚,乐观面对生活(吴同学); (30) 身残志坚,向阳而生(徐同学); (31) 身残志坚,意志令人敬佩(林同学)。

续表

王玉瑞	(1) 王玉瑞学长面对高薪工作,毅然坚守初心,在国家科技自立自强的伟大征途中扎根大地,贡献奋进力量(蔡同学); (2) 科研大牛,实力震撼(何同学); (3) 幽默和科研都是为世界做贡献(奚同学); (4) 在学术过程中保持开朗乐观的态度(徐同学); (5) 徒步去地铁站,科研人还是要运动保命(未署名); (6) 精准把握科研的学术大佬,需要极高的自律和向上的活力,敢于转变科研方向,跨出专业的"规定"并在新的领域做好,需要极大勇气(刘同学); (7) 勇攀学术高峰,但人不刻板,高能量(周同学); (8) 学术先驱,热爱生活(秦同学); (9) 太有趣了,很清楚自己的目标,也平淡地面对荣誉(唐同学); (10) 面对成果平静、坦然(赵同学); (11) 学术能力太强了(戴同学); (12) "在科学上没有平坦的人道,只有沿着陡峭的山路攀登的人才能达到光辉的顶点。"——马克思(张同学); (13) 王玉瑞学长热爱探索未知,甘愿投身学术的价值定位令人动容(聂同学); (14) 很厉害,科研成果很多,而且感觉理科本来就很枯燥(刘同学); (15) 王玉瑞学长做科研优秀的"斜杠青年",有事业也有生活(王同学); (16) 能一直清楚知道自己想要什么,很羡慕(柳同学); (17) 发 nature(王同学); (18) 最难忘是他最终放弃了百万年薪而选择科研的道路,这个抉择意味着将自己生活的一部分献给科学事业,攀登无形之山(吴同学); (19) 在研究中坚定未来领域,投资未来,成就颇丰,但精神更难能可贵(张同学); (20) 在高强度科研下仍能以乐观心态面对生活(徐同学)。

续表

李伯胜	(1) 从"差生"到领先的厚积薄发(周同学); (2) 以青春之姿成活力人生(周同学); (3) 参军给人留下深刻印象(何同学); (4) 参军好酷(未署名); (5) 一种"GAP",需要勇气,也是走向新生的方式(刘同学); (6) 参军(秦同学); (7) 接受自己的普通,敢于探索新的道路,坚守并最终取得成功(唐同学); (8) 强大的精神和意志力,扶石渡河的探索者(未署名); (9) 选他是因为可能大部分优秀的人都在每一阶段都是很优秀突出的,但听到他在大学很多时刻也都是迷茫或"不如意"的状态,但依然能找到自己的方向(黄同学); (10) 像一棵小白杨(张同学); (11) 李伯胜学长面对迷茫、内卷和躺平的思考令我受益匪浅(聂同学); (12) 敢于转换赛道,扬长避短,单纯觉得当兵很酷(卢同学); (13) 对自我的认知清晰,独特的军旅生涯,让人感动的坚毅(董同学); (14) 超平常人的坚韧与自律,♯高能量男孩的一天♯(张同学); (15) 接受普通人的身份(杨同学); (16) 李伯胜学长面对挫败不气馁,勇往直前,找到适合自己的方向(王同学); (17) "迷茫时人之常情,坚强的毅力可以帮助人一直前进,走出困境"(李同学); (18) 大学生参军在我看来是特别勇敢的选择,"精气神"(刘同学); (19) 参军归来却能专业第一,起步线落后也没放弃(吴同学); (20) 为国参军,能选择自己喜欢的专业方向的老师,即使不是行业名人(林同学)。

续表

申珊齐	(1) 学生生活不只有学术科研(周同学); (2) 最深的触动在于她敢于挑战未知的领域。在个人的理解中:未知的领域最考验一个人的综合素质,同样也提升最大(张同学); (3) 在理性的科研生活中依然保有理想主义的人是勇者(奚同学); (4) 强烈的社会责任感(张同学); (5) 热爱生活(刘同学); (6) 口才好,宣传能力强(未署名); (7) 生活与学业平衡(杨同学); (8) 对生活的追求也是她对学术、对宣讲、对人生的追求(赵同学); (9) 申珊齐学姐走向宣讲之路和她科研的成长令我向往(聂同学); (10) 申珊齐学姐发挥个人优势,勇于打破边界,精于探索激励我勇于探索,敢于选择(王同学); (11) 特别佩服学姐能平衡工作生活(李同学); (12) 真正践行科学精神,将所信仰的行于脚下,让科学普惠更多人,同时有自己的生活和人生态度(吴同学); (13) 是宣讲大神,超级敬佩敢于表达的学姐(陈同学); (14) 幸福美满,令人羡慕的爱情(未署名)。
周熙宜	(1) 全面发展,学业、科研、学生工作多方面开展(周同学); (2) 周熙宜学长的2.5战场方法对我启发很大(蔡同学); (3) 从他的身上我看到传统文科生一步步走向优秀的规划和努力。隔行如隔山,看其他人只觉得他们很厉害,看熙宜学长才能加明白他身上那份坚毅,更从他的经历中收获颇丰(张同学); (4) 一个很卷的学长,"五位一体"、"2.5个战场"、"三条防线",没人能随随便便成功,他的自律震撼到我了(刘同学); (5) 能规划一天的生活是热爱生活,能规划一生的生活方式是大爱(奚同学)。

续表

周熙宜	(6) "五位一体"、"2.5个战场"、"三条防线",极致的自律和时间管理(施同学); (7) 乐于实践和挑战,诚朴亲切(何同学); (8) 森哥的朋友(刘同学); (9) 超人般的意志力和经常的反思,羡慕这样说到做到,对自己百分百负责且不被外界诱惑的精神状态(黄同学); (10) 2.5小时理论,善于向别人学习(杨同学); (11) 步步为营,自律自信(卢同学); (12) 大为震撼的一天,学长太强了(未署名); (13) 专业能力很强,膜拜(张同学); (14) "五位一体"、"2.5个战场"的方法论,对于现在的我意义非凡,初入大学总是处于"不知道做什么"和"没精力做"之间的矛盾,他让我明白了要认识你自己,勇于走出舒适区(刘同学); (15) 五位一体(王同学); (16) 经常反思,做个"野孩子"(刘同学); (17) 向优秀同学学习,虚心求教,值得学习(陈同学); (18) 善于总结归纳,形成自己的方法论体系(吴同学); (19) 各种风趣的"战术",都是生活学习中的极强能动精神(张同学)。
周蕴晗	(1) 坚定、清晰的未来规划(周同学); (2) 打破了我对体育的刻板印象,一边做运动员,一边拿到商学院的保研名额。和周学长一样很努力高精力(刘同学); (3) 文体两开花(徐同学); (4) 体艺双馨(张同学); (5) 清晰的职业规划,坚定的未来道路(施同学); (6) 对热爱的事业的坚定追逐(周同学); (7) 大方开朗,感染力强(何同学); (8) 自律(杨同学)。

续表

周蕴晗	(9) 竭尽全力去做,不让自己后悔(赵同学); (10) 打破对体育生的刻板印象(戴同学); (11) 为热爱而努力,不悔自己的每一个抉择(董同学); (12) 太自律了,感觉是女神,希望可以学习她的自律,而且本人对美女本来就有天然的好感(刘同学); (13) 四肢与大脑都很发达(张同学); (14) 文体两开花(杨同学); (15) 在访谈时,我发现我们真的好像!差不多的家庭背景,"又快又好"的人生信念……但她在具体的生活、学习细节中,比我强大太多,她是最好的榜样!(刘同学); (16) 目标很明确,实践路径也很清晰(柳同学); (17) 始终热爱,始终坚持,即便自己热爱的事业并不一定带来所谓实际效益,任然积极行动坚持,这本身已经值得尊敬,不遗余力地生活特别难得(吴同学); (18) 竭尽全力,国家健将,没有遗憾与后悔(刘同学); (19) 认真对待生活,热情面对生活(张同学); (20) 平衡学术与体育,有果断的闯劲,主动出击,主导自己的人生(徐同学); (21) 生活自律,心态积极阳光(林同学)。

三、追光者成为光:同学们的评价与感悟

来自马克思主义学院的60余名同学们的感悟可以汇总为四个层面:

一是坚韧不屈的精神品质。身残志坚的刘敏面对生理病痛,始终积极生活,将苦难坦然视为生命的一部分,完美诠释了不向命运低头、克服

身体局限的坚毅;李伯胜从最初的迷茫一路奋进,直至参军逆袭,其间"扶石渡河"的探索精神熠熠生辉;周蕴晗则在体育与学术之间巧妙平衡,凭借高度自律突破外界刻板印象。他们通过接纳不完美的自我,成功将逆境转化为成长动力,淋漓尽致地体现出对生命的敬畏以及对理想的执着。

二是学术与事业的卓越追求。王玉瑞毅然放弃高薪,全身心投身科研,尽显学术纯粹性;周熙宜创新性提出"五位一体""2.5战场"等时间管理策略,凭借科学规划达成全面发展。他们在学术道路上的奋进,背后是对初心的坚守以及对未知的无畏探索,有力地激励着莘莘学子将个人发展与国家需求紧密相连。

三是社会责任与理想主义相统一。他们以学术为经纬,以理想为炬火,在各自的生命轨迹上编织出"士不可不弘毅"的精神图谱。王玉瑞扎根国家需求,投身科研助力国家科技自立;申珊齐在各地开展理论宣讲,致力于科学普惠大众;李伯胜则选择军旅报国之路。他们纷纷超越个人利益,把专业能力与社会责任深度融合,传递出"为天地立心"的磅礴使命感。

四是积极的生活态度与人格魅力。王玉瑞在严谨的科研中仍不失幽默开朗;周蕴晗靠着自律实现文体双优;申珊齐打破"学霸"刻板印象,平衡好生活与学业,以强大的感染力展现出鲜活人生。这表明榜样并非遥不可及的"超人",而是真实可感的个体,充分证明优秀能够兼容多元生活态度。

四、榜样的引领与大学生的使命担当

老师与同学们进一步深入交流,张同学说她自己读史铁生作品时能体会到残疾的痛苦,但刘敏学姐不仅承受了截肢的伤痛,还考进四川大学、推免至南京大学,这种把苦难转化为动力的真实经历,比任何励志故事都更有说服力。何同学提到刘敏从地震幸存者到火炬手、再到学者的多重身份转变,恰好印证了周同学说的"真正的强大是直面困境,在废墟中重建希望"。说到自律成长,周蕴晗的故事让很多同学受到启发。刘同学分享道,那些凌晨五点的复健室、结着血痂的绷带,让她明白优秀不是天生的,而是日复一日的坚持。就像周同学对周熙宜学长的评价:所谓"自律即自由",其实是咬着牙找平衡,把别人眼中的不可能变成可能。关于社会责任,张同学对申珊齐的感悟很有代表性。她说从学姐身上学到了不要被动等待命运安排,而是要主动选择人生方向,并将个人发展与社会责任结合,这和刘敏学姐"没有什么能让我停止"的信念一样,都展现了当代青年该有的担当。

最珍贵的是同学们对榜样的真实认知。刘同学提到:通过一个个细腻的采访小故事,我们看到,那些"他们"是立体生动的:原来"他们"都有过一段颇为艰难的长途跋涉,客观评价是"优秀"的符号,更是"南大人"奋进生命力的鲜活注脚。刘同学提到,褪去表彰词的光环后,她看到的是普通人务必努力的痕迹。正如张同学所说,榜样力量不在于完美无缺,而在于他们如何从挫折中重新站起来。这些真实的成长裂痕,反而让王玉瑞清晨六点即奔赴实验室、李伯胜参军的逆袭故事,成为我们触手可及的精神坐标,提醒我们:优秀不是遥不可及的目标,而是每个普通人都能通过坚持走出的道路。

这些榜样力量对大学生使命担当起着关键作用。从价值观引领来看,刘敏的"接纳自我"与周熙宜的"方法论体系",教导学生正视自身不足,依靠理性规划让理想照进现实;王玉瑞的科研坚守和李伯胜的军旅抉择,深刻诠释了个人价值与国家需求的和谐统一。行动示范上,周蕴晗的"竭尽全力"与申珊齐的"打破边界",为大学生提供诸如时间管理、跨领域探索等可借鉴的成长模式,李伯胜从迷茫到逆袭的历程更是有力证明"普通人的坚韧"同样能铸就非凡。精神激励层面,刘敏的"向阳而生"以及周蕴晗的"不遗余力生活",传递出超越苦难的乐观主义精神,王玉瑞的"攀登无形之山"与申珊齐的"理想主义",则激发学生对学术追求与社会责任展开深层思索。同时,通过榜样们诸如科研报国、军旅奉献等人生选择,成功唤醒大学生的社会责任意识,促使他们思考"我能为社会做什么",而非仅仅着眼于个人成就。

南京大学的青年榜样群体,凭借多元路径深刻诠释了"使命担当"的丰富内涵。对自身,他们接纳局限、极致自律、永不言弃;对他人,他们传递温暖、鼓舞同行;对国家,他们扎根需求、服务社会。他们的故事不单是个人奋斗的精彩写照,更如同一面明镜,清晰映照出青年一代将"小我"融入"大我",在时代浪潮中果敢书写担当的壮丽篇章,更激励着新时代的大学生践行属于他们的使命担当。

课程老师:吴秋怡

课程老师简介:吴秋怡,管理学博士,现为南京大学马克思主义学院教师,北京大学国内访问学者,主持国家社会科学基金、高校哲学社会科学研究一般项目等多项课题,在 CSSCI、SSCI 来源期刊和内参刊物发表论文 20 多篇,担任多家期刊审稿人,兼任南京大学公共政策研究院研究员、南京大学华智全球治理研究院研究员。主持南京大学第二批教师跨学科教学研究与实践项目、南京大学劳动教育特色项目,教学评价多次满分,入选江苏高校"青蓝工程"优秀教师团队。

课程助教老师简介:吕嘉鑫,南京大学硕士研究生,现就读于政府管理学院,研究方向为人力资源管理,曾参与陕西社科基金项目"人工智能发展对陕西省高质量就业的影响研究",陕西自然科学基金项目"新形势下陕西产业链安全与治理体系构建研究",多次获西北大学校级奖学金;参与项目获第九届中国国际"互联网+"大学生创新创业大赛省级铜奖。

你应是你自己的那座山——教学创新与青春奋进的双向赋能

从心出发，抵达远方

非常开心迎来了这本书的付梓出版，在这本书的编写过程中我获得了非常多的感动。感谢"形势与政策""新时代中国特色社会主义理论与实践"和"中国马克思主义与当代"班级的各位同学，没有你们就没有这本书。感谢学院的支持，本书得到全国重点马克思主义学院建设经费资助。

2024年初，我入职南京大学马克思主义学院，开始快乐的从教生涯。在学校和学院的支持下，我得到了很多成长的机会。在入职培训期间，南京大学教师教学发展中心为我们提供了丰富的课程，我有幸听到了教育研究院汪雅霜老师的分享，他以南京大学"我最喜欢的老师"为样本，告诉我们"掌握渊博深厚的专业知识、关注学生需求、在教学过程中保持幽默、爱笑和温柔"非常关键。我读书期间的思政课老师是孙乐强老师，他上课非常精彩、富有激情，令人印象深刻。见贤思齐，老师们是我学习的榜样。第一个学期有幸承担"形势与政策"课程，深度体会到了教学相长的快乐。同学们的积极互动给了我很多正反馈，让我特别想给同学们更多的学习获得感。

"形势与政策"结课的时候，我引用了钱理群老师的一段话："作为教师，我们所追求的，而且也是我们唯一能做的，就是成为我们的学生青少年时代美好记忆的一个有机部分。"祝福外国语学院的同学们能够在自己的领域取得卓越的成就，永远闪光追梦。同学给我留言："您上课真的讲得超好！以后肯定会是非常受学生爱戴的老师呀！""老师您真的好有活力好可爱……形策课上的人身体暖暖的"……我意识到这份鼓励弥足珍贵，将永远激励我永葆教学热情。结课后，全班所有参评的106位同学在教学评价中都给我打了满分，让我体验到了巨大惊喜。

第二学期，除了"形势与政策"课程外，我开始承担"新时代中国特色社会主义理论与实践"和"中国马克思主义与当代"课程。"新时代中国特色社会主义理论与实践"课上有一位同学上课非常认真，课后交流中得知他正处于迷茫期。我第二次上课的课间送给了他一本之前写的传记《数字人生：钱志新传》，希望能够对他有所启发。

2024年10月16日，我收到了这位同学长长的一段留言："老师，其实有个事想请教您一下，但一直没好意思开口。看了钱志新先生的故事，真的挺有感触的，对钱先生从电子类专业转型至经济管理领域的成就深感钦佩。其实我自己一直也对人文社科领域非常感兴趣，自己之前也一直在筹划跨专业，但我的兴趣在经济管理学，所以希望能够追随他的脚步，将我的学术道路从电子类专业转向经济管理学领域，未来有志于在该领域进行深入研究。但有一些顾虑想向您请教，一方面，我对于跨学科申请博士项目的可行性心存疑虑，担心自己这样的跨专业背景是否会被相关导师所接受，想转的话读二硕和申博怎么选择；另一方面，我也不太了解目前的大环境下想入职高校，究竟是需要什么样的要求，面对什么样的竞争呢，很担心我如果跨学科，存在了本硕不一致的问题，学术道路会很难走。所以现在对未来是否要跨专业，以及如何跨专业的问题非常迷茫。非常想听听您的看法以及您刚入职高校的感受。所以冒昧问一下您是否方便在百忙之中抽出时间为我指点迷津呢？"我感觉到了小赵同学对我的信任，也非常珍惜这份信任。

班级中有一位小房同学因为骨折的原因需要请假一段时间，恰巧是小赵同学感兴趣的学科方向。我请这位小房同学帮助小赵同学了解他想学的学科，请小赵同学把我们上课的内容分享给小房同学。两位同学分享得非常认真，守望相助。越来越多的同学在课堂内外与我分享他们的成长困惑，自称当下的状态宛如"八爪鱼"。我与同学们的感情也日益深厚,越发知道同学们现阶段的需求。那段时间,我正在和南京大学出版社吴汀编辑、王南雁编辑策划《南雍启明·科学家精神》绘本丛书,深刻感受到大先生们带给我许许多多的精神成长。我当时觉得可能可以邀请同学们一起去访谈身边的榜样,带给同学们更多的启迪。

2024年10月20日,我担心这一课程形式不见得受到同学们喜爱,便咨询了小赵同学:"假如我邀请同学们,最多6个同学一组,采访一位南京大学年度人物,你会感兴趣吗?"他认真回答:"感谢老师这么用心地规划我们的课程,从我个人的角度看,我觉得要看这个大佬是在什么方面比较强吧,如果是他比较擅长自我反思、择业之类的话题,或者是与我个人有相似的处境与未来规划,那我是非常期待采访的,但如果大佬只是文章多、成绩好,采访他怎么做到这么优秀的,那我可能兴趣不是那么大。"他的回答如此真诚,因此我根据他的期望,第一时间联系了江苏省最美大学生、天文与空间科学学院李伯胜。

我与伯胜相识很多年,伯胜听到了我的想法以后非常支持我:"支持吴老师,访谈前我们约好时间就行。大概什么时候啊?下周要去北京。"为了赶在伯胜去北京前完成访谈,我们隔天上午就启动第一场访谈,邀请了小许同学和小陆同学一起参加。访谈结束后,我请小赵同学作为代表分享访谈收获。2024年10月30日,小赵同学在课堂进行分享。他PPT做得非常用心,远超我的心理预期,包括访谈对象介绍、访谈流程梳理、访谈金句摘录和他的个人感悟。小赵同学在PPT的最后一页写下了:"机不可失,速来报名!"当天有20多个同学加了我的微信,希望能够参加访谈。第二个和第三个班级的时候,我和同学们说最多60人参加。本来我以为不一定报得满,结果出现了"人满为患"的情况,部分同学因"手速慢"没有报上名。有数位同学和我表达了深深的遗憾,有的是在我课间接水的时候拉住我,有的是在食堂偶遇的时候告诉我,有的是在参加博士生讲师团磨课会活动的时候告诉我,陆续又增补了几位,形成了我们最终的访谈组。

形成访谈组以后,同学们开始积极检索,给了我一份理想中的访谈名单。我联系了名单中的刘敏、王玉瑞、申珊齐和周熙宜,大家在学业和工作非常忙碌的情况下,给予了最大程度的支持。有一天我在院楼偶遇周熙宜,熙宜得知我希望寻找更多访谈对象后热情地推荐了他的好友周蕴晗。蕴晗非常支持,第一时间答应了。

确定最终的访谈名单后,我邀请了我指导的马克思主义学院2022级本科生刘阮卿一起参与。我与阮卿最初的相识是因为2024年暑期社会实践项目,我担任她所在队伍的指导老师。阮卿才思敏捷,表现非常优异,给我留下了极好的印象。在校期间,她获得了国际奖学金等多项荣誉。当我得知学院可以资助出版以后,第一时间邀请她担任新书的副主编。

我们前后访谈了包括全国最美大学生刘敏在内的6位南京大学年度人物,60多位同学参与其中,形成了10余万字的访谈报告。每一组都在访谈以后,将访谈过程中的所思所想与未能参与访谈的600多名同学分享。期间有同学对于我的成长感兴趣,我在最后一节课的时候积极响应。我邀请同学们根据教室的位置分成10组,每组分享3分钟,由组长介绍本组的同学们。一节课是同学们的小组介绍,同学们给自己取了响亮的组名,介绍的内容精彩纷呈;一节课是我介绍我自己,同学们听得非常认真,抬头率非常高。有同学给我留言:"令我印象最深的两节课,其中一次是您播放了一个案例,关于帮助智力障碍青少年参与工作的社会公益短片,当时在课上我就止不住的想抹眼泪。第二次就是最后一节课您分享给我们所有人您一路生花的历程,深深吸引了我。我的目标也是希冀自己能留在学校教书育人。"同学们一学期的陪伴与认可给了我满满的动力。

在"新时代中国特色社会主义理论与实践"课程结束时,好多同学给我留言"明年还想上吴老师的课"。有同学给我留言"想告诉全世界吴老师有多好,又害怕知道的人太多,下学期的课抢不到"。第二学期,210个同学给我打了满分。结课的时候,许多同学满怀期待地告诉我,他们希望未来能成为我和课上学弟学妹们访谈的对象。我听了特别感动,希望这一天早日到来!这不仅是他们对课程的肯定,更是他们对自身成长的期待和对时代责任的担当。我期盼着早日见证各位同学在新时代的舞台上书写属于自己的动人篇章。

2024年12月31日,我非常有幸参加了"致敬·传承·奋进"教职工荣休暨入职典礼,感受到了各位前辈的魅力——"我能让南大引以为荣的事情还太少,退休以后继续努力!""没把退休太当一回事""加强锻炼身体,勤思考多写作,引领人类文明进步。"希望未来能够和荣休的前辈老师们一样,成为学生记忆中的美好片段,在南京大学遇见更好的自己!

2025年1月10日,南京大学思政教师座谈会在仙林校区举行。校党委书记、中国科学院院士谭铁牛与思政教师代表座谈并讲话,对思政教师提出明确要求,期望思政教师守正创新推动思政工作内涵式发展新思路。在思政教师座谈会上,我作为青年教师代表汇报了我们这本书,汇报了教学创新和青春奋进之间的双向赋能,得到了谭书记的认可。

1月底的时候,好多同学和我分享抢到课的喜悦和未抢到课的遗憾。我收到了一封邮件:"因为经常听同学们赞美您的课程内容丰富,课堂氛围活跃,与同学们的互动有趣,所以我十分希望加入您的课程10284A011'马克思主义与社会科学方法论'(上课时间周三56节)。但由于您的课程非常受欢迎,选课开始后课程人数秒满,这让我非常伤心。蹲了一天希望捡漏,但是您的课程应该不会有同学退选,所以我不得不冒昧写信给您,我诚恳地请求您能够同意我加入这门课程。我保证在课堂上认真听讲、积极参与讨论,严格遵守课堂纪律,我也十分愿意在课余时间为课程做些力所能及的事,如协助您整理资料、组织课堂讨论等。吴老师,我深知您的课程人数已满,加入之事可能给您带来不便。但我真诚地希望能有机会在您的指导下学习,体会不一样的思政课堂。"我非常感动,马上回复同学并向研究生院申请,在这学期的两个班级中各自扩容了5个名额。

快乐从教，幸福为师。我和我的导师孔繁斌老师汇报了这份认可，老师回复我"没有什么比这类事更让一个老师骄傲的了。"向老师们学习，努力做一个好老师。在南京大学马克思主义学院工作真的是太快乐了！期待和各位同学在"马克思主义与社会科学方法论"课程再相逢，访谈南京大学青年学者。未来，我将依托"南雍启明·校史宣讲学科劳动教育实践项目"，深入大中小学开展"你应是你自己的那座山"主题宣讲，引导青少年树立崇高的价值观，将个人理想与国家前途、民族命运紧密相连，为实现中华民族伟大复兴贡献青春力量。

这本书的书名来自于同学们的智慧和共鸣。我在讲社会建设篇章"办好人民满意的教育"时，给同学们播放了张桂梅校长这段话的原声："如果我有追求，那就是我的事业；如果我有期盼，那就是我的学生；如果我有动力，那就是党和人民。"其娇同学非常喜欢《你当像鸟飞往你的山》，经过讨论，最终形成了我们的书名——《你应是你自己的那座山》。感谢同学们的集思广益，让我们迎来了如此温暖且有力量的书名。

希望这本书可以带给读者温暖，给予读者坚定的力量，抵达心中的远方。

吴秋怡　写于南京大学仙林校区圣达楼

2025年2月

找到自己的山脊线

一个平凡的下午,吴秋怡老师兴奋地找到我,对我说:"阮卿,我们合作出一本书吧!"彼时的我,作为一名刚上大三的本科生,内心满是惶恐与不安。编纂书籍,这在我心中一直是学术大咖们才能涉足的领域。然而,随着吴老师徐徐展开她的构想,我看到了一条别样的成长之路在脚下延展:把这些年度人物访谈汇编成册,不是要塑造高不可攀的偶像,而是搭建双向对话的桥梁。那一刻我意识到,这不仅仅是一本书的诞生,更是所有同学的一次难得的成长机会。那些曾被仰望的星辰,此刻将成为与我们并肩对话的朋友,我们得以拉近与他们的距离、汲取奋进的力量。

何其有幸,我能够体验六次访谈的全过程。正是在一次次对话中,他们独特的"人生哲学"逐渐展现在我们面前。他们深谙成功与失败的辩证法。李伯胜坚信:"要想成功,首先要接受失败;要想伟大,首先要接受平凡。"出入大学的迷茫与在部队中的重生,让他明白只有拥有摊开双手承认贫瘠的勇气,才有握紧拳头一往无前的力量。他们熟知"向内求"的心灵哲学。刘敏秉持着"生命的意义本不在向外的寻取,而在于向内的建立"的理念。她在经历地震重创后,从身体和心理的双重挣扎中勇敢地站了起来,不断在内心深处探寻生命的意义。通过设定一个个清晰的目标,她凭借顽强的自律精神实现了人生的华丽转身,积极投身公益事业,用自己的故事激励着更多人。他们深知行胜于言的重要性。王玉瑞相信:"你只有首先行动起来,才能够在不断行动中明晰接下来研究的思路。"在科研道路上,他也曾迷茫困惑,但他没有被困难吓倒,而是在行动中理清思路,迎接成功。他们掌握有限与无限的辩证法。周熙宜从所学的专业知识中提炼出"2.5个战场"的时间管理理念,探索自己的有限的能量边界,巧妙地平衡学业、学生工作、实践活动等多个方面,同时又像"野孩子"一样自由而独立地探索人生着人生的无限可能,通过不断反思和规划,为未来发展做好充分准备。他们在拥抱世界时始终坚守本心。申珊齐始终坚守"坚持自己认为'对'的事,会找到专属你的'正确答案'"的信念。无论是参加演讲比赛,还是投身科研、国际交流等活动,她都勇敢地迈出第一步,面对质疑毫不退缩,坚定地走在自己选择的道路上,努力实现个人价值与社会价值的统一。他们从不困囿于外界的评价。周蕴晗以"既然有了刻板印象,那我就不断去冲击它,打破它"的无畏精神,打破了人们对体育生的固有偏见。她在健美操领域凭借热爱和努力取得优异成绩,同时在学业和科研方面也表现出色,展现了体育与学术并行的可能性。

进一步解码他们的"人生哲学",我们能发现其中蕴含的"成功密码"——认识你自己,相信你自己,超越你自己。认识自己,是放下"应该成为谁"的焦虑,直面生命最本真的质地,在探寻与实践中了解"我是怎么样的人",回答"我想过出怎么样的人生"。相信自己也非凭空而来的勇气,而是在具体的困难中发现支撑自己的信念,在怀疑中握住内心坚定的回声。超越自我更非遥不可及的壮举,它藏在实验室千万次重复的刻度里,在对抗偏见时每一次起跳的弧线中。这三者构成了以"实践"为根基的递进关系:我们在实践中淬炼出的自我认知,构筑行动的坐标系,让"相信自己"不再是空中楼阁式的盲目断言。而当这份确信化作新的行动力,我们的实践半径便开始突破原有维度——那些曾被视为极限的坐标点,不过是新阶段的起跑线。

在老师与我们紧锣密鼓地推进访谈时,"我在南大做普通人"这一校园民间栏目引发了广大同学的关注与共鸣:在优绩主义、唯成果论泛滥的当下,我们迫切地想有一片净土,来安放不万众瞩目却始终向上生长的人生。我想,尽管不能将我们的行动命名为"普通人的对话",但实际上恰恰有着相同的内核：这些人生哲学的珍贵，不在于标新立异与宏大奇迹，而在于它们始终贴着地面生长。作为学生，我们或许可以这样开始：允许自己带着困惑前行，像观察一棵树的生长那样观察自己的局限与可能；在每次想要退缩时，先完成一次微小的行动，让行动本身成为答案的土壤；最重要的是，学会把外界的尺子换成自己的量具——不是丈量离山顶还有多远，而是看清脚下正在延伸的路；不是在英雄主义叙事中化为渺小，而是在群峰之中找到自己的立足之处。南京大学百廿年沉淀，从来不是某座孤山擎起苍穹，而是代代学子以知识为岩层，持续堆叠出属于整个学术共同体的地质年轮。

定稿那夜，我走上了炜华体育场的跑道。路灯将奔跑者的影子拉长又缩短，仿佛无数座正在生长的小山。此刻我再次感受到，这本书真正的价值不在于记录六座高峰，而在于揭示一个朴素的真理：所谓成长，不是膜拜别人的高峰，而是找到自己的山脊线。此刻俯身回望，我似乎对自己的成长道路有了更多的期待与确信。作为学院招收的第二届本科生，我曾在老师们精心筹备的讲座论坛中，触摸学术最初的温度，也曾在读书会的观点碰撞中，与同学们共同实现思维提升。这些让我逐渐领悟：岩层的走向从不由单次地质运动决定，而是千万次由沉积与抬升共同塑造。当我们学会接纳自己的岩层走向，在行动中持续积累生命的能量，终将在时光里隆起属于个人的地质奇迹。而那些在对话中传承的地图与指南针，正在指引着我们编织新的山系网络——这里没有孤峰，只有绵延的群岭，在诚朴雄伟的基底上，完成着永恒的造山运动。那些看似平凡的日夜里，我们既是土地的勘探者，也是地质运动的参与者，最终让个人的山脊线融入了这片精神高原永恒的脉动。相信这本书能够给奋进中的你我带来一往无前的勇气。

刘阮卿　写于南京大学仙林校区择善楼
2025 年 2 月

新时代中国特色社会主义理论与实践课程班级合影

新时代中国特色社会主义理论与实践课程班级合影

新时代中国特色社会主义理论与实践课程班级合影

形势与政策课程班级合影

形势与政策课程班级合影

形势与政策课程班级合影

形势与政策课程班级合影

中国马克思主义与当代课程班级合影

刘 敏

生命回响处，又是努力时

丽水市庆元县蔚文学校704班课堂实录照片

选调驻村工作中的刘敏

刘敏怀"小柚子"宝宝的孕期照片

刘敏（后排右起第四位）获得2019年最美大学生现场照片

刘敏正在练习使用假肢滑雪

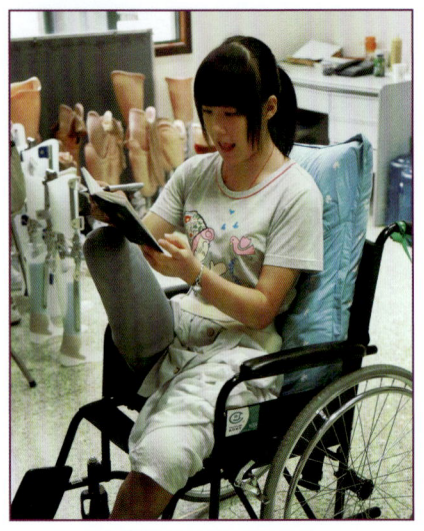

2008年在四川省假肢厂装配假肢的坐在轮椅上的刘敏。当时她的腰部还佩戴着腰带,这是用来支撑被废墟挤压而推出的脊椎。在她的身旁是等待着被领取的假肢

救援刘敏时的场景。图片收录于《北川地震实录》

王玉瑞

山径淬星火，光耀科研路

王玉瑞访谈现场照片

2022年，王玉瑞参加国际学术会议并与"太阳电池之父"马丁格林合影

2024年，王玉瑞参加博士学位答辩时与导师合影

2024年，王玉瑞作为研究生代表在校庆典礼发言

上海民办圣华紫竹双语学校2026届"追梦班"课堂实录照片

2023年,王玉瑞(左起第四位)组织并参与野外徒步活动

2024年,王玉瑞参加学术会议并作报告

2024年,王玉瑞参加江苏省最美大学生风采展评

李伯胜

携笔从戎铸信仰，追梦深空展青春

李伯胜访谈现场照片

2016年9月13日，李伯胜（左起第四位）参加入伍欢送会时合影留念

李伯胜在第十一届江苏省大学生年度人物风采展评答辩现场

野战部队注重体能训练，从早到晚，战士们身上的体能服湿了又干、干了又湿。图为李伯胜参加体能训练

李伯胜创立军事爱好者之家,邀请英模战友来南大宣讲,策划组织了 2020 年度南京大学国防教育周系列活动。李伯胜正在台上分享自己的参军经历

李伯胜在第 35 届全国空间探测学术研讨会上作报告

李伯胜获得第十二届中国空间轨道设计竞赛 乙组亚军

申珊齐

心向对的远方，答案自有回响

申珊齐访谈现场照片

申珊齐在博士期间为南大做招生直播

南京外国语学校主题团课课堂实录

申珊齐和小伙伴一起参加宣讲

申珊齐参加扬帆计划和小伙伴们的合影

申珊齐分别在硕士和博士期间主持过草地音乐节

申珊齐在居家办公期间为山村孩子进行公益科普

申珊齐参加南大年度人物风采展评前留影

周熙宜

从"野孩子"到"全能选手",
解析成长密码

周熙宜访谈现场照片

2024年2月,周熙宜在植物园

2023年7月,周熙宜在北京参加国际胜任力大赛

2024年7月,周熙宜在德国海德堡大学进行国际科考

周熙宜与吴秋怡和周蕴晗的毕业合影

2024年6月,周熙宜在墨尔本大洋路

2024年2月,周熙宜在美国交换时于陈纳德将军之墓前留影

2024年6月,周熙宜在悉尼歌剧院

周蕴晗

文明其脑破旧念，野蛮其体立新标

周蕴晗身着上海市优秀毕业生学士服，以专业第一保研至南京大学。

周蕴晗访谈现场照片

周蕴晗与同学在校运会开幕式上进行托举表演

周蕴晗身穿啦啦操服在操场进行表演

南京市南外附属托育园课堂实录照片

周蕴晗参加成都 FISU 世界学术大会并作报告

周蕴晗与栋梁特等奖学金风采展示墙上的自己合影

周蕴晗手举金中熊在南大鼓楼校区与北大楼合影